职业教育发展路径探索丛书
ZHIYE JIAOYU FAZHAN LUJING TANSUO CONGSHU
庄西真 主编

德才至尚 祈通农商

——农业商贸职业学院特色办学的实践

周文根 著

苏州大学出版社

图书在版编目(CIP)数据

德才至尚　祈通农商：浙江农业商贸职业学院特色办学的实践 / 周文根著. —苏州：苏州大学出版社，2016.5
　ISBN 978-7-5672-1612-9

Ⅰ. ①德… Ⅱ. ①周… Ⅲ. ①高等职业教育－办学模式－研究－浙江省 Ⅳ. ①G718.5

中国版本图书馆 CIP 数据核字(2015)第 299665 号

书　　名：	德才至尚　祈通农商——浙江农业商贸职业学院特色办学的实践
著　　者：	周文根
责任编辑：	刘诗能
装帧设计：	吴　钰
出版发行：	苏州大学出版社
社　　址：	苏州市十梓街1号　邮编：215006
网　　址：	http://www.sudapress.com
印　　刷：	宜兴市盛世文化印刷有限公司
开　　本：	700 mm×1 000 mm　1/16
印　　张：	15.25
字　　数：	289 千
版　　次：	2016 年 5 月第 1 版
印　　次：	2016 年 5 月第 1 次印刷
书　　号：	ISBN 978-7-5672-1612-9
定　　价：	36.00 元

苏州大学版图书若有印装错误，本社负责调换
苏州大学出版社营销部　电话：0512- 65225020

总序

庄西真

工业革命从本质上改变了生产力与生产关系,改变了人们的生产和生活方式。工业革命带来的机器大生产需要受过一定技术教育的生产者,由此产生了以科学技术为内容、以应用性为特征、以培养掌握生产技能的劳动者为目的的现代教育。职业教育因应工业革命的要求而产生并不断发展,是为大工业生产规模化地培养初、中等技能型人才的教育,也是助力社会大众获得一技之长谋求职业赖以生存的一类教育。根据教育经济学的理论,教育主要是通过对人力资本的投入、提高劳动生产率、促进科技进步等方式来发挥其推动经济社会发展的作用的。在这方面,职业教育具有其他类型教育(比如基础教育)所不具备的优势,即职业教育可把具有普通文化素质的劳动者培养成为掌握某一行业岗位技能的专门人才。换言之,职业教育可向经济社会提供能掌握和运用先进生产技术的高素质的技能人才,进而推动经济社会的快速发展。

当今世界,一个国家产业竞争力的高低,不仅取决于是否拥有先进的技术装备,还取决于是否拥有能够熟练操作和使用先进技术装备的高素质劳动者。职业教育能够通过提高劳动力的平均职业技能水平促进劳动生产率的提升,因为以生产率为导向的经济增长模式才是可持续的增长模式。职业教育能够通过提高劳动者运用新技术、新工艺、新设备的能力,促进劳动力的技术革新与生产创新;通过培养劳动者的安全意识、设备保养与维护能力,减少生产事故,降低生产工具和设备的损坏率;通过塑造劳动者正确的政治观念、职业道德、专业思想、劳动态度,间接影响劳动生产率。近代以来,英、美、德、日、澳等国家重视发展职业教育,形成了多层次、多类型的适应本国经济社会实际的职业教育体系,培养了大量高素质、高技能、高水平的技术人才,让他们在工业、农业、军工、服务等若干个领域里施展才华,发挥了积极作用,促进了经济的腾飞,使这些国家迅速发展成为世界经济强国。比如我们的东邻日本,职业教育的迅速发展为其培养了大批工农业发展所需要的中、初级人才,大大提高了劳动者的素质和社会生产率。正如日本文部省编辑的《日本的经济发展和教育》一书所指出的:"在激烈的国际竞争中,科学的创见、技术的熟练、生产者的才能等重要因素,对于经济发展所起的作用,不亚于增加资本和劳动力的数量。"曾经担任东京帝国大学总长(相当于校长)的滨尾新这样概括日本教育发展的特点,他说:"在我们国家,不是工业和工厂首先发展,然后接着建立学校,而是首先建立技术学校以培养毕业生,他们的工作就是发展工业和开办工厂。"回过头去看,中国改革开放以来三十多年的经济高速增长,也与各级各类职业教育为之输送了千千万万具有一定知识和技能的劳动者密切相关。

对于各个国家来说,发展职业教育的原因是相同的,但是职业教育的发展模式却各有不同。发展是硬道理,不管是已经发展起来的国家,还是正在快速发展的国家,要发展现代化的工农业,都必须把职业教育当作一件大事来抓,通过发展职业教育培养经济发展需要的、能够在生产过程中应用科学技术并且具备二次开发能力的人才。但是,因为国情各异,在长期的实践过程中,每个国家基于本国国情形成了各具特色的职业教育发展模式,这一点在发达国家就体现得非常清楚。同样是经济发达的国家,同样是在经济发展过程中得益于职业教育对技能型人才的培养,但是,发达国家对经济发展需要的技术技能型人才的培养方式却各有千秋,正可谓"天下同归而殊途,一致而百虑"(《周易·系辞下》),略述如下以说明之:

在法国,职业教育与普通高中教育是贯通的,通过证书考试,将中等职业教育与高中教育融为一体。法国的职业中学分职业中学和技术中学两类。职业中学主要培养各种职业所需人才,学生用两年时间可以拿到职业技能证书。就读技术中学的学生,学习3年后考试合格获得"技术员文凭",持有这种文凭便可申请进入大学深造。而普通的国立中学同样重视对学生进行职业教育,在国立中学就读的学生,高中3年每年都有一项考试,第一年考试合格获技术职业证书,第二年考试合格获技术毕业证书,第三年考试合格获高中毕业证书,具备升大学的资格。它开设的课程中必须选择的选修课有实用工艺、工业技术、医学、社会学、实验室科技等,任意选修课有艺术、科技、现代外语、打字等。

在加拿大,职业教育以能力培养为本位。以能力培养为本位的职业教育产生于二战后,现在被广泛应用于加拿大的职业教育中。其主要特点是:首先由职业院校聘请行业中一批具有代表性的专家组成专业委员会,按照岗位群的需要,层层分析,确定从事这一职业所应具备的能力,明确培养目标。其次,再由职业院校组织相关教学人员,按照教学规律,将相同、相近的各项能力进行总结、归纳,构成教学模块,制定教学大纲,依此施教。其科学性体现在它打破了以传统的公共课、基础课为主导的教学模式,强调培养岗位群所需的职业能力,保证了对学生职业能力的培养。

在北欧的瑞典,把学校开放给社会,把职业教育与普通教育糅合在一起,是其最大特色。该国综合制高中是2至4年制的学校,分为人文社会、经济、理科3组,每组都有2至4年制的课程,任何一种课程都是在扎实的基础教育之上实施职业教育。同时,学生经过任何一组课程的学习毕业之后,都能进入相应的高等院校。

在瑞士,职业教育备受政府的重视,其教育模式及类型呈多元化和与经济社会需求密不可分的特色。瑞士职业教育除了满足本国经济发展需要之外,还瞄准欧盟乃至国际劳动力市场,提供职业技术类、行政管理和商业职业类、酒店管理和旅游职业类、健康和护理职业类、社会工作职业类、新闻媒体及通讯和信息职业类以及工艺美术职业类等职业教育和专业培训。在这七大类职业中,除了健康和护理类、社会工作类和工艺美术类专业由职业教育培训外,其他四类专业普通高等教育也可以提供培训。瑞士高等职业教育作为大学教育的一个重要组成部分,除了同样具有严格的入学条件和标准规定之外,还要经过严格、系统的3至4年时间不等的学习和训练,并通过职业资格考试之后方能获得毕业证书。瑞士的职业考试一般以专业知识考试为主,只有通过职业考试,方能参加高级专业考试。

在澳大利亚,职业教育实际上是一种新型的现代学徒制度,承担此类职业教育的主要载体是TAFE(Technical And Further Education)学院。TAFE虽然是学院,但实际上学员80%的时间是在工作现场进行的工作本位学习,只有20%的时间是在学校学习。现代学徒制有以下特点:一是同就业有着更密切的联系,学生"为未来工作而学习"的目的非常明确,就业前景明朗,大部分学徒工毕业后能被原企业录用。二是实训内容由社会合伙人共同制定,适应企业的需要,突出对学徒工实践操作能力的培养。学生在企业真实的生产环境中操作最先进的设施设备,这样能更早地接近新技术、新工艺、新设备、新材料。三是学生在企业接受培训期间不缴纳学费,还享受学徒工资,一般为技术工人工资的一半,以后按比例逐年增长。近些年来,有许多已取得大学入学资格的普通教育毕业生也从头接受现代学徒制培训,力求在进入大学之前获得一定的职业经历和经验。

在英国,整合职业教育与普通教育一直是其职业教育改革与发展的重要目标,他们用"职业教育与普通教育的等值体系"来真正提升职业教育的地位。英国的职业教育主要分为三种类型:专门的职业教育、职业技术培训和普通教育中渗透的职业教育。专门的职业教育以政府投入为主,在继续教育机构里进行;职业技术培训以企业投入为主,在企业里进行。

在德国,职业教育的方式之一是"双元制",它是一种国家立法支持、校企合作共建的办学制度。其核心是一种学校与企业共同承担教学任务,共同开展教学实践的人才培养模式。所谓"双元制"(Dual system),一般认为,是一种青少年在企业里接受职业技能培训和部分时间在职业学校接受专业理论和普通文化知识的教育形式。它将企业与学校、理论知识与实践技能紧密结合起来,是一种主要以专业技术工人为培养目标的职业教育制度。① 其中,一元是指职业学校,其主要职能是传授与职业有关的专业知识;另一元是在企业或公共事业单位等校外实训场所,学生在其中接受职业技能方面的专业培训。60%是专业课程,40%是普通教育课程。这种相互交叉、有机结合的方式有利于在教学过程中贯彻理论联系实际的原则,有利于培养出既懂理论知识,又有动手能力的生产和管理人员。所以,每年全德国都有近3/4的初中毕业生进入企业的培训机构接受职业技术培训,同时进入各类相应的职业学校学习理论知识。正是依靠这一独具特色的职业教育制度,德国才得以在二战之后迅速恢复国民经济,并成长为世界上科技和经济最发达的国家之一。

以上这些都是各国根据自己国家的具体情况,经过长期的摸索而形成的各具特色的职业教育模式。职业教育在各国形成的不同发展模式表明,每个国家都在寻找一种反映职业教育与自己国家社会特征以及经济发展阶段相适应的最佳模式,这既充分体现了职业教育与现代经济发展的内在联系性,又体现出职业教育与具体国家政治制度、社会结构、文化传统的关联性。找到"最适合的职业教育制度"是各个国家职业教育发展孜孜以求的目标,为此各国都在相互借鉴的基础上,结合本国经济社会实际状况进行着职业教育的实践。一些国家已经找到了适合自己国家国情的职业教育模式,比如上面讲到的法、英、澳等国家;还有一些国家正在摸索当中,中国就是这样的国家。中国的初始资源禀赋条件(人口、资源等)、文化传统、所处经济发展阶段以及今后一个阶段经济社会发展须要解决的问题均不同于上面提到(也包括行文中没提到)的那些国家。我讲这些,不是来证明中国无须发展职业教育,而是想说明中国须要发展适合中国国情的职业教育。过去我们认为只要照搬别国成功的职业教育模式就万事大吉

---

① 王前新:《高等职业教育人才培养模式的构建》,汕头大学出版社,2003年,第240-241页。

了,事实证明这种想法是有问题的,一味地模仿和照搬别的国家或地区的职业教育模式使我们吃过不少苦头。

在未来相当长的时期内,我国社会经济发展需要职业教育培养三种人才:一是劳动密集型产业中具有一定技术、技能的劳动者,无此,难以解决劳动力密集地区的劳动者就业问题;二是走新型工业化道路需要的具有一定创新能力的劳动者,无此,难以使我国经济再上一个新台阶;三是某些高新技术产业中从事辅助工作的中、初级人才,无此,难以推动科技的产业化和我国经济的可持续发展。在中国产业和经济发展方式的艰巨转型中,在"中国制造"向"中国创造"跨越的征程中,产业工人发挥着不可替代的重要作用。目前,中国工业产品的平均合格率只有70%,每年因不良产品造成的经济损失高达2 000亿元。另一方面,中国机械工业劳动生产率约相当于美国的1/12、日本的1/11,劳动生产率每增加或减少1%都会影响产值上百亿元,影响工资成本10多亿元。① 产业工人中的技能型人才不仅是企业产品的生产者和制造者,直接决定着企业的核心竞争力,更是一个国家软实力的重要组成部分。产业工人是制造业的重要生产资源,在目前越来越大的市场竞争压力下,谁有一支稳定的高素质员工队伍,谁就可能占据行业的主动。在中国"调结构、转方式"的过程中,高技能产业工人无论从知识、技能、对社会的贡献、社会对他们的需求度方面,还是收入水平和消费水平方面来说,均不应该比白领差,甚至还要高于白领。在现代的制造业中,最为典型的如电子、汽车、通讯以及IT等产业,高级技师所需的既动手又动脑的复合程度,远远超过了传统制造业中的相同角色。而作为制造业大国的中国,最紧缺的恰恰是具有高学历同时又有很强动手能力的技术工人。好多人都喜欢购买德国、日本等国的产品,认为这些产品质量有保障,是高品质的代名词,原因就在于德国、日本有高素质的产业工人队伍。人力资源公司万宝盛华2013年调查了全球42个国家的38 000个公司,对人才缺口进行了分析。被调查的中国企业中,35%的企业认为招聘合格员工存在很大的难度,最紧缺的前十类人才为技术员、销售代表、高管人员、销售经理、生产作业操作工、工程师、工人、研发人员、设计师、行政助理。其中过半数是由传统的职业教育培养的初、中等技能人才,其他近半数则是职场上的技术技能型人才,其实,这些也应该由职业教育来培养。

因此,当务之急就是探索适合中国国情的职业教育发展模式,为我国经济社会"又好又快"发展培养各级各类技能型人才。但这件事只靠政府决策部门出台文件或领导人讲讲话效果不大,单有职业教育研究者的鼓与呼也收效不彰,只有充分调动和发挥来自基层和一线职业院校的积极性和创造性,把几方面的力

---

① 郭奎涛:《中国产业工人需升级》,《工程机械周刊》,2010年第6期,第25页。

量联合起来,共同努力方能奏效。这方面的实践已有几年了,但实践往往是碎片化的,需要将之拼接起来,形诸文字,提炼升华。

我主编的"职业教育发展路径探索丛书"就是在这种背景下编辑出版的,从这六本书的名字中不难看出我们的心思,它以分析中国基层和职业院校的育人实践为切入点,以总结中国特色的职业教育发展经验为旨归。丛书由《区域职业教育发展模式创新的案例研究》《文化引领 跨越发展——以浙江农业商贸职业学院为例》《地方性人才的造就——昆山花桥国际商务城中等专业学校的实践》《行业性人才的造就——江苏省常州建设高等职业技术学校的实践》《社会转型背景下的职业技能培训研究——以吴江为例》《德才至尚 祈通农商——浙江农业商贸职业学院特色办学的实践》等六本书组成。六本书的作者既有专门从事职业教育研究的学者,也有在职业院校和培训机构主政多年的管理者,他们都立足自己的职业,将各自多年的思考和做法融汇到了这套丛书中。大家从每本书的名字中就很容易猜想到书的内容,在此我就不一一赘述了。

目录

前　言 … 001

第一篇　孜孜探索

第一章　"以农为本、以商为重"办学定位的探索 … 003
一、寻根溯源——学院办学定位确立的三大背景 … 003
二、找准坐标——学院办学定位的诠释 … 006

第二章　"服务'三农'、服务行业、服务地方"办学宗旨诠释 … 009
一、服务"三农"——首要宗旨 … 009
二、服务行业——特色宗旨 … 011
三、服务地方——必要宗旨 … 012

第三章　"树人成德、行知达材"校训真谛 … 014
一、树人成德——成人为先 … 014
二、行知达材——成才为重 … 015

第四章　"四业贯通、四方满意"办学理念的确立 … 017
一、四业贯通——"学业、职业、就业、创业"的贯通 … 017
二、四方满意——"学生、家长、社会、学校"的互动 … 018

第二篇　扬帆远航

第五章　"农本商主"指导下的专业设置与改造　023
　　一、浙农商院专业体系建设基本概况　023
　　二、浙农商院专业体系建设主要内容　027
　　三、浙农商院专业体系建设未来规划　037

第六章　"双师型·专兼职·高层次"师资队伍建设　042
　　一、浙农商院师资队伍建设基本概况　045
　　二、"内培外引"式教师结构优化机制的构建　049
　　三、基于"五个一"工程的教师生涯发展机制构建　053

第七章　"政校行企合作，产学研创结合"的高技能人才培养　056
　　一、工学结合，因地制宜——农商人才培养模式的思考与设计　056
　　二、"三农"情怀，优质人才——农商人才的培养理念与规格　079
　　三、讲诚信、善合作、会融通——农商人才培养目标　099
　　四、以赛促练，以督促改——农商人才培养的保障措施　109
　　五、多元方法，过程评价——农商人才教学方法与评价　120
　　六、一体化、多模式、仿真性——农商人才实践能力的锻造　139
　　七、工作过程导向，农商特色彰显——课程体系与教学资源的开发　154

第八章　"社会培训与校企合作"式社会服务功能的拓展　173
　　一、社会培训——构筑"三农"服务平台，发挥惠农资源优势　176
　　二、校企合作——为企业创造价值，为社会创造财富　182
　　三、培养新型职业农民——社会服务的基础、特色与增长点　185

第九章　"助力内涵发展,服务'三农'事业"的科研思路与举措　190
　　一、高等职业院校科研工作综述　190
　　二、"助力内涵发展,服务'三农'事业"——浙农商院科研工作的开展　193

第三篇　继往开来

第十章　从规模到内涵——如何更好地巩固成果,发挥成效　209
　　一、部门协作,协同创新　209
　　二、总结完善,落地生根　211
　　三、制度保障,人才护航　213

第十一章　从同质到特色——如何更好地贴近行业,服务地方　215
　　一、千方百计做好服务"三农"这篇文章　215
　　二、继往开来创新产教融合这份事业　217
　　三、励精图治扎根长三角这片热土　218

第十二章　从现在到未来——如何更好地发展职教,造福学子　221
　　一、贯彻"以人为本"的教育理念　221
　　二、彰显"质量为先"的办学精神　222
　　三、秉持"创新为源"的生存观念　223
　　四、坚守"强国为梦"的发展理想　224

主要参考文献　226

前言

全方位地加快发展现代职业教育,努力提高人才培养质量,造就世界一流的现代劳动力大军,是我国全面建成小康社会的需要,是实现中华民族伟大复兴的中国梦的需要。"'三农'问题"始终是我国革命、建设和改革的根本问题,关系到国民素质、经济发展,关系到社会稳定、国家富强。当"使每个人都有人生出彩机会"的职业教育和"治国安邦重中之重"的"三农"事业在素有"供销大省"、"职教强省"、"经济强省"的浙江相互融合之时,一幅以"教育兴农"、"教育富农"、"教育强农"为主题的画卷正徐徐展开。浙江农业商贸职业学院也正是在职业教育大发展和"三农"事业大改革的洪流中应运而生,稳健发展。

浙江农业商贸职业学院是经浙江省人民政府批准成立,由浙江省供销社举办的全省唯一一所"农字头"全日制公办高职院校。曾先后获得"省部级重点技校"、"职业教育和成人教育先进单位"、"全国供销合作社系统技能人才培育突出贡献奖"等荣誉。学院依托系统,服务"三农",立足地方,面向全省,接轨长三角,以农商科专业为主,为生产、建设、服务、管理第一线培养所需高端技能型专门人才。摘去筹建以来,在各级部门的关心指导下,在全校师生的共同努力下,学院办学蒸蒸日上,教育与社会服务事业蓬勃发展,拥有中央财政重点支持专业——合作社经营管理专业、中央财政支持职业教育实训基地建设项目——汽车技术服务与营销专业、浙江省高职高专院校"优势专业"建设点——会展策划与管理专业、浙江省高职高专院校示范性实训基地建设点——餐饮服务实训基地,绍兴市示范性实训基地建设项目——会展策划与管理实训基地、绍兴市重点建设专业——烹饪工艺与营养及酒店管理(农家乐经营管理方向)。建立"绍兴市现代农业人才培训基地"等校外专业实训基地100多个,至今已为长三角地区农、工、商等行业培养了两万余名高级人才,培训学员总数达7200多人。浙江农业商贸职业学院已成为地区行业性人才的优质输出平台。

内涵式发展是高等职业院校在新形势下实现科学、健康、可持续发展的必由之路,是建立完善的现代职业教育体系的主动力。浙江农业商贸职业学院一直将追求内涵式发展作为"强校之本",力图通过人才培养之"杆"撬动学院"内涵发展"之"球"。《德才至尚　祈通农商——浙江农业商贸职业学院特色办学的实践》正是学院近年来办学经验的凝练之作。本书以高职院校内涵式发展的主要指标为线索,分为"孜孜探索"、"扬帆远航"和"继往开来"三篇,通过办学定位、办学宗旨、办学理念、人才培养模式、社会服务、科学研究等的系统梳理和阐述,总结出学院从中职到高职30年,尤其是摘去筹建以来的办学成果,以此为基石奠定学院在未来数十年里发展的主基调。同时在已有成果的基础上进一步深入开展教育思想与观念的改革,深化高职人才培养模式改革,进一步研究高素质技能型人才培养的层次结构、类型结构、布局结构,形成一批具有时代特色的精品课程、专业、校本教材,建立一批具有典型示范作用的教学与实训基地,培养一批科研与教学骨干力量,形成名师培养与辐射效应,并通过校园文化建设工程进一步提升学生的人文素质、科学素质、创新素质和心理健康素质,最终实现区域性、行业性、终身发展性"优质人才"培养的目标。可以说,这些成果是学院领导和师生员工根据学校改革与发展实际,结合自身教育教学实践体会,经过总结提炼而形成的阶段性成果,是集体智慧的结晶,充分体现了浙江农业商贸职业学院积极探讨高等职业教育改革规律的求实精神,体现了该院全面提高人才质量,为经济社会发展服务的教育教学改革方向,体现了浙农商院人为社会主义新农村建设、为新型城镇化进程的稳步推进、为"三农"事业的蓬勃发展服务的精神风貌。

当前浙江农业商贸职业学院正在积极筹备迎评促建"回头看"工作和建设全国供销合作总社示范性高职院校工作,全院师生正满怀壮志地走在跨越式发展的征途中。我们热忱欢迎教育同行与社会各界人士不吝赐教,对学院办学工作多提宝贵意见。在未来发展之路上,浙农商院人必将以"集思广益"之胸怀、"励精图治"之精神、"孜孜不倦"之风格和"实事求是"之品质,为我国职业教育事业的长足发展和"三农"事业的扎实推进贡献力量!

第一篇

孜孜探索

第一章

"以农为本、以商为重"办学定位的探索

2009年,浙江农业商贸职业学院(以下简称浙农商院)在绍兴袍江经济开发区揭开了新的发展篇章。从中职到高职,不仅是办学层次的跨越,更是办学使命的升华。筹建初期,学校的办学定位早早就被提上了议程。围绕着学校发展的基本方向,一场关于学校办学定位的大讨论迅速展开。

一、寻根溯源——学院办学定位确立的三大背景

办学定位是根据社会政治、经济和文化发展的需要及自身条件和所处的环境,从学校的办学传统与现状出发,对自身在有关系统内部分工和协作关系中所处位置定位与学校的愿景构思。高校办学定位是高校根据社会政治、经济和文化发展的需要及自身条件和所处的环境,从学校的办学传统与现状出发,对自身在社会与高等教育系统中所处位置与角色特征的选择与发展愿景的构思。它主要回答的是"办什么样的学校"。可见,一所学校开启发展征程,就必须要回答学校的基本定位。这决定了学校未来发展的基本方向,以及在众多同类学校中所扮演的积极有效的角色。浙农商院在筹建初期就广泛开展学校办学定位的调研与讨论工作。学校校名确定为"浙江农业商贸职业学院",这里的"农业"、"商贸"自然成为学校特色发展的主线。但农业和商贸如何定位,二者与学校的办学定位有何种关系?要回答这两个问题,首先要明确学校办学的特色与优势。综合各方因素,结合学校办学历史与现状,学校办学的主要方向及特色优势的发挥需要重点考虑三方面因素。

(一)浙江高等职业院校办学布局现状与错位发展的需求

浙江现有公办、民办高职院校68所,其中拥有与浙农商院"农字头"专业相同或相近的专业或专业群的有5所,即温州科技职业学院(温州市农业科学研究院)、台州科技职业学院、金华职业技术学院、嘉兴职业技术学院、丽水职业技术学院。这些学校的农字头专业大多来源于学校成为高职院前的农业科学研究所、农业技术学校等,且专业类型大多以农业科技型专业为主,在农业科学研究、

技术应用等领域已取得了一定成果,部分学校的农学专业甚至名列全省前茅。可见浙农商院这所以农字头为特色的高职院校作为"后起之秀"在浙江立足,并非易事。关键在如何寻求特色发展的契机与切入口。

在如何发挥"农字头"特色这一问题上,学校也曾有过很多次争论。例如学院起初考虑是否需要发展第一产业中的种植养殖相关专业。毕竟这些是与农字头最为相关的专业,也是传统农业专业发展的基石。但是很显然,作为一个没有农业学科背景的新型高职院校,发展传统农业专业并不具有学科优势。有些专业在其他高职院校已经有了较为成熟的发展,如拥有高品质的课程体系、高水平的实验室以及高层次的师资队伍。如果继续"上马"传统农业专业(如农业技术、绿色食品生产与检验、畜牧兽医等),在学科发展、招生就业等方面则会遇到很大阻碍,不利于学院的专业群发展。在这样的情势下,如何实现农业专业差异化发展,则是实现农字头专业长期健康可持续发展的关键。学院领导在充分考察、调研和讨论的基础上,认为将农业与商贸相结合是发挥"农字头"专业优势的最佳途径。首先,浙江省高职院校现有的诸多农业专业均以农业科学与应用专业为主,很少涉及专门的农业与商贸相结合专业,仅有的几个具有农商性质的专业(如绿色食品生产与经营)也只是附加在农业科学专业之中,并不凸显农产品经营的专门化人才培养。其次,浙农商院属于供销系统学校,在农产品供销环节拥有多年的行业经验与行业资源。将农业与商贸相结合,能够实现优势资源的最大化利用。再次,农商结合也是开拓浙江农业学科发展、满足浙江农产品贸易市场对高层次人才需求的重要举措,尤其是浙江现代农业发展势头良好,大宗商品现货交易的引入、农产品出口贸易量常年维持高位增长都为农业贸易类专业人才提供了广阔的市场需求。

(二)"'三农'问题"的解决迫切需要学校培养农产品商贸流通环节人才

"三农"问题是指农村、农业、农民这三大问题。其独立地描述是指在广大乡村区域,以种(养)殖业为主,身份为农民的生存状态的改善、产业发展以及社会进步问题。从2004年开始,连续12年的中央一号文件都将目光聚焦在"三农"问题之上,强调"三农"问题在中国社会主义现代化时期"重中之重"的地位。长期以来,农民增收问题一直是"三农"问题中的重要议题,中央强调要以"农民增收"为核心来解决"三农"问题。而农民增收既要靠政府扶持,更要靠提升农民自身生产与经营水平。从总体来看,目前我国农村经济和农民收入增长进入了一个新的历史阶段:主要农产品供给由长期短缺,变为总量基本平衡且丰年有余,再变为大部分农产品总量过剩,部分农产品结构性、周期性绝对过剩;农业发展由受资源约束变为受资源和市场双重约束,突出表现为大部分农产品总量过剩,价格低迷,农业、农村经济进入艰难的"爬坡"阶段;农民持续增收成了当前农业和农村经济工作的最大难点,而解决这一问题的难度也超过了新中国成立以来我们在农村工作中所积累起来的全部经验。从长期趋势看,农业相对劳动生产率提高缓慢,农户农业经营规模小,今后相当长一段时期,农业和农村发展将处于艰难爬坡阶段,促进农民持续增收难度极大,如果不能形成一个有效的增长机制,农民收入难以稳定增长到较高水平。而农产品流通就成为构建这一增长机制中具有重要意义的关键环节。

近年来,我国农产品商贸流通领域有四个方面的显著变化:一是重申农产品批发市场的"基础性"与"公益性"特征,二是加强农产品批发市场规划,三是不断推进"农超对接",四是农产品电子商务发展迅猛。但目前存在比较突出的四个问题:一是农产品流通效率较低,二是零售模式转型迟缓,三是食品安全形势严峻,四是公益性政策落地困难。除了政策出台等客观因素外,包括农产品商贸流通环节人才在内的现代商贸人才培养的缺失是这一问题未得到有效解决的症结。而人才的缺失直接导致农产品商贸理念的落后、平台的缺失、渠道的不畅等一系列问题,一部分交易主体电子商务观念滞后,少数涉农企业认为电子商务风险大、投资周期长、维护难,持观望态度。农产品电子商务网站的建设和维护、信息采集和发布、市场行情分析和反馈也都无法科学有效地进行。

有多位学者通过实证、理论等多种方式论证了农产品贸易与农民收入增长间的紧密联系。也有学者曾通过实证研究证实浙江农产品出口贸易与农民收入存在长期均衡的稳定关系,浙江农产品出口贸易对农民收入有正向促进作用。这些科研成果无不告诉我们,农产品商贸流通环节人才的缺失势必会直接影响农民增收,进而影响我国"三农"问题的解决进程。浙农商院作为供销系统行业学校,在农产品商贸流通环节具有权威资质、多年经验与专业人才等多个优势。在浙江省高职院校广泛缺乏农业商贸人才的大背景下,学校有责任,也有信心构建省内知名、系统领先的农业商贸高层次人才培养平台。以农业商贸为主线的专业群将为省内乃至周边地区的农业商贸领域提供优质的智力资源宝库,以人才和社会服务等多种形式支持具有电商发展优势与传统的浙江省农业商贸事业的发展。

(三)供销行业背景要求做好农商结合这篇文章

一直以来,供销社系统是我国农村主要的商品流通网络,是社会主义农村市场的重要渠道。商业的基本职能是商品收购、销售,通过购销实现商品从生产领域向消费领域的转移。供销社作为社会主义商业机构,具备商业的一般职能。但在农村商品生产的新形势下,供销社的新职能应为为农民提供综合服务。新职能的核心是"服务"。一方面是流通领域商品形式的服务,即给农民提供生产和生活资料的供应;另一方面提供活动形式的服务,即贯穿于产前、产中、产后的服务,生活服务以及和农民致富愿望相联系的其他服务。建立和完善社会主义市场经济体制以来,我国供销合作社已进入联合发展的新阶段,基本形成了符合合作制理念和市场经济取向的供销合作社新体制和新机制,经济运行质量持续提高,基层组织建设取得新进展,网络建设稳步推进,城市供销合作社辐射带动功能日益增强,为农服务成效突出,联合社自身建设明显加强。2009年国务院《关于加快供销合作社改革发展的若干意见》《浙江省国民经济和社会发展第十二个五年规划纲要》《浙江省人民政府关于加快推进供销合作社改革发展的若干意见》等文件,都为推进社会主义新农村建设指明了方向,要求利用供销合作社教育培训资源,开展农民专业合作社带头人、农产品经纪人、农民技能培训,发展农村职业教育等,尤其明确提出积极开展新农村现代流通服务网络工程(简称"新网工程")建设,充分发挥供销合作社在农村流通市场的主渠道和主体地位作用。

浙农商院是浙江省供销社下属全日制公办高职院校,由浙江省供销社举办和管理。这种天然具备的供销行业特色客观上要求学校的办学定位朝向农业与商贸流通的结合与融通。学院凭借较为悠久的办学历史、深厚的文化底蕴和享誉省内外的雄厚实力,在浙江职业教育行列中占有重要地位,服务浙江地方经济社会发展和社会主义新农村建设是学院义不容辞的责任与使命。

错位发展的需要、"三农"问题的解决、行业背景的特点,这三大要素决定了学院办学特色直接指向农业与商贸的融通,同时也就孕育了学校在新形势下的办学定位——以农为本、以商为重、省内知名、系统领先、特色鲜明。

二、找准坐标——学院办学定位的诠释

(一)以农为本、以商为重——体翼结合

以农为本、以商为重。这两者是办学定位的主体部分,描述了学校办学的基本方向与发展路径。两者并非独立个体,而是有着内在逻辑关系的共同体,共同构筑了学校的基本专业框架。

以农为本体现了学校的办学宗旨:服务"三农"。前面提到,"三农"问题是指农村、农业、农民这三大问题。"以农为本"也就将学校的办学触角与承担的社会责任深入农村建设、农业发展和农民增收三大关键领域。从农村建设角度来看,学校的办学将为农村建设规划、园林设计等提供技术支持,或为农村培养一批城市规划或园林规划人才;从农业发展的角度来看,学校将通过促进农产品流通、提高农产品附加值、提升农产品出口水平等方式促进现代农业产业发展,服务绿色农业体系的建设;从农民增收的角度来看,学校将通过为农民提供农产品流通技术、农业加工技术等培训,帮助农民拓展销售市场和渠道,或协助建立

厂商与农业合作社销售机制等以拓展农民增收渠道,加快农民劳动投入与劳动收入的转化速率。这三大领域共同体现了学校办学定位、育人过程、社会服务所遵循的"以农为本"原则。

以农为本是学院的立院之本。所谓立院之本,强调的是学院的诞生与成长天然伴随"农"的基因。无论是学院的先天特征,还是后天的生存土壤;无论是学院的专业设置,还是学生工作;无论是学院的教学科研,还是社会服务,都将紧紧围绕"服务'三农'"这一核心展开。从先天特征来看,学院属于供销系统学校,拥有服务"三农"的天然基因和当然使命;从生存土壤来看,学院错位发展在于农商结合,且具有农业与商业融合发展的优势;从专业设置来看,学院农类专业属于主干专业,农业专业具有较强的师资队伍与较好的传统,同时通过设置涉农类专业、在非农类专业中开设涉农类课程来凸显"农字头"专业地位;从学生工作来看,学院的众多学生社团将秉持服务"三农"的宗旨,学院在学生专业学习的过程中将重点培养他们的"'三农'情怀";从教学科研上看,学院的教育事业与科研项目将主打"农商"特色,无论是专业课程设计还是教学设计,无论是纵向课题的申请还是横向课题的申请均以农业为基本方向;从社会服务来看,学院将重点在农业生产、农产品商贸流通等领域开展校企合作,开展有针对性的农民培训班,以长期人才培养和短期农民集训等方式为农村输送专业人才,并对地方开展诸如村镇建设规划、园艺设计等社会服务。这些以农为本的实际措施将直接反映学院的办学定位与办学宗旨,并为学院内涵式发展提供基本参照与方向指引。

以商为重体现学院在为"三农"服务时侧重于商贸流通领域。农业与商贸流通领域的这种结合既是学院办学历史的彰显,同时也是服务"三农",填补江浙地区农业商贸流通领域人才培养空白的重要定位。学校属于供销社系统学校,天然具备的供销系统资源优势和悠久的商贸专业办学历史让我们首先考虑农业专业应与商贸专业进行融合再造。然后,经过周密的市场调研,综合学院办学优势,选择农产品商贸流通作为农业与商贸融合的切入点,并逐步扩展专业覆盖面,最终形成如今的专业建设格局。

以商为重强调为农服务的落脚点在商贸领域。商贸流通业是指商品流通和为商品流通提供服务的产业,主要包括批发和零售贸易业、餐饮业、仓储业,并涉及交通运输业等。那么与农业相融合后,农业商贸就被扩展和细化为农产品批发、零售、加工、仓储等环节,相应地,学校开发了合作社经营管理、绿色食品生产与经营、茶叶生产与加工技术、电子商务(农产品信息管理方向)、投资与理财(农村合作金融方向)、酒店管理(农家乐经营管理方向)、商务经纪与代理(农产品经纪人方向)等专业方向,满足了凸显专业优势与该领域人才培养优势的双重需求。

以农为本与以商为重的关系,犹如体翼关系一般,由农业构成专业建设的基本方向和内容,由商贸构成辅助涉农专业发展的特色动力。农业是专业建设与发展的基本面,学校提出所有专业都要有为"三农"服务的情怀,涉农专业更要凸显为农服务的专业特长;商贸是涉农专业发展的基本方向,涉农专业将和商贸流通领域相结合,诞生出具有供销特色的农业商贸专业体系。农业之体辅之以商贸之翼,共同构成了浙农商院发展的基本格局,体现了学校发展的基本特点与方向,也开创了农业商贸职业教育的新天地。

(二) 省内知名、系统领先、特色鲜明——奋斗目标

学校未来将朝着什么样的目标奋斗?学校全体员工对学校未来在职教领域的地位有何期许和愿景?"省内知名、系统领先、特色鲜明"最能够阐释这一问题。这十二个字从三个维度阐明了学校的奋斗目标——地域上实现学校在省内高职院校中知名度的不断提升,供销系统中实现学校办学水平的不断提升并争取领先地位,办学类型上实现在全国涉农高校中凸显突出的办学特色。

省内知名,即在省内高职院校中有较高的知名度,尤其是在涉农专业的发展上能够在省内高等院校中有一席之地,并能够具有一定的代表性;系统领先,即在供销系统中占据育人领域的重要地位,能够为浙江乃至全国供销系统源源不断地输送各层次优秀人才,满足相关领域的用人需求,并能够承担供销系统的科研、技术研发等实际项目,成为供销系统重要的智力资源提供主体;特色鲜明,即在农业类高等职业院校办学中走出农业办学的新路子——农业商贸高端技术技能型人才的培养。

第二章

"服务'三农'、服务行业、服务地方"办学宗旨诠释

宗旨,指主要的思想或意图、主意。语出《北齐书·儒林传·孙灵晖》:"灵晖年七岁,便好学,日诵数千言,唯寻讨惠蔚手录章疏,不求师友。《三礼》及三《传》,皆通宗旨。"办学宗旨,顾名思义,就是要解决"为什么要办我们这所学校"的问题。它解决了学校立足社会与发展的合法性问题,也为学校的办学提供了基本方向与精神指针。概括而言,浙农商院的办学宗旨可以浓缩为"服务'三农'、服务行业、服务地方"。

一、服务"三农"——首要宗旨

《浙江省人民政府关于建立浙江农业商贸职业学院的批复》(浙政函[2011]93号)文件中明确指出,"学院要把为'三农'服务放在突出位置,加强专业建设和师资队伍建设,深化教育教学改革,努力办出特色和水平"。这是省政府对学校办学定位与宗旨最为明确的规定和要求,是省政府基于对全省农业发展所需人才,尤其是农业商贸类发展所需人才的认识所作出的决策,也是基于对浙农商院传统专业优势的认识所作出的决策。服务"三农",既是天生优势,也是形势所需。

所谓天生优势,即学院先天所具备的"三农"特性。供销社是为农服务的合作经济组织,是连接城乡市场的桥梁和纽带,是统筹城乡发展的一支重要力量。供销社的宗旨是为农业、农村和农民提供综合服务,引导和组织农民进入市场,发展农村现代流通,参与农业社会化服务体系建设,成为政府密切联系农民的桥梁和纽带,推动农村合作事业发展,促进社会主义和谐社会和新农村建设。浙农商院自创办以来,就始终属于浙江省供销系统管理,先天具有服务"三农"的特性与任务,也先天具备服务"三农"的优势与契机。从学校发展历史来看,十一届三中全会后,为了响应国家号召,浙农商院的前身——浙江供销技工学校经浙江省革命委员会批准诞生。1979年9月,学校既无校舍也无师资,为了尽快上马,在远离绍兴的海涂的几间多种经营实验场的房子里开始迎来了第一批"供

技人"。从海涂时代走来，1981年9月，学校入驻绍兴市中心地带的新校区。1982年，学校成为浙江省供销社干部学校绍兴分校、中华全国供销总社师资培养基地。1988年，学校率先办起职高班、成人中专班，1994年开始招收普通中专班，走多层次市场化的办学之路，建立"实验饭店"，大力发展校办企业。同年，学校成为浙江省唯一有资格接受外国留学生的中等学校。1996年，学院正式升格为普通中等专业学校。1998年，学校被中华全国供销总社批准为"省部级重点技校"。同年，经浙江省教委、浙江省计经委审核，被提前批准为"合格中等专业学校"。可以看出，学院在升格为高职院校之前，就已经将供销文化深入到学校发展的每一个环节之中，且在每一个发展阶段都为供销事业的发展做出过重要贡献，得到上级部门的认可和表彰。同时，40余年参与供销事业发展的经历也让浙农商院积累了丰富的服务"三农"办学经验。从专业设置到人才培养，从校办工厂的建设到校企合作的蓬勃开展，从开办供销系统培训班到系统性、全员性的供销系统培训体系的建立，浙江省农业发展、农村建设与农民致富的每一个发展节点都有浙农商院的参与。

所谓形势所需，即浙江乃至全国范围对农业商贸流通人才的巨大需求促使学校找准定位，抱定宗旨，明确方向。党的十八大报告明确指出，解决好农业农村农民问题是全党工作重中之重。2004年以来，中央已连续11年发布一号文件聚焦"三农"问题，凸显了对"三农"问题的高度重视。发展现代农业、建设社会主义新农村离不开数量充足、结构合理、素质优良的技术技能人才支撑，这是解决"三农"问题、实现农业现代化的关键。近几年来，"农民增产不增收"的怪圈一直困扰着中国农业的发展，加快发展农村现代流通成为破解这一难题的迫切需要。农村流通作为连接生产和消费、农民和市场的桥梁和纽带，在推进农业现代化的进程中发挥着先导性的重要作用。"农超对接"、"万村千乡"等民生工程的深入实施，推动并加快了农村流通由传统购销方式向现代流通方式转变，农村超市、便利店、购物中心等新型经营业态不断出现，农村连锁经营、物流配送、电子商务等现代流通方式不断兴起，农村流通组织化程度逐步提高，市场功能不断提升，流通规模不断扩大。构建集约化、专业化、组织化、社会化、产业化的农村现代流通体系，对人才培养提出了更多需求和更高要求。在推进农业现代化的进程中，同时面临人才紧缺的严峻挑战。有研究对中美大学毕业生在农业领域就业的比重做了对比，中国是0.6%，而美国是24.6%，农村实用人才匮乏已成为制约农村现代流通持续快速健康发展的瓶颈。正是在这一大背景下，浙农商院确立了服务"三农"、培养农业商贸流通人才、造就新型职业农民的办学宗旨。这是学院发展的首要宗旨，是引领学院发展的基本动力。

二、服务行业——特色宗旨

浙江农商院属于供销行业办学,服务供销行业是学院义不容辞的责任;同时,学院的供销特性与行业特色也为其发展提供了经久不衰的动力。

行业高职院校是我国高职教育的重要组成部门。据统计,截止到2011年,行业高职院校占据我国高职院校总数的41.38%,在我国高等职业教育的发展中发挥了重要的作用,为我国国民经济发展输送了大量的高端技术技能型人才。我国现有的行业高职院校大致可以分为三种类型:一是政府行业部门所属高职院校,即由中央部委或地方部委主管的高职院校;二是大型国有企业集团所属高职院校;三是共建型行业高职院校,即由教育部门主管并与行业部门共建的高职院校。浙农商院属于政府行业部门所属高职院校,由浙江省供销社举办。政府行业部门所属高职院校是我国行业高职院校的主要类型,院校领导的人事任命、办学经费的财政拨款等主要由业务部门分管,教育教学业务则由教育行政部门分管。浙农商院的行业性办学特色使得学校在办学过程中获得了诸多优势。如通过浙江省供销社较为便捷地获取本行业产业发展信息、技术发展信息、人才需求信息等,及时掌握行业和技术发展动态以改革教育教学,培养符合行业企业需要的人才。同时充分发挥主管部门的桥梁作用,获取具有合作意愿的企业信息,以较为科学合理地制定校企合作发展规划,并通过主管部门的穿针引线,实现与供销行业企业的广泛合作。最后学校可以获得供销部门在行业政策和规划上的支持。这些优势将转变成学校发展的资本积累,为实现学校一个又一个跨越式发展提供动力支持。

优势是资本,将资本转化为发展成果则需要紧紧围绕行业发展需求不断提升人才培养质量。服务行业,就是要通过人才培养、智力支持等推进行业、企业的转型升级。从过去的浙江省供销技校,到如今的农业商贸职业学院,校名的更迭没有改变其"供销"的印记。为农村和供销社系统生产、建设、服务、管理第一线培养所需高素质技能型人才成为浙农商院自成立之初就明确的发展之路。2014年,中华全国供销合作总社更是决定将浙农商院列为全国供销合作社示范性高等职业院校建设计划单位。在促进行业职业教育特色发展、供销系统行业企业科研与一线工作人才供给等方面,浙农商院已经成为供销系统中的中流砥柱,成为名副其实的行业精英的强势"缔造者"。专业和课程建设是承载人才培养、科学研究和服务社会功能的平台,是高职院校建设的核心工程,是提升学校办学实力的关键。行业特色高职院校最大的优势就在于拥有若干代表着先进水平和社会需求的体现行业特色的优势专业,这些专业集中体现了学校的核心竞争力。浙农商院在商贸流通、金融合作、信息科技等方面具有专业优势,这些是保证供销系统顺利运转的重要环节。学院将继续紧紧围绕浙江供销系统人才需求的发展态势,对接供销行业人才需求缺口,满足供销企业对高端技术技能型人才、技术升级等的迫切需求。此外,基于传统农民的新型职业农民转型培养也是浙农商院发挥商贸教育资源优势,服务"三农"、服务行业的体现。新型职业农民是一个新的范畴,一个以通过市场配置资源,以需求指导农业生产又以新产品引导市场,并以商业活动为舞台的新生产者。这一群体有四个基本特点:一是有目标,具有较高的思想政治素质;二是有知识,具有较高的科学文化素质;三是有道德,具有较高的文明素质;四是有组织,具有较高的民主法治素质。这四个特点就决定了传统农民向新型职业农民的转型必须要有教育的介入,尤其是科学文化素质的提升必须要通过专门的技术教育与培训方可完成。浙农商院将通过长时段教育与短时间培训相结合的方式,根据区域农业发展的实际需求,对区域内具有转型发展意愿与基础的农民进行知识与技能升级,尤其是培养一批具有商贸流通知识与能力的新型农民从事农产品销售与贸易活动,促进区域农业产业化的新发展。

三、服务地方——必要宗旨

区域性是职业教育的外部特征。高职院校自然也要以学校所在地区的经济发展情况为参照来制订人才培养方案。区域性特点在办学理念中的体现往往是最直接的,不存在抽象和具象之分,只有地域大小和表述的差别。这种将区域性特点融入办学理念的做法,实际上是学校实现可持续发展和人才培养定位的考量,这就回到了高职院校办学目标和人才培养与输出的问题上。区域性不是一种限制,反而是一种提升人才使用效率、维持乃至扩大人才输出规模的保障。很多高职院校的办学理念中也明显强调了学校人才输出与服务的区域特点,如天津职业大学的"职大培养什么样的人才,滨海新区说了算";河北工业职业技术学院的"立足河北,合力打造钢铁企业'工段长的摇篮'";绵阳职业技术学院的"面向科技城的建材行业办专业,瞄准一线岗位培养高技能人才"等。高职院校开展职业教育,必须符合地方产业、行业、企业及社会发展的人才需求,理应为地方经济社会发展服务,这是高职院校的主要职能,因此要服务地方。高职院校唯有"以服务为宗旨,以就业为导向",才有生存的基础、发展的源泉、前进的动力。服务地方也就成了高职院校自成立以来的必要发展宗旨。

在多年的职业教育实践过程中,浙农商院人才培养质量不断提升,服务浙江经济社会和行业发展的能力不断增强,得到了学生、家长和社会各界的广泛认可。近几年来,学院高职招生的生源火爆,新生投档录取分数线和位次逐年提高。2012年成功录取新生1 622名,完成率101.4%,超额完成招生计划;2013

年成功录取新生1 841名,完成率99.5%。实施招考"阳光工程",招生录取、报到工作实现零投诉。自建校以来,学院累计培养的两万余名高素质技能型专门人才活跃在经济建设第一线,为行业发展和新农村建设做出了突出贡献,他们敬业爱岗、吃苦耐劳、勤于钻研、善于协作的良好素质,赢得了社会各界的普遍赞誉。根据浙江省教育评估院反馈的信息,学院人才培养状况数据平台有关毕业生信息的采集和分析工作出色,在浙江省高职高专院校2012届毕业生职业发展与人才培养质量调查中,各项指标名列全省高职院校中上水平,在全省49所高职高专院校中排名第16位,总满意度排名第23位。此外,作为行业举办的高职院校,学院在稳步提升学历教育教学质量的同时,不断增强为浙江经济社会和供销社事业发展服务的能力。正式建校以来,学院不断加大与政校行企的沟通和合作,先后与绍兴市委市政府农办、绍兴咸亨集团、外婆家食品股份有限公司等合作成立了绍兴市农民学院、咸亨学院、外婆家学院等,与新昌丰岛控股集团有限公司、浙江诸氏方圆服饰有限公司等知名企业进行战略合作,建立"绍兴市现代农业人才培训基地"等校外专业实训基地100多个。注重开展职业培训、职业技能鉴定等社会服务工作,近年来,积极拓展涉农培训项目30余个,培训学员总数达5 000多人。其中,农产品(食品)检测技术鉴定培训和合作经济师培训均为全省首创。先后被浙江省经济和信息化委员会授予浙江省企业经营管理人员培训基地,被浙江省商务厅、财政厅授予国际服务外包人才培训基地,被中华全国供销总社授予全国供销合作社培训基地,被绍兴市农办授予绍兴市农民培训基地,被绍兴市人力资源和社会保障局授予绍兴市外来务工人员培训基地和职业资格鉴定中心,被绍兴市农办、教育局批准为绍兴市农民高学历双证制培训基地,被绍兴市人民政府授予绍兴市农民学院。这些数据、案例和奖项均充分印证了学校服务地方经济发展的宗旨,体现了学校服务地方发展的决心和能力。

第三章

"树人成德、行知达材"校训真谛

《辞海》对校训的解释是:"学校为训育之便利,选若干德目制成匾额,悬之校中公见之地,是为校训,其目的在使个人随时注意而实践之。"在我国,几乎所有的学校都有自己的校训。校训作为校园文化建设的重要组成部分,是一所学校师生共同遵守的文化准则与行为规范,体现着一所学校的办学精神与理念,也可以体现一所学校的精神面貌与风气。校训往往在显眼的位置就能看到,对学生的行为可以起到良好的导向和规范作用。校训可以说是一所学校的灵魂,作为一个标尺,激励着学校中的师生不断前进,即使在离校多年以后,学生也会记得学校的校训。校训与学校的精神气质同根同源、共生共荣,成为学生的耳边钟、心中鼓,是学生的价值尺度以及行为标准,也影射了现代价值取向。好的学校校训是对学校核心精神的深入解读,同时也是对社会文化发展方向的精准把握,甚至反应和诠释了社会核心价值观的内在要求。浙江农业商贸职业学院的校训是"树人成德、行知达材"。

一、树人成德——成人为先

党的十八大报告中指出:"把立德树人作为教育的根本任务,培养德智体美全面发展的社会主义建设者和接班人。"立德树人是教育的根本指向。教育的本原就是培育健康完整的人,而不是训练只会考试的工具。健康完整的人,包括健全的人格、良好的公民道德素养,以及从对自己开始,逐步到对他人、社会、民族、国家的责任秉持和信念坚守。无论什么时候,教育都应该把培育健康完整的人视为己任。这与"树人成德"所要表达出的内涵高度吻合。

正所谓"十年树木,百年树人"。"树人"出自《管子·权修第三》:"一年之计,莫如树谷;十年之计,莫如树木;终身之计,莫如树人。一树一获者,谷也;一树十获者,木也;一树百获者,人也。"这说明培养人才是带根本性的长远之计,体现了管仲的人本思想。管仲认为教化百姓,是国家长治久安的基础。尹知章注解《管子·权修》说:"树人,谓济而成立之。"后来就用"十年树木,百年树人"

比喻培养人才意义重大，同时也表示培养人才之不易。将"树人"一词作为校训的组成部分，充分体现了学校孜孜不倦地润物育人的决心和实力。树人，既是一种行为，更是一种精神；是对教育本真功能的再现，也是对人性本真特点的反映。将树人作为校训的首要元素，是对教育规律的充分认识，也是对人本发展理念的充分实践。此外，绍兴名人鲁迅先生曾经以"树人"为名，学院也将其中一栋教学楼命名为"树人楼"。将树人融入校训之中，也是对校园文化乃至地方文化的一种回应和映衬。

"成德"出自王守仁《王文成公全书》："学校之中，惟以成德为事，而才能之异，或有长于礼乐，长于政教，长于水土播植者，则就其成德，而因使益精其能于学校之中。"意为成为有道德、有修养的人。

何谓德？在以儒家文化为主流的中国，它的基本含义是好的道德品质，德性。据杨伯峻统计，《论语》中德字出现38次，其中，德的含义是行为、品质的6次，如"君子之德风，小人之德草"；德的含义是恩德、恩惠的4次，如"以德报德"；德的含义是道德的27次，如"为政以德"；德的含义是品质的1次，如"称其德也"。同样，《孟子》中德的含义也主要是指好的道德品质、德性。《孟子》中德字出现37次，其中德的含义是道德、好的品质的34次，如"德何如则可以王矣"；德的含义是有德性的人的2次，如"小德役大德"；德的含义是行为、品质的1次，如"无能改于其德"。在当今时代，中国特色社会主义建设的实践要求人们具有的道德品质主要包括公正、宽容和诚信等元素。传统文化，尤其是儒家的思想，为我们理解"成德"的内涵提供了基本的框架，中国特色社会主义规定了"成德"的性质和方向，时代的发展则为"成德"提供了新的内容。体现了这三方面要求的道德，其含义也就是要培养具有坚定的理想信念、正确的价值取向、良好的道德品质，遵守基本的道德规范的社会主义事业的接班人和建设者。此外，作为一名职业学校的学生，一名即将走向工作岗位的准产业工人，职业道德也是其"成德"的重要内容。社会主义职业道德是社会主义社会各行各业的劳动者在职业活动中必须共同遵守的基本行为准则，它是判断人们职业行为优劣的具体标准，也是社会主义道德在职业生活中的反映，其主要内容包括爱岗敬业、诚实守信、办事公道、服务群众和奉献社会。可以说，社会主义职业道德是各层次道德领域中最鲜活、最接地气的道德领域，是学生离得最近、感知最深的道德素质。这就是浙农商院校训中"成德"的丰富内涵。

二、行知达材——成才为重

"行知"即为"行知合一"，就是实践与理论的统一。理论就是"知"，实践就是"行"，要做到知中有行，行中有知。"知行合一"由明朝思想家王阳明提出，是中国古代哲学中认识论和实践论的命题，原来主要是关于道德修养、道德实践方面的理论阐述。中国古代哲学家认为，不仅要认识（"知"），尤其应当实践（"行"），只有把"知"和"行"统一起来，才能称得上"善"。现在"知行合一"的含义已经延伸到各行各业的各个领域，尤其在职教界得到发扬光大。习近平总书记就加快职业教育发展做出的重要指示中明确指出"……坚持产教融合、校企合作，坚持工学结合、知行合一，引导社会各界特别是行业企业积极支持职业教育，努力建设中国特色职业教育体系"，就是对这一思想的充分肯定。从职业教育办学的角度出发，"知行合一"重在提高学生的专业技能，体现职教办学特点。将"行知"二字融入校训之中，既是对学生学习过程的规范，也是对职教办学历程的鞭策。同时，"行知"也指代绍兴籍著名教育家陶行知先生，其"教学做合一"的教育思想也与"知行合一"有着异曲同工之妙，学院也将其中一栋实训楼命名为"行知楼"，更是将行知文化发挥到极致。

"达材"出自《孟子·尽心上》："君子之所以教者五：有如时雨化之者，有成德者，有达财（通材）者……"意为成为社会的有用之才。具体地说，即毕业生可以胜任工作岗位，能够凭借所学顺利完成工作任务，解决工作问题，并利用工作平台实现自我发展。"才"是一种专业能力，而"材"则是一种状态，带有综合的意味。用"材"而非"才"，意欲突出学生专业能力与关键能力的双突破，并借助两种能力实现成为社会栋梁之材的永久状态。

"树人成德、行知达材"的校训准确地体现了浙农商院培养德才兼备、知行合一的高端技能型专门人才的办学目标，彰显了学院作为职业院校的办学特色。必须树人以成德，通过富有成效的德育工作，使学生成为有道德的人；教会学生做事，让学生在实践中学习知识和技能，并把知识和技能运用到实践中去，以达到成材的目标。

第四章

"四业贯通、四方满意"办学理念的确立

先进的办学理念是一所学校持续、健康、科学发展的根本。办学理念是学校文化的灵魂和核心,它能把学校的办学宗旨、办学目标、办学原则、行为规范等整合成一个有机整体。同时,学校的办学理念也是在该校文化传统的基础上,通过长期的办学实践,经过反复积淀、选择、提炼和发展,并被学校全体成员高度认同的一种精神文化。

高等职业院校具有"高等"与"职业"双重特性。"高等"决定了他的层次,"职业"决定了它的类型属性。也正是因为它在横向和纵向两个维度上展现出的复合型特点,使得高职的办学理念在统一中更显多元。所谓统一,是鉴于高等职业院校之"高等"层次。首先,高等职业院校的办学理念要有高等院校办学应有的核心理念与思想,应该站在更高的理论起点,怀揣更强的社会责任感。对于人才的培养也要有更长远的规划和目标,尤其应注重信息社会、转型社会等背景之下新型公民的培养。要让学生在较高学历的基础条件之上拥有更为开阔的视野、更先进的理念与思想,以及现代公民所具备的基本素养等。其次,高等职业院校之"职业"属性也让办学理念融入了各行各业独特的"职业"理念。在"职业"这一统一的属性之下,每所高等职业院校对其办学理念的解读都有着微观层面的异同。多元化的社会及其派生出的多元化的需求使得高等职业院校的办学从过去较为单一的形式和内容转变为更为灵活和开放的办学思想。高等职业院校的办学理念也在这一转变中更为多元和开放,其体现出的职业性、专业性、区域性等也更为显著和具体化,特点也更为鲜明。浙农商院将"四业贯通、四方满意"作为其办学理念,有着对现代高职教育理念与学校办学现实的考量。

一、四业贯通——"学业、职业、就业、创业"的贯通

所谓"四业贯通"即"学业、职业、就业、创业"相互贯通。学业,即学习活动,是学生在学校内进行的知识积累和能力提升的过程;职业即学生进入社会后在一定的岗位上所从事的工作,带有较强的行业性质,与"工作"有相同意思表述,

但倾向于所蕴含的专门知识与技能;就业即学生为获取报酬或经营收入而进行的活动,是学生毕业后社会化和独立生存的过程;创业即对自己所拥有的资源,通过努力并采取一定的方式进行优化整合,从而创造出更大经济或社会价值的过程。创业包含就业层面的含义,但是比就业多了一层创造成分,需要更大的勇气和毅力,并辅以一定的创业能力方可实现。这"四业"是职业学校学生从入学到毕业乃至今后立足于社会所必备的砝码。学业是预备过程,为学生就业和创业,以及获得职业打下坚实基础;职业是学生实现社会化,立足于社会的主要平台,学生通过获取职业获得独立生存的机会,并实现人际关系的进一步拓展和个体社会化的顺利进行;就业是学生获取职业的过程,是职业学校学生毕业后最主要的去向和行为,也是检验高等职业学校办学质量与人才培养的试金石;创业则是在一般就业的基础上实现更高级别的资源重组,凭借敏锐的市场嗅觉和较强的组织与规划能力实现对未知或热门领域的开拓,从而实现财富与经验的双丰收。当这"四业"实现贯通之时,学生将从学业中获取就业、创业的能力,在就业和创业中获取不断自我提升的能力,在职业中落实将所学应用到实践的能力。学习从原来的静态事物转变成具有内在动力的动态过程,更被赋予了终身教育的内涵;职业从原来单纯的谋生工具,变成了具有自我提升和自我实现的重要平台;就业与创业则成为学生实现自我价值的宝贵经历。此外,四业贯通还体现了学院按照现代高职教育理念中专业建设源于产业、行业、企业、职业的科学逻辑进行专业建设,说明该校的专业建设既具有符合市场需求、服务社会的特征,又体现职业学院办学模式和教学模式特色,即校企合作、工学结合,着力培养学生的动手能力和职业技能,拓宽学生的就业、创业渠道,促进当地经济社会发展。

二、四方满意——"学生、家长、社会、学校"的互动

"四方满意"即指将学院办成学生、家长、社会、学校满意的学校。学生、家长、社会和学校是学院办学的主要利益攸关方(利益相关者)。学生是办学的主体,是学校办学的主要服务对象,学校办学质量如何,能否继续办下去,取决于每一届学生在校期间的学习以及毕业后的发展情况。家长是学校办学的"直接资助方"。家长对于孩子在校期间以及毕业以后发展情况是否满意,直接决定了家长对学校的认可度。这种认可度也是学校能否实现可持续发展的重要指标。社会是接纳学校毕业生的"大熔炉"。这里的社会包含着诸多细微主体,如企业、行业、社区等,其中最重要的必然是毕业生所在的企业。企业对学生的认可度,也在很大程度上决定了学校人才培养模式的成功与否,也决定了学校某一专业建设的成功与否。学校则是办学的主要承接方,是进行办学的主要力量。学

校自身对办学满意与否,直接影响着学校内部发展的动力和凝聚全体教职工与学生为实现办学目标而奋斗的决心。探索一条能够让绝大部分教师和学生都能够认同和参与的学校治理与人才培养路径,是办学者们需要充分考量和规划的内容,某种程度上直接影响学校未来的走向和生存。实现"四方满意"之目标绝不是一朝一夕的功夫,更不是只停留在口头上的空头承诺。将"四方满意"融入学校的办学理念当中,体现了学院对教育事业的尊重、对学生成长的关怀、对大众所肩负的社会责任以及自我提升的重视。通过"四业贯通"之路径,实现"四方满意"之目标,两者是前提与目标的内在逻辑关系。

第二篇

扬帆远航

第五章

"农本商主"指导下的专业设置与改造

所谓"农本商主",指的是以"服务'三农'"为专业设置的方向和本位,以商贸流通为专业设置的主导和主体,最终形成以服务"三农"为基础,以现代商贸类专业为主体,旅游、艺术、汽车等专业协调发展的专业体系。在注重培育"以农为本"的涉农专业的基础上,发挥传统专业办学优势,"以商为重"加大服务"三农"的现代商贸流通主体专业建设。同时,主动适应区域经济、行业发展和市场需求,不断调整和优化专业结构,拓展旅游、艺术、汽车等专业,协调发展,构建以"农"为本、以"商"为重的高技术应用型人才培养高地。

一、浙农商院专业体系建设基本概况

根据学院的办学定位和专业建设架构,确立了以市场需求为导向、职业岗位(群)为依据、服务"三农"为特色、农产品商贸流通为重点,按照专业规模数量适度、结构布局合理、定位特色鲜明、目标错位发展的思路设置专业。初步构建了以合作社经营管理专业为龙头,商务经纪与代理(农产品经纪人方向)、绿色食品生产与经营、电子商务(农产品电子商务方向)和茶叶生产加工技术为支撑的服务农产品商贸流通领域的专业群。学院依托产业办专业,根据需求定岗位,按照岗位定目标。学院确定了依托服务"三农"、服务供销社行业,打造现代商贸类专业群;依托建设美丽浙江和旅游经济强省,打造旅游服务类专业群;依托浙江省农产品博览会、柯桥纺博会、余姚中塑国际会展中心、上虞石狮商贸城,打造艺术会展类专业群;依托浙江金昌集团(宝顺集团)、绍兴袍江汽车城,打造汽车服务类专业群。

目前,以合作社经营管理专业为龙头,电子商务、绿色食品生产与经营、茶叶生产加工与技术等专业为支撑的专业群已成为学院服务"三农"的特色专业群,初步构建了重点面向农产品流通和现代服务业的专业格局。合作社经营管理专业系全国首创,为"中央财政专业资助项目";汽车技术服务与营销为中央财政支持的职业教育实训基地建设项目;会展策划与管理专业为"浙江省高职高专院校'优势专业'建设点"和全国会展职业教育人才培养基地;烹饪工艺与营养、酒店管理为"绍兴市级重点建设专业",绍兴菜烹饪技艺获批"浙江省非物质文化遗产教学传承基地"。

各专业广泛深入开展校企合作,实行开放式办学;坚持按照就业导向开发新专业、改造老专业,并积极开发符合新农村建设要求和具有供销社特色的专业。各专业成立了相应的专业建设指导委员会,采取积极措施吸纳具有丰富企业经验的行业企业专家、专业技术人员、管理人员及其他高职院校的专业带头人直接参与到学院人才培养的过程中,以工学结合的途径造就了一大批具有良好职业道德、创新精神和实践能力的高素质技能型人才。在切实做好新教师招聘和人才引进工作的同时,学院积极创造条件鼓励现有教师继续深造,或选派优秀教师外出进行学术交流、挂职实践、培训学习等,多途径、多方位地开展以打造"双师"结构教师队伍为重点的团队提升工程。

（一）专业布局

根据学院的办学定位,分析行业、区域经济发展和学院的专业建设现状,明确以市场需求为导向,以职业岗位（群）为依据,以服务"三农"为本位,以农产品商贸流通为重点,按照专业规模数量适度、结构布局合理、定位特色鲜明、目标错位发展的思路研究专业的设置。2015年招生专业数17个,覆盖高职高专7个专业大类,其中制造大类2个、电子信息大类1个、财经大类6个、旅游大类4个、文化教育大类1个、艺术设计传媒大类1个、农林牧渔大类2个。招生的17个专业中有8个专业（含方向）设置了涉农方向,即合作社经营管理、绿色食品生产与经营、电子商务（农产品方向）、商务经纪与代理（农产品经纪人方向）、酒店管理（农家乐方向）、产品造型设计（农产品包装设计方向）、投资与理财（农村合作金融方向）、茶叶生产加工技术（见表5-1、表5-2）。

表5-1 专业设置一览

一级类	二级类	专业名称	招生时间
51 农林牧渔类	5101 农业技术类	绿色食品生产与经营	2013
		茶叶生产加工技术	2014
58 制造大类	5804 汽车类	汽车技术服务与营销	2010
		汽车整形技术	2012
59 电子信息大类	5901 计算机类	计算机应用技术（环境艺术设计方向）	2009

续表

一级类	二级类	专业名称	招生时间
62 财经大类	6201 财政金融类	投资与理财	2010
	6202 财务会计类	会计	2009
	6203 经济贸易类	国际贸易实务	2009
		商务经纪与代理	2012
		合作社经营管理	2011
	6204 市场营销类	电子商务	2010
64 旅游大类	6401 旅游管理类	酒店管理	2009
		会展策划与管理	2009
		休闲服务与管理	2012
	6402 餐饮管理与服务类	烹饪工艺与营养	2010
66 文化教育大类	6601 语言文化类	应用英语	2010
67 艺术设计传媒大类	6701 艺术设计类	产品造型设计	2012

表 5-2　专业建设情况一览

项目类别	立项时间	专业名称
中央财政支持专业服务产业发展项目	2011 年	合作社经营管理
全国供销合作社系统特色专业建设项目	2014 年	烹饪工艺与营养
		汽车技术服务与营销
		会计
省优势专业	2012 年	会展策划与管理
中央财政支持实训基地	2012 年	汽车技术服务与营销实训基地
省级示范实训基地	2010 年	餐饮服务实训基地
市级示范实训基地	2011 年	会展策划与管理实训基地
市级重点专业	2010 年	酒店管理(农家乐方向)
市级重点专业	2013 年	烹饪工艺与营养

（二）专业规模

2015 年招生专业数 17 个,占设置专业比为 100%。生源结构为普高起点的占 66.3%,中职起点的占 33.7%。全院普通高职在校生数为 4 267 人,6 个教学系平均在校生数为 711 人。其中在校生规模最大的为财会金融系 917 人,占全院在校生比例21.49%;在校生规模最小的为汽车技术系480人,占全院在校生比例11.25%(见表5-3)。

表5-3 各系在校生数一览

排名	系部名称	在校生数(人)	所占比例(%)
1	财会金融系	917	21.49
2	烹饪旅游系	815	19.1
3	经济贸易系	798	18.7
4	艺术设计系	712	16.69
5	农业经济管理系	545	12.77
6	汽车技术系	480	11.25

现有17个专业平均在校生数为266人。其中,在校生数最高的四个专业为会计、国际贸易实务、酒店管理、会展策划与管理;在校生数最低的四个专业为计算机应用技术、休闲服务与管理、茶叶生产加工技术和绿色食品生产与经营(见表5-4)。

表5-4 各专业在校生数一览

排名	专业名称	在校生数(人)
1	会计	625
2	国际贸易实务	433
3	酒店管理	400
4	会展策划与管理	397
5	烹饪工艺与营养	316
6	汽车技术服务与营销	307
7	投资与理财	292
8	电子商务	258
9	合作社经营管理	220
10	应用英语	195
11	汽车整形技术	173
12	商务经纪与代理	170
13	产品造型设计	159
14	计算机应用技术	156
15	休闲服务与管理	99
16	茶叶生产加工技术	78
17	绿色食品生产与经营	67

二、浙农商院专业体系建设主要内容

学院依托系统,服务"三农",立足地方,面向全省,接轨长三角,以农商科专业为主,为生产、建设、服务、管理第一线培养所需高端技能型专门人才。现开设有合作社经营管理、绿色食品生产与经营、茶叶生产与加工技术、电子商务(农产品信息管理方向)、投资与理财(农村合作金融方向)、酒店管理(农家乐经营管理方向)、商务经纪与代理(农产品经纪人方向)、产品造型设计(农产品包装设计方向)、国际贸易实务、会计、应用英语、会展策划与管理、烹饪工艺与营养、休闲服务与管理、汽车技术服务与营销、汽车整形技术、计算机技术与应用(环境艺术设计方向)、茶叶生产加工技术等17个专业,其中涉农类专业(含方向)8个。

1. 烹饪旅游系

表5-5　烹饪工艺与营养专业

专业名称	烹饪工艺与营养专业
专业特色	烹饪工艺与营养专业是该系的老牌专业,在烹饪行业内享有盛名,30年来已培养出大批优秀行业人才。该专业师资力量雄厚,现有专业教师13名,其中副教授4名、讲师6名、市级学科带头人1名、中国烹饪大师3名、浙江省烹饪大师3名、"全国最佳厨师"1名、高级技师和技师11名。2009年,烹饪工艺与营养专业被评选为浙江省级示范专业和绍兴市高标准示范专业。该专业是省级非物质文化传承培训基地,设有绍兴地方饮食文化研究所。近几年,烹饪专业师生在全国烹饪技能大赛中屡创佳绩,其中教师获得国家级奖11项、省厅级奖13项、市局级奖6项,学生获得国家级奖21项、省厅级奖35项、市局级奖26项。 目前,该专业已与绍兴饭店、杭州白鹭湾君澜度假酒店、绍兴市咸亨酒店有限公司、绍兴开元名都大酒店、宁波南苑酒店集团等多家高星级酒店和集团公司建立了稳定的合作关系,成为该专业重要的实习基地和稳固的就业渠道,毕业生供不应求
培养目标	培养具备"诚、毅、勤、朴"优良品质和良好的职业素养,既有系统的烹饪理论知识和较强的综合烹饪操作能力,又有一定的食品营养分析和餐饮管理能力,在生产、管理、服务第一线的高素质、高技能、懂管理的应用型人才
职业资格证书	高级中餐烹调师证书、西餐烹调师证书、高级营养配餐员证书、高级公共营养师证书
主要课程	中餐烹饪工艺、中餐面点工艺、西点烘焙、烹饪化学、食品营养与安全、宴会设计、现代厨房管理、酒店营销、中药饮食保健、药膳菜肴制作、食品雕刻与冷拼工艺、西餐烹调工艺等
就业面向	本专业的毕业生主要面向星级酒店及大型餐饮企业的烹饪操作和基层管理岗位,既可胜任酒店的营养配餐师、餐饮营销、宴会策划、餐饮职业经理人、人事培训与管理等岗位,也可胜任中等职业学校、技工学校烹饪实训教学工作及企事业培训机构的营养指导岗位

表 5-6　酒店管理专业

专业名称	酒店管理专业
专业特色	酒店管理专业适应地方经济建设和社会发展需要,培养面向现代酒店、餐饮企业、康乐企业等领域服务和管理第一线,具备职业可持续发展能力的高技能人才。该专业是绍兴市重点建设专业,其校内实训基地——餐旅服务实训基地 2010 年被列为浙江省省级示范实训基地。现有专任教师 8 人,其中副教授 2 人、硕士 3 人,浙江省职业技能鉴定专业委员会委员 1 人,多名教师具备国家考评员资格。同时,该专业还聘用多名具有高级技师或技师职业资格的能工巧匠作为客座教授和实践教师 　　目前,酒店管理专业已与绍兴咸亨酒店有限公司、绍兴开元名都大酒店、绍兴饭店、宁波南苑酒店集团、杭州喜来登酒店集团等多家高星级酒店建立了稳定的校企合作关系,这些企业成为酒店管理专业重要的实训基地和稳固的就业渠道
培养目标	坚持以就业为导向、以服务为宗旨,着力培养口径宽、基础厚、适应社会需要、具有创新精神和实践能力的外向型、复合型和应用型高素质酒店管理人才。培养具有良好职业素养,掌握酒店管理必需的文化科学知识和专业知识、技能,从事酒店前厅、客房、餐饮等部门服务与管理,满足旅游企业服务与管理第一线岗位需要的、德智体美等方面全面发展的高技能人才
职业资格证书	餐厅服务员高级工证书、前厅服务员高级工证书、客房服务员高级工证书
主要课程	酒店前厅服务与管理实务、酒店餐饮服务与管理、酒店客房服务与管理、酒店财务管理、现代酒店英语
就业面向	酒店前厅、餐饮、客房服务岗位及酒店基层管理岗位

表 5-7　休闲服务与管理专业

专业名称	休闲服务与管理专业
专业特色	休闲服务与管理专业是为适应国家休闲产业的发展而开设的专业,是学院重点建设专业之一。该专业师资力量雄厚,现有专业教师 7 名,其中副教授 3 名、硕士 3 名。该专业校内实训基地——餐旅服务实训基地 2010 年被确定为浙江省省级示范实训基地 　　目前,该专业已与绍兴海外国际旅行社、绍兴中国国际旅行社、绍兴招商国际旅行社、绍兴会稽山高尔夫球会和鉴湖高尔夫球会等多家企业建立了稳定的校企合作关系,这些企业成为休闲服务与管理专业重要的实训基地和稳固的就业渠道
培养目标	该专业培养德、智、体、美全面发展,具备良好的职业道德和服务意识,熟悉休闲服务与管理的基本理论知识,能从事休闲旅游指导、休闲产业经营与开发及相关领域工作的人才,就业面宽
职业资格证书	国家导游员资格证书、茶艺师证书

续表

专业名称	休闲服务与管理专业
主要课程	休闲概论、茶文化、茶艺与茶道、农家乐经营实务、休闲导游业务、休闲导游基础、休闲导游实训
就业面向	旅行社、休闲场馆、会所、俱乐部及休闲农庄

2. 汽车技术系

表5-8　汽车技术服务与营销专业

专业名称	汽车技术服务与营销专业
专业特色	汽车技术服务与营销专业是我院特色建设专业,采用汽车营销和汽车技术服务两个方向模块教学,实施"7S"管理和"教、学、做、考"一体的人才培养模式;与绍兴宝顺(宝马)汽车销售服务有限公司合作,实行"校企共建"的"订单式"培养,实现人才培养和使用的对接
培养目标	(汽车营销模块)本专业培养具有良好职业素养和创新精神,熟悉汽车营销和管理知识,掌握现代汽车技术,具备从事汽车营销的工作能力,面向汽车销售与服务一线岗位需要的德、智、体、美等方面全面发展的高素质技术技能型人才 (汽车技术服务模块)本专业培养具有良好职业素养和创新精神,熟悉汽车故障诊断和修理知识,掌握现代汽车技术,具备从事汽车技术服务的工作能力,面向汽车故障检测与维修一线岗位需要的德、智、体、美等方面全面发展的高素质技术技能型人才
职业资格证书	(汽车营销模块)助理汽车营销师证书、汽车驾驶证 (汽车技术服务模块)汽车修理工(高级)证书、汽车驾驶证
主要课程	(汽车营销模块)汽车构造、营销心理学、市场营销与策划、汽车市场营销、汽车信贷与保险、汽车商务、汽车销售技术、客户关系管理、4S店经营管理实务等 (汽车技术服务模块)汽车构造、汽车底盘检修技术、发动机检修技术、汽车电器设备检修、汽车检测与诊断、发动机综合实训、汽车诊断综合实训、汽车驾驶实训、汽车维修高级工综合训练
就业面向	(汽车营销模块)汽车后市场服务业,从事汽车销售、客户服务、市场策划等工作 (汽车技术服务模块)汽车后市场服务业,从事汽车检测、保养维护、机电维修等工作

表 5-9　汽车整形技术专业

专业名称	汽车整形技术专业
专业特色	随着我国汽车业的快速发展，汽车整形技术人才的培养远远满足不了浙江省汽车后市场服务业发展的需要，尽管汽车整形从业人员工资待遇很高，但高素质的整形技术人才奇缺。浙农商院汽车整形技术专业，坚持"以市场需求为导向、以能力培养为核心"的专业指导思想，与高端品牌"宝马"、"凯迪拉克"和浙江广成（汽车）集团等紧密合作，实行"校企共建"定向培养，共同制订培养方案、组织实施教育、考核毕业生规格，共享成果、资源，共同打造汽车整形技术精英，实现人才培养与使用的对接
培养目标	本专业培养具有良好职业素养和敬业精神，熟悉车辆碰撞修复和汽车美容相关知识，掌握现代汽车技术，具备汽车整形作业能力，面向汽车修复与涂装一线岗位的高素质技术技能型人才
职业资格证书	助理汽车整形工程师证书、汽车驾驶证
主要课程	汽车机械、汽车构造、汽车车身修复技术、汽车色彩与调色技术、汽车装饰与美容、汽车涂装技术、汽车车身结构与附属设备、汽车车身焊接技术、旧机动车鉴定与评估等
就业面向	汽车后市场服务业，从事车辆改装美容和事故车辆检测、定损评估、修复等工作

3. 财会金融系

表 5-10　会计专业

专业名称	会计专业
专业特色	会计专业是我院特色专业，有着20多年的专业办学经历，课程建设与改革特色鲜明，会计职业道德与素质教育成效显著，实践教育体系完整科学，具有良好的社会声誉，建有多个校内外实训基地，培养了4 000多名财会专业学生。毕业生综合素质强，已有多名毕业生在企业中担任财务总监、财务经理、财务主管等，就业率达98%以上
培养目标	本专业主要培养面向中小企业财会一线岗位，能掌握出纳、会计、成本核算、报税、审计等岗位业务，熟悉企业会计核算、纳税申报、成本核算、年报审计等日常经济业务处理的基本知识与操作技能，能胜任出纳、会计、审计等工作岗位，有职业生涯发展基础的高素质技能型复合型会计人才
职业资格证书	会计从业资格证、会计电算化证
主要课程	基础会计、财务会计、企业纳税会计、财务管理、外贸会计、管理会计、审计理论与实务、会计电算化、商品流转核算、外贸会计、基础会计实训、综合计算技术、会计综合模拟实训、财务会计实训、技能考证专项训练等
就业面向	企业单位的出纳、财务会计、财务主办等财会类业务岗位

表 5-11 投资与理财专业

专业名称	投资与理财专业
专业特色	投资与理财专业是在财务会计基础之上,融投资学、保险学、证券理财等学科于一体的综合性应用专业,主要面向企业、证券公司、期货公司、投资公司、商业银行证券部等部门与行业,培养适应证券投资经营管理和服务以及经纪工作一线需要的具有较高的操作技能的应用型技术人才。该专业就业形势良好,首届毕业生就业率达100%
培养目标	本专业面向证券、银行、保险等投资与理财相关行业,以及中小企业会计、投资与理财岗位,培养拥护党的基本路线,具有良好的职业道德和现代商业意识,掌握投资与理财基础理论、知识,具备较强的专业技能和基本创业技能以及一定的社会能力、方法能力,能从事投资与理财行业一线操作、服务、咨询、营销和初级管理工作的高素质应用型职业技术人才
职业资格证书	证券从业资格证或保险代理人从业资格证、会计从业资格证、会计电算化证
主要课程	证券投资理论与实务、保险理论与实务、商业银行理论与实务、个人理财规划、财务会计、税务会计、财务管理、国际金融、农村合作金融、经济学概论、统计实务、综合计算技术、珠算与点钞、制单技术、专业综合实训等
就业面向	中小企业的会计、投资、理财岗位,银行、保险、证券等金融类企业的咨询、代理工作

4. 经济贸易系

表 5-12 国际贸易实务专业

专业名称	国际贸易实务专业
专业特色	国际贸易实务专业是学院依托绍兴国际轻纺城而设立的高职类专业。学院有多年纺织品国际贸易专业办学经验。该专业师资力量雄厚,有纺织工程、纺织设计专业博士、硕士毕业教师多名,由常年开拓欧美市场的专业教师领衔执教。学院有校内纺织品检测实验室、进出口贸易实训室和校外实训基地多个,专业教学注重能力培养和专业操练。毕业生就业能力和工作绩效受到用人单位的广泛好评
培养目标	本专业培养具有良好的综合素质,了解国际贸易领域的理论知识和纺织品基础知识,掌握国际贸易操作技能,具有进出口业务处理能力和纺织品识别与检测能力,适应外经贸行业岗位要求,面向生产、建设、服务、管理第一线岗位需要的,德、智、体、美等方面全面发展的高素质技能型专门人才
职业资格证书	国际商务单证员证书、纺织面料综合技能证书
主要课程	大学英语、纺织英语、外贸英语函电、国际贸易概论、进出口实务、外贸单证实务、国际金融、国际市场营销、纺织材料、纺织检测等
就业面向	外贸企业业务员、跟单员、单证员,船运公司、货代公司业务员,纺织企业检测人员

表 5-13　应用英语专业

专业名称	应用英语专业
专业特色	应用英语专业立足浙江，面向长三角，在浙农商院已有近20年办学历史。该专业师资力量雄厚，现有副教授及以上教师多名，外籍教师长年执教；学科积淀深厚，已开发凸显地方经济特色和行业特色的校本教材多本；专业教学注重学生的形象设计、口语表达和实践应用能力。学生毕业后受到企事业单位的广泛好评，多名毕业生在外向型企业的经理、单证主管、翻译、文秘等岗位任要职
培养目标	本专业通过系统的专业理论教学及专业技能训练，培养学生了解经贸类基础知识，掌握扎实的英语语言运用技巧，并具备较强的英语听说沟通能力和办公事务管理能力。毕业生能适应各类中小型进出口公司的涉外事务、外商接洽、商务谈判、口/笔翻译、中英文秘书等相关业务岗位工作
职业资格证书	大学英语等级考试三级证书、商务英语等级考试（中级）证书
主要课程	英语听力、英语口语、英语语法、商务英语、翻译技巧、英语写作、外贸英语函电、外贸英语口语、商务礼仪、进出口实务、单证业务、秘书实务等
就业面向	各类进出口公司、外资企业等中小型企事业单位的外商接洽、商务谈判、口/笔翻译、外贸管理、中英文秘书等相关业务岗位

表 5-14　商务经纪与代理专业

专业名称	商务经纪与代理专业
专业特色	以培养学生"快乐生活、成就事业"为核心思想，以"创新和贡献"为核心价值观，以"提高生存能力"为核心目标，以"帮助农民致富"为核心伦理原则。学院已与浙江省多家专业合作社和涉农企业建立了校企合作关系，聘有合作社高级管理人员和技术人员多名担任客座教授，专业教师有多年"涉农"教学经历和丰富的涉农经营经验。学院拥有较充足的教学资源，能保证专业教学有序进行。该专业市场前景广阔，就业空间巨大，毕业生为当前用人单位之急需
培养目标	本专业培养德、智、体、美全面发展，熟悉现代商务管理、商务经纪与代理的基本理论知识，具备较强的文字表达能力、公关协调和人际沟通能力，能符合农产品商务经纪与代理岗位（群）需要，具备独立从事农产品商务谈判、商务经纪与代理及市场拓展业务能力的高素质应用型人才
职业资格证书	农产品经纪人（高级）证书
主要课程	商务经纪与代理实务、农产品市场营销、农产品推销与谈判技巧、农产品品牌策划、农产品采购实务、农产品网络营销、农产品物流实务、农产品购销签约实务、客户关系管理、农产品连锁经营、农产品信息采集与分析、食品安全与检测、农业企业管理等
就业面向	学生毕业后可在现代农业企业、现代物流企业、专业合作社、连锁经营企业等从事农产品经营与管理、农产品检测、农产品物流管理等工作

5. 艺术设计系

表 5-15 会展策划与管理专业

专业名称	会展策划与管理专业
专业特色	会展策划与管理专业是一个有着广阔发展前景的新兴专业,也是浙农商院的重点专业之一,目前艺术设计系该专业开设"会展与广告"、"展示设计"2个方向。该专业建有专业实训室6个,同时还与省内部分知名会展公司建立了相应的校企合作关系,为学生的实习、就业奠定了坚实的基础。会展策划与管理实训基地也是绍兴市高校示范性建设实训基地。在教学中,实施"把项目引进课堂,把课堂搬入现场"的教学模式,极大地提高了人才培养的质量
培养目标	本专业培养具有良好的艺术与文化素质,了解会展领域的材料和工程技术,熟悉新媒体技术在会展、广告中的应用,掌握会展策划、展会活动、会展项目管理等理论知识和实践技能,具备会展策划和平面视觉设计与制作能力,德、智、体、美等方面全面发展的高素质技能型人才
职业资格证书	会展策划师资格证书、会展设计师资格证书、装饰美工资格证书
主要课程	设计概论、设计色彩、设计素描、构成、会展营销与策划、会展项目管理、计算机辅助设计(PS、AI、CAD)、广告设计、会展设计、展示设计、会展多媒体应用、商务礼仪
就业面向	毕业后可面向会展中心、会展策划公司、展示设计公司、媒体广告公司、企事业单位广告策划部、网络服务宣传部、媒体传播机构,以及大中型商场、展览器材企业等部门从事会议、展览的策划、设计、制作和管理等工作

表 5-16 产品造型设计专业

专业名称	产品造型设计专业
专业特色	本专业结合浙江区域经济发展的特点,培养具有产品包装、家居产品设计技能的高素质人才。目前本专业拥有专业实训室3个及一支知识结构优化、梯队合理,以海归学者、硕士研究生为主的师资队伍。专业教学注重学生理论与实践相结合,建立良好的校企合作机制,为学生专业知识和技能的培养提供了有力保障
培养目标	本专业培养具有良好艺术与文化素质,了解产品造型设计材料和工程技术,熟悉新媒体技术在产品造型设计中的应用,掌握产品造型开发、设计、制作等理论知识和实践技能,具备设计开发和设计表达能力,适应产品造型设计、包装设计岗位需要的德、智、体、美等全面发展的高素质技能型人才
职业资格证书	包装设计师证书、产品造型设计师证书、三维CAD高级应用工程师证书

续表

专业名称	产品造型设计专业
主要课程	计算机辅助设计、快速手绘表达、设计欣赏与批评、用户分析研究、设计程序及方法、产品功能与结构、产品形态设计基础、创意设计方法应用、产品品牌形象识别设计、产品整合设计、金工实习
就业面向	学生毕业后，可进入产品开发、设计、制造等相关企事业单位、专业设计机构从事产品开发、外观设计、制作、产品生产管理、品牌推广实施等工作

表5-17　计算机应用技术专业（环境艺术设计方向）

专业名称	计算机应用技术专业（环境艺术设计方向）
专业特色	计算机应用技术专业现有专任教师7名，其中副教授2名、讲师2名、职业技能鉴定考评员2名，4人具有硕士学位，双师型教师占70%。本专业以环境艺术设计为专业方向，重点培养室内外装饰设计、景观环境艺术设计等方面的专业人才
培养目标	本专业培养有较高文化素质和良好职业道德，了解室内设计基本原理，熟悉环境艺术设计的基本理论知识，熟练运用计算机进行辅助设计，能在专业设计部门从事环境艺术、建筑装饰、室内外设计、制作和施工的高技能应用型专门人才
职业资格证书	室内装饰设计员证书、装饰美工（高级）证书、室内设计师证书
主要课程	计算机辅助设计、快速手绘表达、设计欣赏与批评、用户分析研究、设计程序及方法、产品功能与结构、产品形态设计基础、创意设计方法应用、产品品牌形象识别设计、产品整合设计、金工实习
就业面向	在各企事业单位，建筑、装饰设计、家具家装公司及环境景观公司、房地产等部门从事建筑室内外环境设计、风景园林设计、效果图制作及相关的施工管理等工作

6. 农业经管系

表5-18　合作社经营管理专业

专业名称	合作社经营管理专业
专业特色	我校是全国唯一一所开设合作社经营管理专业的高职高专院校。该专业课程建设与改革特色鲜明、理论成果丰硕、实践教育体系完善，具有一支理论与实践能力强、教学经验丰富的师资队伍，现有专任教师7人，其中教授1人、副教授2人、讲师4人，拥有电子沙盘、商务谈判等综合实训室，建有丰岛集团等十余个校外实训基地，目前已完成了中央财政支持服务地方经济发展专业建设
培养目标	本专业培养热爱并熟悉现代农业，具有创新精神和较强实践能力，熟悉合作社经营管理、农村合作经济相关知识，能运用所学理论和知识从事合作社的创办、组织与管理，农产品营销，合作社生产运作等工作的新型一线管理人员

续表

专业名称	合作社经营管理专业
职业资格证书	高级合作经济管理师证书、农产品经纪人证书、营销师证书
主要课程	合作社经济、合作社经营、管理实务、农产品营销、合作社法务、合作社财务、农业概论、良好农业生产规范、经济社会调查、农村社会学、商务谈判与礼仪、农产品加工技术、合作社实用文书、农产品电子商务等
就业面向	可进入农民专业合作社、涉农企业、政府部门、农村社区等企事业单位从事农产品营销和合作社管理等工作

表5-19　电子商务专业

专业名称	电子商务专业
专业特色	电子商务专业教师均有硕士学位和双师型资质,并有海外留学背景,同时为职业技能鉴定考评员。该专业已建成初具规模的校内实训基地和校外实训基地,已陆续和绍兴生活网等多家企业与机构开展学生培训、创业孵化等合作,学生在各类电子商务专业竞赛中成绩斐然
培养目标	本专业根据目前电子商务职业教育的特点及相关职业岗位的要求,坚持能力本位的教育思想,以培养学生综合职业能力为主线,突出电子商务技术,注重电子商务应用,使学生掌握扎实的计算机和网络应用技术,掌握电子商务网页制作及网站建设的基本知识及专业技能,熟悉电子商务及经济管理学科的理论基础。学生毕业后能胜任各类企事业单位的网络信息收集与处理、网页设计、电子商务网站建设和维护等技术岗位,以及电子商务企业的网络营销、客户服务、电子商务物流管理等工作
职业资格证书	助理电子商务师证书、阿里巴巴电子商务应用专员证书、助理物流师证书等
主要课程	管理实务、电子商务概论、网络营销、客户服务实务、现代物流管理、Flash技术、电子商务网站建设、图形图像处理技术等
就业面向	毕业生能胜任各类企事业单位的网络营销、外贸电子商务、网站运营/主管、网站推广、网站策划/编辑、网站设计/开发、网站美工、电子商务项目经理、电子商务部门经理等岗位,也可自主创业

表5-20　绿色食品生产与经营专业(食品)

专业名称	绿色食品生产与经营专业
专业特色	该专业切合当前国家对食品安全工作和社会对绿色食品生产经营人才的需要,课程建设与改革特色鲜明、实践教育体系完善,已陆续和丰岛控股集团等多家企业与机构开展学生培训、创业孵化等合作。具有较强的师资配备,现有教师5人,其中博士后1人、副教授1人、讲师4人。本专业享受浙江省政府补贴(免学费),具有良好的发展前景
培养目标	本专业培养了解食品加工、贮藏、检测与经营的理论知识,掌握食品加工、贮藏、检测与经营专业技能,能从事食品加工、贮藏保鲜、检测、销售和食品企业经营管理等相关岗位工作的高素质技术技能型人才

续表

专业名称	绿色食品生产与经营专业
职业资格证书	农产品经纪人证书、食品检验工证书、食品质量管理体系内审员证书、冷藏工证书
主要课程	食品加工技术、食品营销实务、农产品保鲜贮运技术、食品检测技术、绿色食品标准与认证、食品化学、食品营养与安全、农产品物流贮运、茶叶加工技术、农业经济基础、绿色食品营销、食品企业管理、网络营销技术
就业面向	可从事绿色食品生产加工、质量控制、营销、物流贮运和企业经营管理

表5-21 绿色食品生产与经营专业（茶叶）

专业名称	绿色食品生产与经营专业
专业特色	该专业切合当前国家对茶叶行业专业人才的需要，课程建设与改革定位明确，实践教育体系完善，师资队伍建设通过聘请合作单位浙江大学茶学系教师、行业专家能手、学院自身"外引内培"相结合等方式进行，聘请中国茶叶研究院张士康、浙江大学王岳飞博士、浙江省茶叶集团股份有限公司毛立民总经理为专业特聘教授，2013年已经新增相关专业副教授、博士后1人，博士1人，硕士2人，安排3位校内教师外出参加相关专业的培训及访学 《浙江省人民政府办公厅关于提升发展茶产业的若干意见》《教育部农业部国家林业局关于推进高等农林教育综合改革的若干意见》等政策的出台，为茶叶生产加工技术专业的创立和发展提供了支持，使本专业具有良好的发展前景
培养目标	本专业培养掌握茶叶生产加工技术并具备茶叶相关知识的高素质技能技术型人才。学生德、智、体全面发展，具有敬业、创新精神和较强实践能力，具备茶叶生产加工能力，掌握茶树栽培、茶园管理及病虫害防治技术，熟悉茶叶企业的经营管理流程，能够从事茶叶生产管理、茶叶加工、茶叶品质检测、涉茶贸易及茶文化传播等工作
职业资格证书	茶叶加工工资格证书、茶园工资格证书、茶艺师资格证书、评茶员资格证书
主要课程	茶树栽培技术、茶叶加工技术、茶叶生物化学、茶叶审评技术、茶叶深加工技术、茶学概论、基础化学植物与植物生长原理、茶树栽培技术、茶树病虫害防治、茶园综合管理技术、茶叶机械与设备、茶叶质量安全、茶叶经营管理与实务、茶艺
就业面向	本专业主要服务茶叶加工、茶园管理、茶叶检测、茶叶贸易和茶文化等行业,学生毕业后初始岗位为茶叶企业加工技术员、车间管理人员、茶企业生产基地管理人员,拓展岗位为茶园管理人员、茶叶品控人员、茶叶企业管理人员以及茶文化传播人员

三、浙农商院专业体系建设未来规划

高等职业院校专业设置与普通本科高等院校的专业设置存在明显差异,其原因在于高职院校之"职业"特征决定了专业的设置需要与市场对接,与区域产业发展和企业转型升级对人才的需求匹配。其专业设置并不是按照学科而是按照职业岗位或岗位群进行。此外,高等职业院校与中等专业学校之间也存在专业承接,即如何与中等专业学校的相同或相似专业形成差异化设置,以突显高职院校应有的理论深度和实践深度,实现从一线操作员工到一线技术员、管理员的培养升级。种种要素决定了高职院校要根据市场需求及时优化专业设置,建设一个灵活开放的专业动态调整机制。浙农商院以区域市场人才需求为导向,根据学院办学特色、定位和优势,结合主管部门的相关意见和规定以及学院办学实际,制定了未来四年学院专业发展规划蓝图。

(一) 专业发展目标

1. 总体目标

到2018年全院专业总数将稳定在17个,并构建以服务"三农"为基础,以现代商贸类专业为主体,旅游、艺术、汽车等专业协调发展的专业体系。依托服务"三农"、服务供销社行业,打造现代商贸类专业群;依托建设美丽浙江和旅游强省,打造旅游服务类专业群;依托浙江省农产品博览会、柯桥纺博会、余姚中塑国际会展中心、上虞石狮商贸城,打造艺术会展类专业群;依托浙江金昌集团(宝顺集团)、绍兴袍江汽车城,打造汽车服务类专业群。

2. 现有专业发展目标

根据市场需求,动态调整专业培养目标,建立专业与课程标准体系,优化课程结构,更新教学内容,密切产学研合作,实现专业设置与产业需求对接、课程内容与职业标准对接、教学过程与生产过程对接、毕业证书与职业资格证书对接、职业教育与终身学习对接。

3. 专业调整发展目标

根据社会对人才的需求分析,结合学院的办学定位和专业建设实际,将计算机应用技术专业调整为计算机应用技术(环境艺术设计方向),将茶叶生产与加工技术专业按教育部新专业目录改造为茶叶服务与营销专业。

4. 优势重点专业建设目标

在原有基础上,再培育1~2个为农服务类特色专业,进一步加强烹饪、会展两个重点专业建设,初步形成以特色和重点专业为支撑的专业群,突显为"三农"服务的办学定位。

（二）专业建设基本任务

1. 进一步健全和实施常态化的专业岗位群人才需求调研制度

健全由政府职能部门、行业企业人力资源部门、学校就业招生部门、学校教学部门等有关人员参与的高技能人才需求调研队伍，完善专业岗位群人才需求的调研制度。通过制订人才需求调研方案，实施调研计划，分析有关行业企业发展对岗位人才需求状况，撰写调研报告，形成专业设置与调整的建议。

2. 建设与区域产业、行业联动跟进的专业群

根据区域产业和行业经济发展的需求，确定学院专业建设所服务的区域经济产业和行业，科学规划专业建设。构建以服务"三农"为基础，以现代商贸类专业为主体，旅游、艺术、汽车等专业协调发展的专业体系。围绕服务"三农"、服务供销社行业，打造现代商贸类专业群；围绕省政府提出的"弘扬浙菜文化，打造美食浙江"，打造旅游服务类专业群；围绕柯桥纺博会、余姚中塑国际会展中心、上虞石狮商贸城，打造艺术会展类专业群；围绕供销社金昌集团（宝顺集团）、袍江汽车城，打造汽车服务类专业群。

3. 实施每三年一轮的校内专业评价制度

制订专业评价办法及细则，组织行业企业专家及学校教学专家进行专业评价，形成每3年一轮的校内专业评价制度，实施动态管理。

4. 以专业群龙头专业为建设重点，分类深化"以岗定教、工学结合"人才培养模式改革

每个专业群联系一个或几个有一定规模和深度的企业，进行点对点全方位合作，深入探索校企合作共同培养人才的途径。围绕"以岗定教、工学结合"人才培养模式，在6个重点建设专业及专业群进行分头试点。为农服务类专业充分发挥浙江省供销社行业和兴合集团的优势，探索"校、社一体联动式"人才培养模式的改革；旅游服务类专业推行"现代学徒制"、"虚拟订单式"人才培养模式的改革；汽车服务类专业依托袍江汽车城和供销社金昌集团，推行"平台+定向"的人才培养模式改革；艺术设计类专业群利用柯桥纺博会、供销社农博会等资源，实施"课堂—展会互动式"人才培养模式的改革。

5. 根据职业岗位任职要求，制订并实施新一轮工学结合的人才培养方案

深入行业企业调查研究，与行业企业技术人员一起分析职业岗位工作及能力要求，根据职业岗位需求确定人才培养方向和培养目标，根据职业岗位的典型工作任务以及职业资格标准确定专业学习领域课程体系，结合企业生产实际，着手制订2015级专业人才培养方案，对2014级专业人才培养方案进行修订；在人才培养方案中，增设人文素质、创业教育等公共选修课程，构建与职业岗位素质要求相融合的"讲诚信、善合作、会融通"素质教育体系，形成全员共建、全方位

实施、全过程管理,技能培养与素质养成有机结合、企业文化与校园文化相互融通的长效机制,培养学生的职业素养和创新、创业能力。

6. 深化课程改革,建设教学双方利用率高的专业教学资源库

在学习领域课程体系构建的基础上,吸纳行业企业技术人员成立学习领域课程开发小组,按照人才职业成长规律,以企业典型工作任务为载体,参考职业资格标准,开发工作过程系统化课程,制定60门工作过程系统化课程标准,开展学习领域学习情境设计及课业设计;收集企业典型工作案例,拍摄企业生产工具、工作场景、工作过程等音视频资料,制作虚拟企业、虚拟场景、虚拟设备以及虚拟实训项目等教学资源,建成6个重点专业的专业教学信息资源库。

(三)专业建设主要措施

1. 建立人才需求调研分析常态机制,适时动态调整人才培养目标

构建由政府相关部门、供销社系统、行业企业人力资源部门、学院招生就业部门、学院教学部门和系部等有关人员参与的人才需求调研队伍,建立人才需求调研分析的常态机制。制订人才需求调研方案和调研计划,通过与政府部门的联系与合作、与企业的项目合作、教师下企业挂职、学生顶岗实习管理以及毕业生跟踪等手段,每年开展人才需求、培养目标定位、课程设置、教学内容的调研与分析。根据社会需求,适时动态调整人才培养目标,实现专业设置与产业对接、课程内容与职业标准对接。

2. 实施校企合作推进工程,构建"政府引导、行业对接、校企联姻、项目驱动"的校企合作模式

加强与农业部门、人社部门、科技部门、商务部门、商检部门等政府部门的联系与沟通,积极争取政府部门的有利资源,引导学院推进校企合作。充分发挥供销社行业和中国轻纺城等绍兴市周边产业经济的优势,开展现代商贸类专业群与供销社行业、绍兴地方产业和服务业的对接,旅游类专业群与酒店行业协会、烹饪协会、餐饮集团公司、休闲企业对接,艺术设计类专业群与供销社农博会、柯桥纺博会、余姚中塑国际会展中心等浙江会展业对接,汽车服务类专业群与绍兴袍江汽车城、供销社金昌汽车集团对接。实施《校企合作推进计划》,在专业群对接的基础上,推动专业与相关企业联姻计划的实施,通过嵌入项目、组建项目团队的形式开展校企合作。

3. 以活动为平台、项目为载体,深化人才培养模式和教学模式改革

开展专业建设推进年、课程改革年等系列活动,充分发挥省、市、院三级教学改革和课程改革项目的作用,研究分析专业与课程的实际,开展人才培养模式和教学模式的改革。为农服务类专业充分发挥浙江省供销社行业和兴合集团的优势,探索"校、社、企一体联动式"人才培养模式的改革。旅游服务类专业推行

"现代学徒制"、"虚拟订单式"人才培养模式的改革；艺术设计类专业依托供销社农博会、柯桥纺博会等资源，实施"校企融合、项目驱动"的人才培养模式；汽车服务类专业依托浙江金昌集团和袍江汽车城，推行"一主线、两平台、三环境、多通道"的人才培养模式。

4. 采取多种措施，建设一支结构合理、专兼结合的师资队伍

学院实施"234"人才梯队培养工程，用3年时间培养中青年专业带头人20名、中青年骨干教师30名、优秀青年教师40名，通过《学院人才梯队培养计划实施办法》《人才梯队入选考核办法》，确保培养目标的实现。实施教师实践进修计划，每年选派教师参加国培和省培项目，选派教师到合作企业学习新知识、训练真技能和掌握新工艺，参与企业的生产和经营活动，形成周期性的轮回机制，进一步提高教师的实践能力和教学能力。实施《青年教师助讲培养制度》，通过实施《教师教学能力测评制度》、运用新老教师结对方式，提高青年教师的教学能力。实施兼职教师培养计划，制订和完善《兼职教师管理办法》，对新聘任的兼职教师进行岗前培训：一是进行高等职业教育理论和教学规律、方法的培训，二是进行专业人才培养方案、教学组织、评价考核和教学管理等内容的培训，三是建立专任教师和兼职教师结对制度。充分发挥学院"绍兴市'三农'问题研究中心"、"合作社教育研究中心"、"越地饮食文化研究所"和"绍兴市汽车服务公共科技服务平台"等科研平台的作用，实施学院科技特派员、科技指导员计划，通过项目、任务鼓励和引导教师开展社会服务，提高教师的科学研究和社会服务能力。

5. 科学规划、加大投入，建设与培养目标相适应的校内外实训基地

学院根据专业发展规划，科学制定实训基地建设规划，多方筹措资金，加强基地建设的投入，建设与人才培养目标相适应的校内外实训基地。在原有校内实训基地建设的基础上，开展实训基地的职场化建设，实现教学过程与生产过程的对接。根据学院的专业群结构，规划建设农产品加工与流通、现代商贸、餐饮服务、艺术设计、汽车技术服务五大实训基地。加快建成茶叶生产加工实训基地、绿色食品生产加工实训基地、3D艺术打印实训基地，完善财会金融、餐饮服务、汽车技术服务实训基地建设。充分利用学院临街建筑的优势，建成体现学院特色的供销文化一条街，为培养学生的"三农"情怀提供实践环境。学院实施校企合作推进工程，利用"绍兴市农民学院"、"咸亨学院"、"东方农商会计实训基地"、"绍兴市汽车服务公共科技服务平台"等资源，建立符合教学需要的校外实训基地。在现有94个校外实训基地的基础上，拓展温州、嘉兴、舟山、金华等地的实训基地建设，扩大实训基地在浙江省内的覆盖面，为学生实习、就业提供现实条件。

6. 建设"开放、标准、多元、自控"的人才培养质量监控体系

建立由学院专业建设领导小组、学院教学督导队伍、专业指导委员会、行业企业专家、校友会、校内学生教学信息员等组成的开放式的人才培养质量监控的组织体系。坚持"以学生为主体,以质量为中心"的理念,构建以基本教学条件标准体系、教学运行管理标准体系为主要内容的人才培养质量标准体系。改革教学评价模式,开展评价主体多元化、评价方式多元化和评价标准多元化改革,注重过程性评价和实践能力的评价。重点构建以实践教学的条件保障、管理组织、管理制度、教学内容和教学过程为中心的质量监控与评价体系。开展人才培养工作状态数据分析的研究,充分发挥人才培养工作状态数据仪表盘在自我监控、自我评价中的作用,建立以状态数据分析为基础的质量监控、预警和纠偏机制。

第六章

"双师型·专兼职·高层次"师资队伍建设

建设一支能适应高职教育的以就业为导向、强化技能性和实践性教学要求的"双师型"教师队伍，是培养社会需要的高素质应用型人才的关键，也是高职教育教师队伍建设的主要方向。师资队伍结构是指师资队伍各要素的构成比例及组合关系。建立合理的师资队伍，最主要的是师资队伍中诸要素的搭配比例适当，能科学地处理各种不同特点师资个体间的关系、师资个体与师资群体间的关系、师资群体与外部之间的关系。浙农商院着重打造一支"双师型·专兼职·高层次"协调发展的师资队伍，助力学校内涵式发展。

"双师型"教师的概念，是在以往职业教育中重理论、轻实践，重知识的传授、轻能力培养和知识的应用，师资队伍建设和评价偏重理论的情况下，为了强调实践性教学环节的重要性，促进理论教学和实践教学正确定位、有机结合，适应以能力培养为主线的职教理念而提出来的。1986年，国家教委制定了《中等专业学校教师职务试行条例》《技工学校教师职务试行条例》《关于加强职业技术学校师资队伍建设的几点意见》等，对教师的资格、职责等做出明确要求，特别强调职业学校教师的专业知识、专业技能和实践能力。国家教委1998年制定的《面向21世纪深化职业教育教学改革的意见》中首次明确提出"双师型"教师的概念。而在高职双师型教师队伍建设的研究和实践中，对"双师型"的界定存在不同见解，甚至出现误区。上文提到的评估方案中对双师素质教师是这样定义的："双师素质教师是指具有讲师（或以上）教师职称，又具备下列条件之一的专任教师：1）有本专业实际工作的中级（或以上）技术职称（含行业特许的资格证书及具有专业资格或专业技能考评员资格者）；2）近五年中有两年以上（可累计计算）在企业第一线本专业实际工作经历，或参加教育部组织的教师专业技能培训获得合格证书，能全面指导学生专业实践实训活动。"可以看到，"双师型"教师并非传统意义上的"双证"教师（教师资格证与行业技术、职业技能等级证，或者教师资格证与专业技术资格证或专业职称）。还有学者认为，只要工程师、工艺师、技师、医师等技术职务人员，取得了教师资格，也可以成为"双师型"

教师。这种对"双师"的认识实质上也是一种表面的看法。首先,教师资格证不等于教师职称,二者在等级和性质上均存在差距。其次,"双师型"教师强调更多的是一种融合。具体来说,就是"双师型"教师在教学过程中,将行业职业知识、素质和实践技能内化,并与自身的能力素质结合,转化为一种新的能力与素质。这种新的能力与素质使得"双师型"教师既能将专业知识正确、有效地传授给学生,获得学生欢迎,又能将专业实践技能身体力行地传授给学生,同时又能潜移默化地培养学生良好的行业职业道德。这也是为什么评价标准中强调了"实际工作经历"之重要性。

专兼职教师队伍建设是师资队伍建设的重要内容。一般而言,职业院校的师资队伍以专职教师为主,一定比例的兼职教师作为补充。《职业学校兼职教师管理办法》规定兼职教师是指受职业学校聘请,兼职担任特定专业课或者实习指导课教学任务的专业技术人员、高技能人才。兼职教师占职业学校专兼职教师总数的比例应在学校岗位设置方案中明确,一般不超过30%。加强兼职教师队伍建设是由职业教育的特点所决定的,是职业人才培养的客观要求,其根本目的在于提高人才培养质量,应被视为一种长期的战略行为。众所周知,职业教育旨在为专门的职业或职业资格做准备,要求其人才培养工作更具开放性,能适应社会经济发展要求,能满足用人单位的人才需求,但学校教育总是存在难以克服的滞后性弱点。加强兼职教师队伍建设有助于克服学校教育的滞后性,通过聘请行业企业的技术、管理专家到学校做兼职教师可以为职业院校人才培养工作带来化学效应。一是兼职教师可以通过他们的教学活动,直接将社会经济领域最新的知识和技能传授给学生,将最新的信息传递给学生;二是兼职教师可以成为校企合作的桥梁,学校可以通过他们与相关行业或企业建立良性的合作机制;三是兼职教师可以成为学校变革的推动力,使得学校的人才培养工作能及时根据职业市场变化进行改革;四是兼职教师可以推动职教教师文化建设,改变过去以学术话语为中心的封闭的教师文化系统,进而形成学校学术话语与企业市场话语相互融通的开放的文化系统。

职业院校兼职教师队伍的存在由来已久,国家也在不同场合,通过不同渠道规范职业院校兼职教师队伍建设。1985年5月27日发布的《中共中央关于教育体制改革的决定》中指出:"各单位和部门办的学校,要首先依靠自身力量解决专业技术师资问题,同时可以聘请外单位的教师、科学技术人员兼任教师,还可以请专业技师、能工巧匠来传授技艺。"这是改革开放以来首次在国家的政策文本中提到兼职教师的问题。在这个文件中,兼职教师的作用确定为两点:一是弥补学校教师数量的不足;二是传授技艺。兼职教师的对象是外单位的教师、科学技术人员和专业技师、能工巧匠两大类。1991年10月下发的《国务院关于大力发展职业技术教育的决定》中指出："本着培养和培训、专职和兼职相结合的原则,多渠道地解决职业技术教育的师资,特别是技能教师来源问题。"这个"决定"提出了职业教育师资队伍建设专兼结合的原则。1995年,国家教委在《关于推动职业大学改革与建设的几点意见》(以下简称《意见》)中要求："要聘请一批富有实践经验,又能胜任教学工作的工程技术人员或管理人员到校任兼职教师,做到专兼结合。"《意见》确定了"兼职教师"的名称、来源,聘任兼职教师的目的是专兼结合提高职业学校的教学质量。1996年5月,兼职教师问题被写进了《中华人民共和国职业教育法》："职业学校和职业培训机构可以聘请专业技术人员、有特殊技能的人员和其他教育机构的教师担任兼职教师,有关部门和单位应当提供方便。"首次以法律的形式确定了兼职教师的对象、作用和地位,并对兼职教师所在的部门提出了要求。1999年,《中共中央国务院关于深化教育改革全面推进素质教育的决定》中要求："注意吸收企业优秀工程技术人员和管理人员到职业学校任教。"这包括了从企业引进教师和聘用兼职教师。2000年《教育部关于加强高职高专教育人才培养工作的意见》进一步要求："要十分重视师资队伍的建设——积极从企事业单位聘请兼职教师,实行专兼结合,改善学校师资结构,适应专业变化的要求。"2002年5月下发的《教育部办公厅关于加强高等职业(高专)院校师资队伍建设的意见》中指出："聘任兼职教师是改善学校师资结构、加强实践教学环节的有效途径,各高职(高专)院校要结合实际,加强兼职教师队伍建设工作。兼职教师是指能够独立承担某一门专业课教学或实践教学任务、有较强实践能力或较高教学水平的校外专家。兼职教师主要应从企业及社会上的专家、高级技术人员和能工巧匠中聘请。"这一定义主要包括了三层含义:一是指出了兼职教师的来源;二是指出了兼职教师的能力要求,即要具有较强的实践能力和教学水平;三是指出了聘请兼职教师的目的,即强化学生的专业实践能力培养,突出高职教育培养目标的应用性、实用性和实践性,适应市场要求,以提高高职人才培养的质量。2005年,国务院总理温家宝在全国职业教育工作会议上提出要"大力发展中国特色的职业教育",指出"制定和完善职业教育兼职教师聘用政策,鼓励工程技术人员、高技能人才到职业院校兼职"。2007年颁布的《国家教育事业发展"十一五"规划纲要》中指出:地方各级财政要继续支持职业教育师资培养培训基地建设和师资培训工作,支持职业院校面向社会聘用工程技术人员、高技能人才担任专业课教师或实习指导教师。加强"双师型"教师队伍建设,完善职业教育兼职教师的聘任与管理制度,积极鼓励职业院校从行业企业招聘教师。国家近年的政策文件开始关注兼职教师队伍建设关于聘任与管理的具体问题。2012年10月18日,教育部等三部门印发《职业学校兼职教师管理办法》,该"办法"分总则、人员条件、聘请程序、组织管理、经费来源、附则共6章23条，自公布之日起施行。可见，职业教育兼职教师队伍自始至终贯穿于职业教育发展的全脉络之中，在人才培养的过程中发挥着不可或缺的作用。

高层次人才是一个普遍的概念，对它的把握要在学历、职称、成就等基本要素的基础上结合其人才类型、服务领域、发展方向等进行综合考察。高层次人才是指人才队伍中层次比较高的优秀人才，他们往往处于各个领域的专业前沿，素质高、能力强、贡献大、影响广。在对高职院校高层次人才的界定上，除普遍的意义外，还应结合高等职业教育的特点，更加强调其职业性，及其在技能型人才培养、技术开发和应用中的核心和领军作用。在内涵建设过程中，各高职院校均不同程度地出现高层次人才数量不足、质量有待提高的问题。高层次人才的缺乏成为内涵建设的瓶颈，制约了高职院校人才培养质量和办学水平的持续快速提高。因此，加强对高职院校高层次人才队伍建设的调查研究，建设一支高水平高层次人才队伍，已成为高职教育当前一项十分紧迫的任务。

"双师型·专兼职·高层次"反映了教师队伍的内在结构、外在结构和整体层次，是一所高职院校教师队伍构建的三维指标。浙农商院升入高职时间较短，教师队伍建设责任重大、任务繁重，但目标清晰，且阶段性成果显著，一支"双师型·专兼职·高层次"的教师队伍已经初具规模。

一、浙农商院师资队伍建设基本概况

截至2014年8月31日，学校各类教师折合总数268人。其中，校内专任教师161人，校内兼课教师36人，校外兼职教师43人，校外兼课教师28人。按全日制在校生总数4 267人计算，生师比约为15.9∶1。比较2012—2013学年，教师折合总数增加40人。其中校内专任教师增加28人，校内兼课教师折合总数增加6人，校外兼职教师折合总数不变，校外兼课教师折合总数增加6人。学生总数净增1 170人，生师比增加了2.32个点（见表6-1）。

从各系部来看，烹饪旅游系现有专职专业教师23人，其中副教授5人、绍兴市学科带头人1人、院级教学名师2人、中国烹饪大师3人、浙江烹饪大师2人、高级导游1人，2人被评为浙江省职业技能鉴定中心专业委员会专家，4人兼任国家级酒家酒店分级评定注册评审员，专业骨干教师都曾兼任高星级饭店或旅行社总经理、副总经理、技术顾问等，绍兴烹饪技艺代表性传承人茅天尧等多位中国烹饪大师（服务大师）受聘担任学院兼职教授。汽车技术系现有专任教师16人，其中中高级职称教师占63%，双师素质教师占80%，有高级技师5人、绍兴市技术能手1人、汽车类职业资格鉴定高级考评员3人，40%的教师常年担任企业技术指导，为企业提供技术服务和员工培训。系部还聘请了7位企业和行业一线专家担任实训教学的指导教师。财会金融系现有教职工 25 人,其中正高级职称 1 人、副高级职称 3 人、中级职称 8 人、院级教学名师 1 人、院级教坛新秀 1 人、"双师型"教师 9 人(其中注册会计师 1 人、国际注册审计师 1 人、会计师 3 人、注册税务师 1 人、经济师 2 人、电子商务师 1 人),拥有硕士研究生及以上学位的教师占 70%。同时外聘高级会计师、注册会计师、注册税务师多人。经济贸易系现有专兼职教师 40 人,其中副教授及以上职称 10 人、讲师 25 人,国家级国际商务师、高级推销员、职业技能高中级考评员 11 人,另有外籍教师、资深欧美市场业务经理常年执教。同时聘请浙江大学经济学院副院长、国家高职高专教育指导委员会专家、浙江省人民政府政策咨询委员会委员、浙江省新农村建设政策研究院教授、"超级农民"等多名官员和学者任专业指导委员会委员,聘请浙江省进出口检验检疫局人员、绍兴海关人员、泰国正大集团人力资源总监、天鸿国际货运人员、绍兴市农科院人员、全国十佳农产品经纪人等行业、企业专家为校外实训导师和课程讲师。农业经济管理系现有教师 13 人,其中教授 1 人、副教授 1 人、讲师 4 人,拥有硕士研究生及以上学历的 11 人,在读硕士 2 人,是一支年龄、学历、支撑结构合理,业务能力强,教学水平高,充满生气活力的师资队伍。

表 6-1 各类师资数量情况

内涵项目	全省 2012—2013 学年所有院校均值	学校		
		2012—2013 学年	2013—2014 学年	2013—2014 学年比 2012—2013 学年增长
1. 教师折合总数(人)		228	268	40
校内专任教师(人)		133	161	28
校内兼课教师(人)		30	36	6
校外兼职教师(人)		43	43	0
校外兼课教师(人)		22	28	6
2. 兼职教师占教师总数比例(%)	27.17	32.02	29.47	−2.55
3. 专任教师生师比	26	23.29	26.5	3.21
4. 生师比	15.5	13.58	15.9	2.32

2. 师资结构

师资结构主要指专任教师的性别结构、年龄结构、职称结构、学历学位结构、双师素质结构等。

截至 2014 年 8 月 31 日,学校专任教师高级职称比例 24.22%,全日制硕士、博士研究生比例 39.75%,取得硕士、博士学位比例达 64.59%,双师素质比例

46.58%。纵向比较 2012—2013 学年,专任教师中高级职称比例增加 1.66 个百分点,全日制硕士、博士研究生比例增加 9.68 个百分点,硕士及以上学位比例增加 13.46 个百分点,双师素质比例减少 8.31 个百分点。横向比较全省 2012—2013 学年均值,专任教师中高级职称比例低于全省均值 7.03 个百分点,硕士、博士研究生比例高于全省均值 0.3 个百分点,双师素质比例低于全省均值 23.61 个百分点(见表 6-2)。

表 6-2 专任教师师资结构情况

项目	全省 2012—2013 学年		学校		
	所有院校均值	示范院校均值	2012—2013 学年	2013—2014 学年	后一学年比前一学年增长
1. 专任教师高级职称比例(%)	31.25	34.00	22.56	24.22	1.66
2. 专任教师硕博研究生比例(%)	39.45	40.77	30.07	39.75	9.68
3. 专任教师双师素质比例(%)	70.19	77.30	54.89	46.58	-8.31

具体师资结构分析如下:

(1) 性别结构

161 名专任教师中男性 81 人,占 50.31%;女性 80 人,占 49.69%。

(2) 年龄结构

161 名专任教师中 35 岁以下的 94 人,占 58.39%;36~45 岁的 29 人,占 18.01%;46~60 岁的 37 人,占 22.98%;61 岁及以上的 1 人,占 0.62%。

(3) 职称结构

161 名专任教师中高级职称 39 人,占 24.22%;中级职称 67 人,占 41.61%;初级职称 11 人,占 6.83%;其他未定级的 44 人,占 27.33%。

(4) 学历学位结构

学历结构:161 名专任教师中具有硕士、博士研究生学历的 64 人,占 39.69%,较上学年增加 9.62 个百分点;大学本科学历 90 人,占 55.90%;专科学历 7 人,占 4.35%;其他学历 0 人,占 0.00%。

学位结构:161 名专任教师中具有硕士、博士学位的 104 人,占 64.59%,较上学年增加 13.46 个百分点;学士学位 24 人,占 14.91%;无学位 33 人,占 20.5%。

(5) 双师素质结构

161 名专任教师中具有双师素质的教师 75 人,占 46.58%,较上学年减少 8.31 个百分点(因新引进教师大多为应届毕业生)。

3. 师资水平

2013—2014 学年,学校每百名专任教师获专利项目数 0 项,每百名专任教师获省级(或以上)奖项数18.6项,人均在研课题经费额度10 584元,专任教师人均公开出版著作和发表论文0.6本(篇)。纵向比较2012—2013学年,学校每百名专任教师获专利项目数减少14.29项,每百名专任教师获省级(或以上)奖项数增加5.8项,人均在研课题经费额度减少2 765元,专任教师人均公开出版著作和发表论文增加0.08本(篇)(见表6-3)。

表6-3 专任教师师资水平情况

项目	全省2012—2013学年		学校		
	所有院校均值	示范院校均值	2012—2013学年	2013—2014学年	后一学年比前一学年增长
1. 百名专任教师获专利项目数(项)	9.92	15.06	14.29	0	-14.29
2. 百名专任教师获省级以上奖项数(项)	38.1	43.52	12.8	18.6	5.8
3. 专任教师人均在研课题经费额度(元)	19 362	21 598	38 049	10 584	-27 465
5. 专任教师人均公开出版著作和发表论文(本或篇)	0.56	0.6	0.52	0.6	0.08

4. 师资培养

2013—2014学年,学校在专任教师培养方面,人均培训10.25天,人均挂职锻炼25.43天,人均社会兼职16天,人均师资经费0.9万元,聘请兼职教师经费专业均数5.9万元。纵向与2012—2013学年比较,2013—2014学年人均培训增加2.75天,人均挂职锻炼减少0.67天,人均社会兼职减少16.7天,人均师资经费不变,聘请兼职教师经费专业均数增加1.8万元(见表6-4)。

表6-4 专任教师师资培养情况

项目	全省2012—2013学年		学校		
	所有院校均值	示范院校均值	2012—2013学年	2013—2014学年	后一学年比前一学年增长
1. 专任教师人均培训(天)	14.05	15.48	7.5	10.25	2.75
2. 专任教师人均挂职锻炼(天)	15.16	16.16	26.1	25.43	-0.67
3. 专任教师人均社会兼职(天)	21.99	22.33	32.7	16	-16.7
4. 专任教师人均师资经费(万元)	1.28	1.46	0.9	0.9	0
5. 聘请兼职教师经费专业均数(万元)	9.79	10.03	4.6	5.9	1.4

二、"内培外引"式教师结构优化机制的构建

学校注重师资队伍结构的优化,从加强教师队伍内部建设与引进高层次人才、专业行业专家等入手,不断增强学校师资队伍的战斗力,保持教学力量的可持续发展。学校设立教师工作站,实施"走出去"战略。与校外实训基地加强联系,每年建设一个教师工作站,每年选派一名以上教师到企业锻炼实习,鼓励他们参加专业学术研讨会、学术报告会,拓展视野,不断提高业务技术水平和综合职业能力。同时实施"请进来"策略,在兼职教师与特聘研究员的聘任上完善制度,突破常规,创新机制,坚持实用有效的原则。聘请行业、企业一线的技术专家、技术骨干承担实践教学工作,并使兼职教师承担专业课学时比例达到50%。聘请高校、行政单位中具有权威性的研究人员作为学校专业特聘研究员,为学校发展决策与科研开展提供支持。每位特聘研究员配1名专业教师作为联络员,协助特聘研究员进行课题研究,使得专业教师有机会进入一个高起点的研究平台,促进系部教师的成长(见表6-5)。

表6-5　部分教师企业挂职锻炼一览

序号	姓名	挂职锻炼企业名称	项目名称	挂职锻炼时间
1	刘花	绍兴东方税务师事务所	小企业代理记账现状及对策研究——基于绍兴的实践	2014.01.14—2014.02.16 2014.06.30—2014.08.30
2	邵佳佳	绍兴市广元纺织品有限公司	外贸企业会计核算	2013.07.08
3	徐海燕	绍兴东方税务师事务所	科技与金融深度融合共促科技型小微企业发展研究	2014.01.17—2014.02.16 2014.07.01—2014.09.01
4	陈丽君	绍兴东方税务师事务所	面向中小企业的财务管理课程项目化教学改革研究	2014.01.17—2014.02.16 2014.07.01—2014.09.02
5	褚玲仙	绍兴县中丽线业有限公司	基于岗位职责的高职"财务报表分析"课程设计	2014.01.14—2014.02.16 2014.02.22—2014.06.08 每个周末
6	杜燕	绍兴清风汽车销售服务有限公司	汽车销售流程环节及技巧分析	2014.02.10—2014.07.10
7	金逸超	浙江绍兴联奥汽车销售服务有限公司	汽车涂装修复技术提高	2014.02.20—2014.06.20
8	李臣	绍兴咸亨食品有限公司	咸亨腐乳绿色食品认证的可行性探索	2014.02.24—2014.08.23

续表

序号	姓名	挂职锻炼企业名称	项目名称	挂职锻炼时间
9	郭斯佳	绍兴中金豪生酒店	招待业精神实质研究	2014.03.04—2014.07.31 暑假前每周二、四、六 暑假时一周五天
10	张全	绍兴前沿文化传播有限公司	杭州西湖文博会展厅设计	2014.03.01—2014.08.30 每周三、五
11	王群	绍兴市金树丝绸印染进出口有限公司	后危机时代绍兴纺织品外贸岗位职业能力和素质研究	2013.07.01—2014.06.30
12	王强	绍兴市兴农果蔬专业合作社	绍兴市联合社职业经理人引进趋势	2014.03.21—2014.08.31 课余兼职
13	尹飞	绍兴市兴农果蔬专业合作社	绍兴市联合社职业经理人引进趋势	2014.03.21—2014.08.31 课余兼职
14	叶传盛	绍兴市兴农果蔬专业合作社	绍兴市联合社职业经理人引进趋势	2014.03.21—2014.08.31 课余兼职
15	李婷婷	宁波南苑环球酒店	"西点工艺"在高职院校中开设的必要性及分析	2014.03—2014.06
16	杨晓庆	绍兴荣坛生物技术有限公司	上臂式无线电子血压计	2014.04.03—2014.06.21 每周四、五
17	高云荣	绍兴市海的空间设计装饰工程有限公司	观澜豪庭样板房会所工程	2014.04.07—2014.07.30 平时每周一、二、三、五 暑假全职
17	邵佳佳	绍兴市塔山实业总公司	基于涉农方向会计专业研究	2014.07.20—2014.08.20 2014.08.21—2014.12.30 每周末 2015.01.01—2015.06.30
18	屠君	绍兴左岸装饰设计公司	装饰空间设计效果图设计	2014.07.20—2014.08.20

为不断优化师资队伍结构,学院先后制订并实施了《教师企业轮岗工程管理办法》《学院人才梯队培养计划的实施办法》《青年教师助讲培养制度》《"双师素质"教师队伍建设与管理实施办法》《新聘青年教师综合能力培养方案》《国内进修与培训管理办法(2012年修订)》等制度和文件,多层次、多渠道、多形式地开展教师培养。实施"234"人才梯队培养工程,计划用3年时间培养中青年专业带头人20名、中青年骨干教师30名、优秀青年教师40名;实施教师高校教育理论培训、国培省培、企业挂职、访问学者、访问工程师计划;鼓励教师在职攻

读硕士、博士学位,开展国际交流与合作;加大对青年教师的培养力度,通过岗前培训、结对助讲培养、企业挂职、技能大赛、设立专门项目等形式,促进青年教师快速成长。三年来,共有260余人次参加各类培训进修。现有专任教师中具有副高及以上专业技术职务的39名,占专任教师总数的24.22%;拥有硕士、博士学位的104人,占专任教师总数的64.60%;双师素质的教师75人,占专任教师总数的46.58%。现有国家级和省级大师5人,国家级考评员3人,全国供销总社优秀教师5人,省级专业带头人培养对象2人,技师和高级技师14人,师资队伍结构渐趋合理。

在内培的基础上,同时加大外引的力度,加快优化师资队伍的结构。出台了《学院高层次人才引进工作的有关规定(试行)》《人才引进招聘工作条例(试行)》等规定。一是根据专业建设的需要,设立人才引进专项资金,引进一批急需的教师。近三年来,共引进和招聘教师61名,其中副高以上12名、博士3名。二是积极聘请具有行业、企业背景,实践经验丰富的技术能手和管理骨干作为兼职教师,提升学院双师教师的数量和质量,截至目前,共聘请各类行业企业能工巧匠兼职的94名,其中企业经理、总监36人,技术专家10人,部分专业实践类课程教学实施双导师制。

外聘兼职教师是高等职业学院强化实践教学环节,提高人才培养质量,优化教育资源配置,增强学院办学活力,实现校企双赢,提高师资队伍水平,实现产学结合的一个重要保证。兼职教师为行业企业的专业人才和能工巧匠,主要承担实践课程教学任务。浙农商院高度重视校外师资的聘任与教学工作,通过制定《兼职教师管理制度》进行规范化管理。

1. 外聘教师的甄选与管理

在教师甄选工作上,学院坚持"合理配置,择优聘用"的原则,按照一定比例聘请行业企业的专业人才和能工巧匠担任兼职教师,以逐步形成核心实践技能课程主要由具有相应高技能水平的企业、行业技术骨干授课的机制。

兼职教师的基本条件包括:遵守国家的法律、法规,坚持四项基本原则;应是来自行业、企业一线,且具有国家三级以上职业资格和丰富实践经验的专业技术人员或能工巧匠,如需担任少量理论课,原则上应具有大学本科及以上学历或中级以上专业技术职称;具有所承担课程教学任务的业务能力和教学水平,业务基础扎实、教学效果好;原则上男性年龄在60周岁以下,女性年龄在55周岁以下,身体健康,能完成规定的教学工作量和履行岗位职责;具有良好的职业道德和协作意识,能服从学院的教学管理,遵守学院的教师管理规定。

兼职教师一经聘用即编入相应教研室,并参加部分教研活动。各系部每学期初召开一次兼职教师会议,明确新学期教学工作任务。为保证兼职教师有足够的备课与教研活动时间，每位兼职教师每学期授课不得超过2门。同时在兼职教师任课初期应向他们提供以下帮助：明确高等职业教育的办学思想，逐步树立高等职业教育的理念；贯彻以育人为中心、以就业为导向的指导思想；强化职业教育特色，突出职业能力培养；介绍任课专业的发展方向、特色、专业建设情况；明确所任课程在相应专业中的地位、作用及相关课程标准和要求；提供教学大纲、教材、校历、教学进程表、作息时间表及其他教学辅助材料；明确学院在备课、授课、辅导答疑、作业批改、考试命题、实践教学等各教学环节的基本要求和规定。

2. 兼职教师的职责

兼职教师需要认真执行学院《教师教学工作规范（试行）》等相关的教学管理制度。对其所承担的教学课程，应在开课前两周内根据校历、教学进程表和课程表的安排，填写学期授课计划（一式三份），经教研室主任（专业负责人）审查，系部主任批准后由系部、教研室和本人各执一份。兼职教师按照教学大纲（标准）的要求认真备课，撰写符合要求的教案。兼职教师须严格遵守学院的作息时间，不迟到、不拖课，上课时间不得随意离开教学场所及在课堂上使用通信工具。教学过程中应按本门课程的教学要求布置作业，及时完成作业的批改、评定和成绩记载，并做好讲评。课余多与学生交流，及时掌握学习情况，并及时解答学生提出的疑难问题。认真指导学生做好预习、复习，根据需要参加有关课程的命题、阅卷和指导毕业论文（设计）和答辩工作，并积极参加系部、教研室的教学研究活动。

3. 兼职教师的聘任程序

浙农商院兼职教师的聘任主要包括四个步骤：教研室提名、系部审核、学校审批和签订聘任工作协议。首先各教研室根据专业教学计划及新学期教学任务、教师专业技术结构及教学工作量情况提出下一学期担任校内课程的兼职教师人选，填写学院《外聘兼职教师申请表》报系部审核。担任校外实训任务的人选，在学生下企业前报系部审核。系部主任应根据本系部的教学情况对教研室提名的兼职教师资格及其聘请的必要性进行审核，并在《外聘兼职教师申请表》上签署意见，报教务处。教务处根据各系部报送的兼职教师申请表，送分管副院长审批。相关系部根据审批结果填写《外聘兼职教师登记表》，代表学院与应聘教师签订《外聘兼职教师聘用协议》，颁发聘书。兼职教师的聘期由招聘系部与应聘者协商确定，聘期一般为一个学期或一学年。

4. 兼职教师的评价与待遇

兼职教师日常教学工作的考核由相应系部负责，期末教学评价由教务处组织，并与学院专任教师考评一同进行。系部通过全面的综合考评，准确地掌握兼职教师的教学水平、教学效果和教学任务的完成情况,实事求是地做好考核和教学评价工作。考评结果向兼职教师本人反馈,并将考评结果作为今后选聘的参考依据,评价结果与课酬挂钩。

兼职教师教学评价结果＝学生测评×70％＋系部评价×20％＋教务处(教学督导处)评价×10％,评价等级分为A、B、C、D、E五个,其中A的比例不超过当学年学院兼职教师人数的20％,A和B的比例控制在60％以内,考核为D(含D)以下的原则上不再聘用。

在待遇方面,由于兼职教师属学院非编制人员,按课时计酬。主要按课表每周上课的工作量,由教务处根据课表的实施情况统计;阶段性上课的或部分章节内容上课的,由教研室拟订计划先报系部主任审核,经教务处审批后实施,工作量由相关系部统计,教务处审核后计发。兼职教师课酬标准主要为:正高类100元课酬/节＋考核,副高类(职业资格二级、一级)80元课酬/节＋考核,中级类(职业资格三级)60元课酬/节＋考核。评价结果为A的按每课时30元发放,为B的按每课时20元发放,为C的按每课时10元发放,D级以下的不发放余额。

三、基于"五个一"工程的教师生涯发展机制构建

学校注重教师在职个人发展,学校每年针对中层干部及新晋教师举办培训会,针对科学决策、科学教学开展专题研讨活动。学校针对青年教师实施"五个一"工程,即青年教师联系一个合作企业、结对一名兼职教师、参加一个实训室建设或管理项目、参加一项课题申报、设计一门课程实践教学项目。此外,学校重视提升现有专业带头人水平,将现有的教研室主任或专业负责人派到美国、德国、澳大利亚、新西兰、新加坡等职业教育先进国家培训进修,开拓视野,引领专业团队升级;培养专业负责人的后备人才,选派有能力的专业教师到国家会计学院、著名的会计师事务所、厨师培训学校等进修,或参加培训和实践锻炼,提高其理论和实践操作能力。同时学校每年会选派教师到企业进行实践锻炼,或到其他高校进修学习,参加专业学术研讨,不断提高业务技术水平和综合职业能力。学校实行严格的教师"上岗培训"制度,教师上岗前要取得相应的技能证书。学校还组织教师参加经济师、营养师、会计师、导游等考试,使"双师素质"教师比例达到70％以上。

为加快提升教师的教学、科研和社会服务能力,通过搭平台、建机制、提能力、强服务提升师资队伍建设质量。启动了"234"人才梯队工程、教师企业轮岗工程等建设工程,搭建了绍兴市"三农"问题研究中心、合作社教育研究中心、越地饮食文化研究所和绍兴市汽车服务公共科技服务等科研平台,建立健全了科

研管理制度和科研工作运行机制。实施科研项目培育、优秀科研团队和科研骨干项目、社科新人培养、校外知名专家带徒、科技指导员等活动，采取项目立项、专家报告、经费资助等多种措施，提升教师的教学、科研和社会服务能力。加强对教师教学科研的项目申报、项目结题、成果鉴定、论文发表、经费管理的咨询和服务工作，有力地促进了师资队伍建设质量的提升。近年来，共承担各类科研课题214项（其中省级及以上科研项目17项，市级科研项目86项），发表论文290余篇，其中核心期刊60余篇。同时，学院以人才培养评估为抓手，通过多轮的专业剖析、课程说课的模拟演练，开展教师教学技能竞赛、课堂教学设计竞赛，聘请专家组织培训和指导；组织和开展教学改革和课堂教改项目申报评审和中期检查等，多形式、多手段提高教师的教学能力。通过教师教学能力提升项目的实施，取得了较好的效果，在专业剖析和课程说课中，得到了评估专家"设计合理、条理清晰、程序规范、内容熟练、表达清楚"的良好评价。

此外，学校通过引入竞争机制加强教师自我提升的意识，为广大教师营造比优争先、合作共赢的良好学习与工作氛围。学校每年举办辅导员技能竞赛，内容包括自我展示、微博写作、案例分析以及主题班会等四个方面。辅导员职业技能竞赛，对推进学校辅导员队伍建设、不断提升大学生思想政治工作的科学化水平，具有十分重要的意义。同时，学校针对各系部专业特点适时举行教师教学技能竞赛，竞赛分专业剖析、课程说课两个项目。专业剖析（说专业）即参赛教师根据所负责的某一专业，向同行和专家叙述专业定位与人才培养模式、课程体系与课程结构、教学改革与教学管理、教学资源建设、人才培养质量、专业特色、创新、专业建设和改革思路等。同行和专家向参赛教师提出专业建设中的有关问题，共同研讨专业建设的理念、方法和措施。专业剖析时间为20分钟，要求脱稿表述。课程说课即授课教师向同行和专家叙述某门课程的定位与目标、课程教学内容设计、课程教学的组织与实施、课程评价、课程的特色与创新、课程建设和改革思路等，同行和专家向授课教师提出课程教学的有关问题，共同研讨教学理念和教学方法。说课时间为15分钟，要求脱稿表述。这些对促进教师队伍建设和课程改革、提高教师整体教育教学能力产生了积极的推动作用。

除了引入竞争机制以外，学校还将教师协作作为风气建设与工作创新的重要着力点。各系部通过建立合作备课制度、校本教材共建制度、教师听课制度、教师教学水平互评制度等，加强教师在工作经验交流和工作资源共享上的协作。

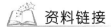 **资料链接**

校企融合 提升"双师型"队伍建设水平
经济贸易系"双师型"师资队伍建设研讨会

2015年4月1日中午,经济贸易系在会议室召开"双师型"教师队伍建设研讨会。科研督导处处长朱能军、人事处副处长王伟杰出席会议,经贸系赴企业挂职锻炼教师和商务英语教研室全体教师参加了本次会议。研讨会由该系系主任柳婷尔主持。

会上,2014年度赴企业挂职锻炼的教师跟与会人员一起分享了在企业的各种收获,表示深入企业锻炼,不仅拓展了学科视野,完善了知识结构,而且提高了实践教学水平。会议还结合我院应用英语专业人才培养方案,就应用英语专业教师"双师"素质认定进行了研讨。会议认为专业教师"双师"认定,除各级各类考证认定外,应更加注重教师下企业锻炼的经历与实际效果,以切实提升教师的专业实践水平。

柳婷尔主任认为深入企业锻炼,丰富了教师阅历,提升了业务素养,建立了人脉关系,为校企之间的深度合作打下了良好基础,较好地践行了我院高职教育的办学理念。

王伟杰副处长在听取老师们的发言后,对经贸系推行的教师深入企业挂职锻炼的举措表示肯定,并对"双师"认定提出的意见建议及下一步认定工作做了说明。

朱能军处长做了总结讲话。他充分肯定了该系教师利用寒暑假,结合专业和课程建设,深入企业开展调研的活动成效,表示对"双师"素质认定的最终目的是要让教师具备理论教学以及实践操作能力。

本次研讨会,对"双师"概念和内涵进行了更进一步的探讨和交流,明晰了今后教师职业发展的方向,有利于进一步推进教师内涵建设。

资料来源:浙江农业商贸职业学院新闻中心:http://news.znszy.com/show-41-4682-1.html。

第七章

"政校行企合作,产学研创结合"的高技能人才培养

学校的使命在于为社会发展培养合格的公民,为社会源源不断地提供各层次高质量人才。人才培养是学校存在与发展的缘由与核心。人才培养是一个过程,完成这一过程的主体和形式可以有多种表现,但是学校人才培养的突出特点在于系统性和完整性。培养对象全天候接受固定、系统、完整的学习与训练,以达到某一事业、岗位对人才的素质要求。高等职业院校是为社会输送大量合格的高端技能型人才的重要平台,而对高端技能型人才的认识,以及高职院校特色高技能人才培养的百花齐放,需要我们对高职院校被赋予的人才培养目标及其模式进行深入解读,进而了解一所高职院校存在的合理性与必要性,剖析人才培养的价值所在。

一、工学结合,因地制宜——农商人才培养模式的思考与设计

(一)人才培养模式——历史发展、内涵表述与现状

人才培养模式是高等教育领域的基本问题,有人才培养,就有人才培养的模式。但我国高校、学界及教育行政部门提出并讨论人才培养模式,则是近二十多年,特别是近几年的事。高校提出"人才培养模式"这一概念最早见于文育林1983年的文章《改革人才培养模式 按学科设置专业》,其内容是关于如何改革高等工程教育的人才培养模式。之后,也有一些高校和实践工作者继续讨论医学及经济学等各类人才的培养模式及其改革,但都未明晰何为"人才培养模式",对其内涵的把握较为模糊。由于高等教育实践的需要,理论工作者也逐步开始关注这一问题,并试图界定其内涵。刘明浚于1993年在《大学教育环境论要》中首次对这一概念做出明确界定,提出人才培养模式是指"在一定办学条件下,为实现一定的教育目标而选择或构思的教育教学样式"。教育行政部门首次对"人才培养模式"的内涵做出直接表述,是在1998年教育部下发的文件《关

于深化教学改革 培养适应21世纪需要的高质量人才的意见》中,指出"人才培养模式是学校为学生构建的知识、能力、素质结构,以及实现这种结构的方式,它从根本上规定了人才特征并集中地体现了教育思想和教育观念"。

人才培养模式是在一定教育理论指导下,在实践中形成的将教学活动诸要素联结起来的结构和实施教学的程序和方式。传统的传输型人才培养模式是以捷克教育家夸美纽斯基于认识论的课堂教学模式为基础发展形成的。德国教育家赫尔巴特将其概括为五段教学法,即预备、想象、联合、概括和应用。这种人才培养模式是由教师通过口头讲解、文字阅读、直观演示等手段传递知识,学生则通过观察感知、理解教材、练习巩固、领会运用等手段接受知识,最后由教师考核和学生自我检查来检验掌握知识的情况。这种人才培养模式的基本特征是"三个中心",即以"教师为中心"、以"课堂为中心"、以"教材为中心"。在新的教学思想和教学理念指导下的教学改革和实践中,这种教学模式不断受到质疑,得到了不断改进,但至今它仍是一种被广泛采用的基本人才培养模式。传输型人才培养模式的优点在于:能充分发挥教师的主导作用。教学过程完全由教师控制,可根据预设的学生共同认知规律进行操作;教学效率高,可同时对大批学生实施同一内容的教学;知识传授系统,可在较短的时间内将某一方面的知识系统地呈现给学生,是学生系统学习知识和掌握知识的一条捷径。然而,其缺点也是明显的:过分强调教师的主导作用,忽视了学生的主体作用,学生在学习中处于被动接受的位置,难以调动学生学习的积极性和主动性,难以发挥学生主动建构知识的作用;过分强调对知识的继承,忽视了对知识的批判和创造,将教学过程看成是知识的静态传递过程,容易造成理论与实践的脱离,不利于学生探索知识、发现知识和创造知识的意识及能力培养;过分强调共性培养,忽视学生的个性发展,不利于培养学生的创新意识和创造能力。教学过程是教师根据教育目的和学生身心健康的规律,运用一定的教学手段,有目的、有计划、有组织地引导学生掌握系统的科学文化知识和一定的技能,发展智力增强体力,培养思想品德的过程,是理论与实践的辩证统一的过程。教学过程有四个基本要素,即教师、学生、教学内容、教学形式与方法。与传统的教学过程相比,现代的教学培养过程必须发生一些变化。教师和学生不能再是单纯的教与学的关系,而应该能够平等对话、相互质疑,甚至相互批判、启发,共同指向学术的深入和一种共同为学术而奉献的境界。

目前,我国高校人才培养模式的固化、单一和同质性不利于学生个性发展。学校对一个专业的所有学生制订统一的培养方案、课程计划,实行统一的教学方法与评价标准。这种高度统一和单一的人才培养模式束缚了学生的手脚,压抑了学生的主动性、积极性,无法使学生在接受教育训练的过程中学会选择,最终难以培养大学生的主体性和选择性。培养创新人才,必须改变这种"统一"与"单一"的人才培养模式,要建立多样化人才培养模式,开阔学生眼界与思维,培养学生的创新能力。当前,高校教学多采取大班集中授课的模式,教师与学生之间缺乏互动和沟通,学生难以积极主动地参与教学活动;在实践教学方面,缺乏让学生自行设计、自行实验、自由探索、自我发现,难以激发学生的创新思维。这种刻板的教学模式不利于培养学生的发散性思维和创造性思维,不利于创新人才的培养。随着我国市场经济的发展以及现代科学技术既分化又融合趋势的彰显,人才培养模式与大学人才培养目标的要求之间愈来愈体现出明显的落差,主要表现在:教育模式化、注重"批量生产"、毕业生缺乏个性、创新精神与创新能力匮乏,这与我国当前建设创新型国家对创新人才的需求严重脱节。从发展的角度而言,大学人才培养模式并不是一成不变的。长期以来,过分狭窄的专业教育一直被奉为我国高等教育的正统模式。在这种模式下培养出来的人才专业视野狭隘,缺乏迅速适应社会新环境的能力,缺乏实践创新能力。这种模式严重影响我国创新人才的培养,影响创新型国家的建设,人才培养模式改革的滞后性已经成为制约我国大学发展和提高人才培养质量的"瓶颈"。因此,大学人才培养模式改革是大势所趋,是社会经济发展以及科技进步对创新人才培养的必然要求。

从职业教育的角度来看,人才培养模式的改革和创新,是我国职业教育发展面临的重要课题和紧迫任务。只有不断推进人才培养模式的改革和创新,广大职业院校才能真正担负起党和国家赋予的"培养数以亿计的高素质劳动者和数以千万计的高技能专门人才"的历史重任,也才能实现职业教育自身的科学发展。在构建现代职业教育体系的进程中,以不同层次的技术技能型人才为培养梯队的职业教育办学主体在人才培养模式创新与实践中扮演着主要角色。从理论上讲,世界的技术发展有四种主导模式,由低层次向高层次分别为"技术引进"、"消化吸收"、"自主渐进技术创新"和"自主基础技术创新"。这四种模式从需求的角度来说,对人才的类型和教育的侧重点有重要影响。我国作为一个世界制造业发展大国和人力资源大国,目前正处于从"技术引进"向"消化吸收"以及"自主渐进技术创新"发展的阶段。在"消化吸收"阶段,更加需要技术技能型人才。如何培养具有创新意识和创新能力的技术技能型人才,为国家技术进步以及产业实现转型提供充足的智力支持,就需要从职业教育自身入手,结合人才发展的自身规律和市场对人才的需求,着眼人才的未来发展与市场对人才规格的预判进行创新性探索与实践。

(二)浙农商院人才培养模式综述

浙江农业商贸职业学院在深化人才培养模式改革的基础上努力构建"政校

行企合作,产学研创结合"人才培养模式,较好地实现了学校办学与政府、企业、行业及兄弟院校之间的合作。在这一人才培养模式中,主要着力处理好八对关系:政府与学校、学校与企业、学校与行业组织、学校与学校、学校与生产实践、学校与科研、学习与创造发明、学习与创业。可以说,"政校行企合作"是这一人才培养模式的主体和内容,"产学研创结合"是其实现的形式和载体,两者是相辅相成、辩证统一的。这一人才培养模式,加强了政府、企业、行业、院校之间的密切合作,把政府、企业、行业、学生满意与否作为评价人才培养质量高低和高职院校办学发展成效好坏的标准。确立这种人才培养模式,高职院校能够较好地厘清自身办学定位,廓清办学理念,明确自身在产业发展、区域经济社会发展中的角色定位,实现政府、企业、行业以及高职院校在现代职教体系中的通力合作,更好地培养学生的创新精神,开发学生的创新能力,全面提升高职院校的人才培养质量与办学水平。

职业性和开放性是浙农商院人才培养模式开发始终遵循的基本原则。做到职业性,要求在人才培养模式的改革过程中,努力探索工学结合的人才培养模式,课堂教学要走出教室,走进实训室,走进企业。顶岗实习要让学生走进企业,走进与培养目标对应的职业岗位,在真正的企业环境和人文环境中,在职业标准和行业标准的衡量下,在学校和企业的双重考核下,实现人才培养的目标。做到开放性,关键在于校企合作。要努力探索校企合作的新模式,要与行业、企业共同参与人才的培养,在学生就业、教师培训、实习实训等各方面展开全方位的合作。浙农商院主要通过四条路径实现这一办学模式应有的效果:一是加强政校合作,提高政府参与高职教育的积极性和主动性。政府既是高职院校的举办者和管理者,"也是人才培养的重要参与者"。在"政校企行合作"中,政府是最为关键的角色。世界上职业教育发达国家的经验表明:政府是推动职业教育发展的重要力量,要通过营造制度环境,成立组织机构,建立协调与激励机制,建立健全职业教育与经济发展相适应并相互促进的管理体制,提升职业教育办学水平,促进地方支柱产业发展。在高端技能型人才培养中,只有政府强力支持与积极参与,才能真正实现高职院校与企业、行业和产业的紧密融合,并切实推动"产学研创结合"的健康发展。"十二五"期间,绍兴市将以"两区"(粮食生产功能区和现代农业园区)为总抓手,大力发展科技农业、加工农业、城市农业、休闲农业和开放农业,加快农业转型升级,走高效生态农业之路,确保农业可持续发展。这就产生了对具备现代农业生产意识、理念、知识和技能的"现代农民"的需求。浙农商院立足于服务地方的办学理念,与绍兴市委市政府农办合作成立了绍兴市农民学院,该学院依托浙农商院的师资力量、设施设备、科研开发、教学管理、就业指导等教育教学资源开展管理工作,并由各培训机构共同参与。学院将根据全国和全省农民培训发展战略和规划,研究分析制定绍兴市农民培训实施规划,引导各培训机构建立科学、规范的办学制度。还将科学编制特色培训教材,开创特色化、品牌化和高质量的农民培训精品项目,搭建"园区＋企业＋学校"实训基地平台,使农民学院成为一个产业对接、产学研一体化的引领农民培训发展的平台。二是加强校企(行)合作,深化人才培养模式改革。例如浙农商院和绍兴市咸亨酒店有限公司合作成立了"咸亨学院",致力于打造绍兴餐饮培训教育领域标杆,引领绍兴地方饮食文化,并在咸亨酒店建立教学实习基地,联合开办以培养领班、主管为目标的"咸亨成长班",打破专业限制,吸引学院大二、大三学生到酒店参加毕业前实习等活动,毕业后择优安排到咸亨酒店集团各酒店工作。学院与企业(行业)从实际、实用、实效出发,探索多元化的合作形式,共同建立长期、稳定、紧密的战略合作关系,实现深层次的产学共赢。三是加强校际合作,提升优势互补、借力发展的水平。浙农商院注重与其他高职院校开展工作经验交流等各项合作,注重与中等职业院校在招生就业、人才培养等方面的交流,注重与高水平大学在学术研究、产学研结合、国际交流等领域的合作。例如2013年与浙江工商大学联合承办"亚洲食学论坛",邀请江苏省职业技术教育科学研究中心、绍兴文理学院、浙江旅游职业学院、金华职业技术学院等单位相关专家对学校办学思想的凝练、专业的剖析进行指导,与中等职业学校合作开展优秀中职毕业生免试入学等。四是加强产学研创结合,积极促进知识与技能向现实生产力的转化。例如成立绍兴地方饮食文化研究所,开展陆游与绍兴饮食文化、陆游饮食思想、饮食养生观和陆游食谱,绍兴传统食品发掘整理、市场化运作等领域的研究,同时拟定对6～10品绍兴传统点心进行市场化运营,试水研究成果与市场接轨。

(三)浙农商院各专业"工学结合"人才培养模式的特色构建

从学院各专业人才培养模式来看,各专业充分利用供销社行业、绍兴区域产业、袍江经济开发区、三十余年办学历史等各种资源的优势,探索实施各具专业特色的人才培养模式改革。为农服务类专业,充分发挥浙江省供销社行业和兴合集团的优势,探索"校、社、企一体联动式"人才培养模式的改革;旅游服务类专业推行"现代学徒制"、"虚拟订单式"人才培养模式的改革;艺术设计类专业依托供销社农博会、柯桥纺博会等资源,实施"校企融合、项目驱动"的人才培养模式;汽车服务类专业依托浙江金昌集团和袍江汽车城,推行"一主线、两平台、三环境、多通道"的人才培养模式;财经类专业依托绍兴地方产业、金融业推行以"2663实践教学体系"为核心的"课证训深度融合"和"市场＋企业＋专业"的人才培养模式改革。

1. 涉农专业——"校、社、企一体联动式"人才培养模式

"校、社、企一体联动式"人才培养模式是学校、供销社和企业一体联动的人才培养模式,这里主要涉及三个培养主体:学校、行业、企业。这一人才培养模式是指在人才培养的全过程中,以培养学生的全面职业化素质、技术应用能力和就业竞争力为主线,充分利用学校和行业、企业两种不同的教育环境和教育资源,通过学校和行业、企业的双向互动和长期合作,将在校理论学习、基本训练与行业、企业的实际工作经历有机结合起来的高素质人才培养模式。其包括以下几个特征:一是学校与合作行业、企业建立相对稳定的契约合作关系,形成互惠互利、优势互补、共同发展的动力机制,使双方进行的人才培养工作能够长期坚持下去。二是学生的"工"和"学"轮换进行,三年在校期间学生工作经历的总时间不得少于半年,学生毕业时既获得学历证书,又获得具有行业准入价值的职业资格证书。三是学生在实习时从事的是行业、企业的实际生产和经营工作,行业、企业对学生按正式员工要求和管理,并支付薪金。四是行业、企业为学生提供的工作岗位都是经学校认定的,学生在行业、企业的工作与其学业目标和职业目标密切相关,由学校和行业、企业共同考察评价学生在工作中的表现。五是行业、企业要把录用和培养学生作为发展行业、企业和培养人才的一个重要部分,行业、企业对学生的录用是由行业、企业与学生双向选择决定的。

涉农专业是学院供销文化的集中地,是学校服务"三农"的主阵地,也是与供销系统联系最为紧密的专业群之一。根据"校、社、企一体联动式"人才培养模式的基本精神,绿色食品加工生产与经营、合作社经营管理等专业开发出了相应的具有专业特色的人才培养模式,如"校社企共育,四段递进"人才培养模式。

(1) 绿色食品加工生产与经营

本专业实施"校社企共育,四段递进"的人才培养模式。具体人才培养途径是一个由刚入校的学生经过职场体验、实境训练、顶岗历练三个阶段成长为准职业人的过程。

职场体验主要集中在第一个学期,通过政行企的专家开展讲座和企业实地考察等形式,达到专业认知和规划职业生涯的目的;实境训练阶段主要集中在第二、第三、第四学期,是通过行业、企业和学校合作开发与企业实际生产一致的项目化课程,聘请行业企业技术骨干担任兼职教师,在职场化的校内实训基地或企业开展教学做一体化的教学,达到训练学生专业技能的目的;顶岗历练主要集中于第五、第六学期,在企业完成,学生在企业、学校双导师的引导下开展顶岗实习和完成毕业设计,达到历练专业技能的目的,最终完成从学生到准职业人的转变。

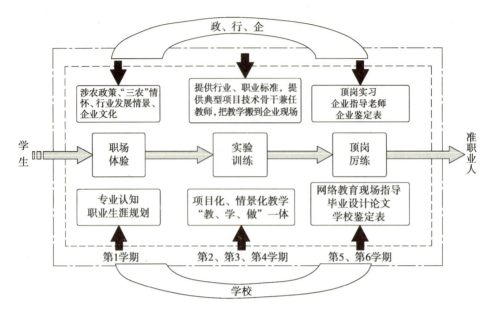

图7-1 绿色食品加工生产与经营专业"校社企共育,四段递进"人才培养模式

(2) 合作社经营与管理

以提高人才培养质量为关键,以塑造学生的"三农"情怀为抓手,构筑并整合以岗位职业能力为核心的课程体系,逐渐形成"校社企共育,四段递进"的人才培养模式。校社企共同研究市场人才需求信息,商讨、论证专业人才培养方案,参与教学计划的制订和调整,共同构建校内、外实习实训基地。积极构建以专业认知实践教学、相关课程实训、专项实训、顶岗实习与毕业设计为核心的四段实践教学体系。采用校内学习与顶岗实习结合的"2+1"教学组织形式。

"校社企共育,四段递进"人才培养模式是通过四阶段式、层层递进的"学校、供销社与企业三主体互动"而形成的一种教学模式和学习模式,该模式将知识和技能内化为实际职业岗位的职业能力,培养适应我国农业事业发展的应用型、技能型和创新型人才。它强调四阶段层层递进的理论教学与实践训练有机结合,实现教与学的统一;强调知识技能与职业素质的有机结合,提倡教中学、学中做、做中学、边做边学、教学做一体,实现教、学、做的统一。该模式的实现主要依靠学生、企业、供销社和学校四者的协作,学生是实践的核心和受益者,供销社系统和企业是实践的场所和生产受益者,学校是学生与企业之间的联络员和教学组织者。见图7-1。

2. 旅游服务类——"现代学徒制"、"虚拟订单式"人才培养模式

现代学徒制是学校与企业合作以师带徒强化实践教学的一种人才培养模

式。"学徒制"是一种在实际工作过程中以师傅的言传身教为主要形式的职业技能传授形式,通俗地说即"手把手"地教,这是传统意义上的学徒制的界定。一般认为制度化的学徒制出现在中世纪,"学徒制"一词始用于13世纪前后。现代学徒制的"现代性"是相对于"传统"而言的。各国自有手工业生产开始,便逐步形成了本国特有的"学徒制"。由掌握某类技艺和经验的"师傅"直接将技术手把手传授给"徒弟",这也就是早期的职业教育雏形。由于政治经济和宗教文化等的影响,各国的学徒制在后期发展时分别呈现出不同的文化特色。因此,各国对于现代学徒制的界定也不尽相同。例如澳大利亚以TAFE为基础的新学徒制、英国的"青年训练计划(YTS)"等,都寻求到了本国职业教育发展与传统学徒制的最佳结合点。因此说,现代学徒制是学校职业教育与传统学徒制良好结合的产物,与传统学徒制相比较,它获得了政府的支持和法律保障,并具有产教结合的培训方式。在我国,现代学徒制的提出是在2011年,是基于培养具有必要理论知识和较强实践技能的高素质、技能型专门人才的教育目标,职业院校与用人单位在政府的引导下通力合作,在实践教学环节中主要采用"师傅带徒弟"的形式来培养人才,并在江西省新余市进行了试点。

"虚拟订单式"人才培养模式,是一种以市场需求为导向,将弹性教育与敏捷制造的理念引入"订单式"人才培养模式中,按方向定制教学内容,着重培养学生的实践动手能力,是高等教育职业化发展的新模式。"虚拟订单式"人才培养模式具有多重优势。首先,"虚拟订单式"是顶岗实习、共建生产性实习基地、组建实体"冠名班"等校企合作人才培养模式的一种延伸和补充,这种产学结合"半工半读"的模式,为企业前置人才节约了培训资源成本,为学生高质量就业和持续发展奠定了基础。同时通过"虚拟订单班"培养模式让企业实践案例走进课堂,让课堂教学进入企业一线,既丰富教学内容,激活了教学方式和手段,又由于在情境中学习,激发了学生学习兴趣和欲望。其次"虚拟订单式"培养模式是依据企业人才需求的准确信息,制定教学目标和教学计划,开设选修课。这种模式既能解决好企业生产需要与学校教学计划的衔接问题,又满足学生的需求(兴趣、学分)。此外,通过"虚拟订单式"培养模式可以为教师提供到企业实习、"见习"、调研等机会,让教师在实践中完成从理论到实践的转化、从实践到理论的升华,培养一批既有理论水平又了解企业运作的"双师型"教师。再次,实施校企合作订单式人才培养模式,加强学校与企业的合作深度和订单培养的过程管理,能够实现学校、企业和学生的三方共赢。对于企业而言,"虚拟订单式"可以依托学校优质的教育资源,定向培养公司急需的专业人才,满足企业的用人需要,缩短学生与企业的磨合期,减少企业的培训和招聘费用,提前解决人才需求,增加学生的忠诚度。对于学校而言,"虚拟订单式"使人才培养更具有针对性,摆脱了人才培养与企业实际需求脱节的困境,提高了人才培养的质量,促进了教育教学改革,使学校对接产业、"专业对接企业"、课程对接岗位职业技术标准得以实现,提高了学生的就业率和就业质量。

旅游服务类专业群重在社会体验,尤其是要让学生深入旅游服务第一线,通过真实情境的熏陶,达到技能训练的新境界。现代学徒制、虚拟订单式人才培养模式可以满足旅游服务类专业在人才培养上的需求。同时,不同的专业借鉴上述模式的精髓开发出了适应本专业人才培养的派生模式,如酒店管理(农家乐方向)的双主体育人"四融三合"人才培养模式。

(1)休闲服务与管理

本专业采用校内学习与企业实践结合的"2+1"教学组织形式,即前两个学年主要是在校内实施教学做一体化的课堂教学,其中第一学期安排学生到景点、乡村旅游点进行参观、学习讲解,使学生对该专业有一个认识;第二学期安排学生到鲁迅故里、周恩来祖居进行实地讲解训练,安排学生到农业观光点进行园林鉴赏;第三学期安排六周的导游考试集中训练,进行导游资格证考试;第四学期安排若干次校外考察;第五学期是校外的顶岗实习;第六学期安排毕业实习、毕业论文。教学做一体化的课堂教学和校内的专项模拟实训使学生具有较强的讲解能力,懂得乡村休闲的相关知识,顶岗实习和毕业实习在提高学生的综合能力的同时,也使得学生具有一定的工作经验。

(2)酒店管理(农家乐方向)

按照"酒店(农家乐)行业调研—岗位能力分析—人才培养模式构建—课程体系建设—教学方法改革—评价体系建设"的创建思路,通过对咸亨酒店、避风塘农庄等30多家省内星级酒店(农家乐)的走访、调研,以及走访毕业学生、召开座谈会,了解酒店(农家乐)行业发展情况和对人才培养的要求,发现原有的培养模式和课程内容及毕业生质量存在几个方面的突出问题:一是学生知识面过于狭窄,文化和道德素养、岗位意识和敬业态度不够;二是学生服务技能单一,岗位能力有待进一步拓展;三是学生对客服务、饭店营销、沟通交际等能力不强,难以满足未来职业发展的需求。通过邀请相关行业专家、酒店管理(农家乐)人员和专业教师多次分析论证,理清了酒店(农家乐)服务领域20个工作岗位30个工作任务所必备的职业能力和职业素养,构建了双主体育人的"四融三合"人才培养模式。以培养合格的学生为出发点,发挥政府、学校、企业三股力量,进行双主体育人。在教学模式和教学组织、教学课程中,有效培养酒店(农家乐)工作意识、酒店(农家乐)工作能力、酒店(农家乐)管理知识、酒店(农家乐)管理经验四融合的合格毕业生。见图7-2。

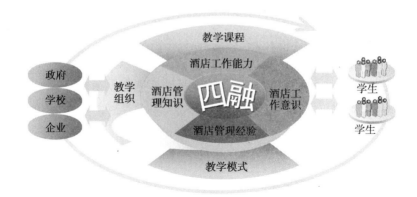

图 7-2　酒店管理（农家乐方向）双主体育人的"四融三合"人才培养模式

校企合作特色项目——虚拟订单班

"校企合作、顶岗实习"的人才培养模式是学校与企业针对社会和市场的需求，采用产、学、做相结合的一种人才培养模式。学校与企业共同制订人才培养方案，按照"做中学"、"学中做"的模式进行联合教学，学生在校学习过程中边学习理论课，边把实践性强的课程直接搬到企业以完成学习，使学生完成理论指导实践、实践回馈理论的学习过程。近年来，烹饪旅游系围绕如何创新办学模式，在开展校企合作，实现"工学结合、学做合一"，全面提高教学质量方面进行了积极的探索与实践。在取得了较大成效的同时，对校企合作办学模式也有了更深层次的理解和认识。

为使学生在校期间就能深入了解企业，感受企业的文化氛围，从而有效提高他们的能力与素质，最终真正实现零距离上岗，烹饪旅游系对烹饪工艺与营养、酒店管理等专业实习生开展了"虚拟订单班"校企合作模式的培养。

一、培养目标

面向现代餐饮服务业，星级酒店经营、生产、服务和销售等过程，培养具有与本专业相适应的文化水平和良好的职业道德，掌握专业的基础知识、基本技能，具有较强实际工作能力的专业人才。

二、培养专业

烹饪工艺与营养、酒店管理、休闲服务与管理及贸经、财会、电子商务等。

三、培养时间

一年（2014年4月—2015年6月）

四、培养方式

校内教学＋校外顶岗实习

五、就业方向

毕业生可在各类高星级商务型、度假型等酒店从事厨房、餐饮服务、客房服务、前台接待等一线岗位工作，也可以从事电子商务、市场营销、人力资源、菜肴创新与研究、导游业务、营养配餐等工作。

六、职业岗位能力要求

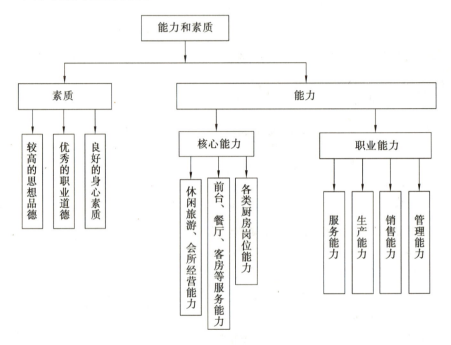

七、组织、宣传

1. 系部宣传

（1）介绍企业相关情况及发展前景展望；

（2）订单班组班介绍；

（3）订单班培养模式介绍。

2. 企业宣传

邀请企业领导、一线管理者召开现场宣讲会。

八、自主报名，择优录取

1. 咨询，现场报名

在"订单班"正式组建之前，由实训部、班主任代订单企业在各班召开一个宣讲会，就班级成员的一些福利待遇问题向学生做介绍，打消学生的后顾之忧。

2. 培养对象的选拔

面向本系及学院其他系相关专业的大二学生。自主报名后,通过面试、专业技能考核等方式选拔,择优录取。

九、组班培训,顶岗实习

1. 班级组建

同一个酒店集团的学生将组成一个"虚拟订单班",人数为30人左右,进行顶岗实习前的系统授课。

2. 课程及顶岗实习安排

(1)以校内教师为主、企业专家为辅,在4月中旬至6月上旬实施授课计划。

(2)9月初,学院、系、企业统一组织学生到企业进行为期6个月的第一阶段顶岗实习和6个月的第二阶段毕业实习。

十、校企互动,注重交流

在订单班开设的全程,注重教师、学生、企业的三方互动与交流,共同完善教学模式、完成教学任务。在校内教学中,聘请合作企业的能工巧匠、行业大师、管理专才到校授课,做到资源共享;在校外实习期间安排企业一线的指导老师对学生进行毕业论文(设计)的直接指导,达到教学目标。

十一、学情考核,适度奖励

根据学生在为期1年的顶岗实习中的表现,结合用人单位的考核意见,对表现优秀的学生给予一定奖学金奖励。具体如下:

1. 校内培训期间按学生学习及参与活动情况进行评选,每班设立特等奖学金一名,奖励1 000元;一等奖学金2名,每名奖励600元;二等奖学金3名,每名奖励300元。

2. 校外顶岗实习期间按学生的工作出勤率及表现进行评选,奖学金由企业自行确定。

十二、产学结合,科学管理

"虚拟订单班"由学院、系安排专职实习指导老师和专职班主任进行管理,同时企业也参与到班级管理之中。校企共管,不仅使学生尽快适应企业的工作环境,而且能信息互通,及时解决学生在顶岗实习中所碰到的问题;还可以加深教师对企业的了解,培养学生对企业的感情,真正做到校内外教学的有机结合、校内外管理的无缝对接、实习和就业的零距离接轨。

十三、酒店分布

酒店集团	下属酒店	地址
浙江开元酒店集团	浙江三立开元名都大酒店	杭州市下城区绍兴路538号
	宁波开元名都大酒店	宁波市鄞州区首南中路666号
	绍兴开元名都大酒店	绍兴市越城区人民东路278号
	义乌三鼎开元名都大酒店	义乌市戚继光路658号
浙江世贸君澜酒店集团	杭州世贸君澜大饭店	杭州市曙光路122号
	杭州良渚君澜度假酒店	杭州市余杭区良渚文化村
浙江喜达屋（喜来登）酒店集团	宁波东港喜来登酒店	宁波市江东区彩虹北路50号
	温州喜来登酒店	温州市车站大道292号
	台州玉环福朋喜来登酒店	台州市玉环县玉城街道城中路333号
	绍兴柯桥喜来登酒店	绍兴市柯桥区金柯桥大道909号
咸亨酒店集团	绍兴咸亨新天地	绍兴市鲁迅中路179号

十四、授课计划

课次	时间	地点	授课内容	授课教师
1	5月6日	树人楼2503	烹旅系"订单班"学生组班大会	毛国跃
2	5月8日	树人楼2213	浙江君澜酒店集团	人事招聘经理
3	5月15日	树人楼2213	浙江开元酒店集团	人事招聘经理
4	5月22日	树人楼2213	浙江喜达屋（喜来登）酒店集团	人事招聘经理
5	6月5日	树人楼2213	浙江君澜酒店集团	人事招聘经理
6	6月12日	树人楼2213	浙江开元酒店集团	人事招聘经理
7	6月19日	树人楼2213	浙江喜达屋（喜来登）酒店集团	人事招聘经理

此次校企合作组建"虚拟订单班"在学院内尚属首例，这是对高职院校校企合作模式、订单培养模式一次新的探索与升华，不仅有利于企业选择合适的人才，把企业文化、岗位素质教育融合进教学中，缩短准员工岗位适应期，同时也给学生高质量就业和持续发展奠定了基础，将烹饪旅游系毕业生就业工作真正落到实处。

3. 财经类专业——以"2663实践教学体系"为核心的"课证训深度融合"和"市场＋企业＋专业"的人才培养模式

所谓"2663"实践教学体系，即两个实践教学环境（校内实训基地与校外实训基地),六种实践教学形式(认知实践、会计基本技能实训、专项技能实训、岗位技能实训、综合技能实训、专业拓展技能实训),实践教学贯穿于六个学期以及训练三种能力(方法能力:学会学习、学会工作;专业能力:掌握技能、掌握知识;社会能力:学会共处、学会做人)。通过"2663"实践教学体系,加大课程建设与改革力度,以实践带改革,以实践促发展,以此增强学生职业能力、实践能力。

"课证训深度融合"的人才培养模式融合了财经类专业学生最为关键的职业能力、实践能力。我们把人才培养与市场需求紧密结合起来,促进专业与行业对接、课程内容与职业标准对接、教学过程与工作过程对接、学历证书与职业资格证书对接。"课证训深度融合"包含三个方面的内容:一是课证融合。课证融合是指以就业为导向,在专业课程学习过程中融入职业考证,将专业资格考证与人才培养方案深度融合,实现两者在教学内容、教学进度等方面的一致。二是课训融通。这是指各类职业技能训练与对应专业课程相关联的融通机制。课程考核中,加重实践操作的比重,让学生拿得起,做起来。三是证训融合。实训技能的鉴定可以通过证书来衡量。如电算化操作技能可以通过获取用友 ERP 证书来衡量,账务处理能力可以通过会计实操师证书来衡量。

"市场+企业+专业"的人才培养模式能发挥"市场、企业和专业"三场联动的综合效果。市场决定人才培养规格,并为人才培养提供方向性指导与案例素材,企业为人才培养提供实训场地与能力锻造平台,专业为人才培养提供理论孕育空间和创新萌芽平台。专业强调校内成长,企业强调校外锻炼,市场是内外环境的基本起点与归宿。通过三者联动,实现人才培养的理实一体、校内外一体、供需一体。

(1) 国际贸易实务专业

本专业在人才培养过程中坚持以服务地方经济为宗旨,以就业为导向,实行以国际贸易实际操作能力为核心、以岗位职业能力培养为主线,"岗、课、证融合",工学结合的人才培养模式。人才培养模式的具体实施有以下要点:

① 构筑了以学生职业生涯规划为中心的高职教育体系。从专业人才培养方案的制订到课程体系的确立,从学生职业能力的训练与培养到实践教学环节的设计与实施,所有这些教学内容以及教学环节都是紧紧围绕学生将要从事的具体职业的行业特点和岗位要求来设计和开展教学的。本专业开设了"外贸综合模拟操作"课程,其综合实训模式是以公司制进行外贸实训,完成了从公司宣传、产品设计、展会布置、展会磋商,一直到商务函电往来、合同签约、信用证审核、单据制作等任务,将营销、礼仪、谈判、口语、函电、信用证、单证等专业知识有机整合起来,有效地提高了学生适合个人职业规划的职业技能和综合素质。

② 以就业为导向,实行了"双证书"制度。坚持应用型职业岗位所需要的理

论与技能本位,培养符合高职教育素质要求的应用型人才。将学历教育、职业技能培养与职业认证三者有机结合起来,专业教学中的课程模块设置以及教学内容改革都直接与相关职业岗位资格证书和技能证书的考核内容相对接,不仅可以有效提高本专业在校生参加相关职业资格证书和技能证书考试的通过率,而且基本能够满足学生就业所要从事的工作岗位的具体技能要求,从而有效提高本专业学生的专业就业率。

③ 体现了"能力本位"。在专业人才培养方案中加强了学生职业能力培养,强化实习(训)教学环节,确保实践性教学环节的比重接近教学总量。

④ 工学结合,积极与企业合作,同企业生产一线专业人士共同研究制订专业人才培养方案。建立专业教学指导委员会,广泛吸收企业的相关专业人员参与,以此扩大工学合作、产学合作的渠道。

(2) 电子商务专业

本专业采用"五位一体、三场联动"人才培养模式,即"课程实训 + 独立实训 + 社会实践 + 毕业实习/设计 + 赛场、市场、职场",见图 7-3。"五位一体、三场联动"的人才培养模式进一步实现教学过程的实践性、开放性和职业性,采取课堂教学与生产实训相结合的教学方法,实现教、学、练、做一体化;进一步加大了专业实践实训教学环节,突出学生职业技能的培养;进一步加强工学结合课程的建设。同时加强"多证书"制度的全面推行,使职业教育与职业技能全面结合。

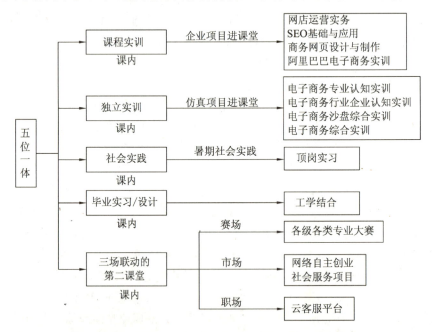

图 7-3 电子商务专业"五位一体、三场联动"人才培养模式

（3）投资与理财专业

本专业采用"四段递进"人才培养模式。从课程体系模块（知识）、能力培养层次（能力）、实践教学形式（素质）构建起"四段递进"式的培养进程。

● 知识方面培养——"五模块"课程设置，以企业需求为出发点，以能力培养为核心设计四个递进式的模块，对应培养的是基础能力、核心能力到拓展能力，最后升迁到岗位综合能力。实践形式：从职业认知实践到项目化课堂实践，再到生产性实训。如学生在东方农商会计师事务所进行真账真做演练，夯实基础技能。此外，考虑与太平洋保险公司合作，在校内开设电话营销中心，让学生在校内进行真正的实战操练。最后一阶段实践形式是校外顶岗实践。

● 技能方面培养——"1234"实践教学体系。"1"是指围绕一个中心，即以就业导向下的学生能力培养为中心；"2"是实施"双证书"教育（学历证书与职业资格证书对接），在课程设置上安排职业考证课程，使学生在学校的学习过程中既能获得代表大专学历的毕业证，又能取得行业的从业资格证。"3"是指依托三类实践教学形式，第一课堂（理实一体）、第二课堂（实践学习）、第三课堂（社会学习）。"4"是指重点培养四种能力：业务操作、营销服务、人际交往、管理协调的能力。

● 素质方面培养——通过实践育人"十个一"工程、走进"三农"社会实践等活动培养学生细致谨慎、大胆创新、关心"三农"问题等职业素质。

（4）会计专业

本专业采用"课证深度融合，六环双轨递进"的人才培养模式。

课证深度融合是指将职业证书考试大纲与专业教学大纲相衔接，做到课程与职业证书融合，实现教学与职业能力要求"充分对接"。课证深度融合中，证书主要依托六大平台：院级会计基本技能证（会计基本技能课程）；会计从业资格证（会计基础、财经法规与会计职业道德、会计电算化课程）；助理会计师证，可拓展为会计师、注册会计师证（基础会计、财务会计、成本会计、税务会计、财务管理、审计课程）；会计电算化证，可拓展为ERP证书（会计电算化、ERP供应链实务课程）；会计岗位技能证书（会计岗位实训、会计综合实训课程）；企业工作经历证书（企业顶岗实习、毕业实习课程）。

课训深度融合依托六环双轨递进，即建立系统化的实践教学体系，依托会计认知实训→基本技能实训→专项技能实训→岗位技能实训→专业拓展技能实训→综合技能实训（就业技能实训）六个主要实践环节。在实践组织方式上采取手工和计算机模拟"双轨"并行的方式。递进是在六个学期中从基础到综合的实训，全面提高学生综合职业能力。

"2663"实践教学体系建设包括两个实践教学环境（校内实训基地、校外实训基地)、六种实践教学形式(认知实践平台、会计基本技能实训平台、专项技能实训平台、岗位技能实训平台、综合技能实训平台、专业拓展技能实训平台)、实践教学贯穿六个学期、培养三种能力。

六种实践教学形式分别为:1)认知实践:社会实践、社会调研、始业教育等。2)会计基本技能实训平台:10项基本技能(会计书写技能、汉字录入技能、小键盘数字录入技能、点钞技能、伪钞鉴别技能、会计制单技能、纳税申报技能、珠算技能、会计电算化技能、计算器应用技能)。3)专项技能实训平台:10门课程理实一体实训(基础会计实训、财务会计实训、成本会计实训、税务会计实训、外贸会计实训、财务管理实训、审计实训、财务分析实训、工业企业实训、商品流转实训)。4)岗位技能实训平台:七个岗位实训(出纳员岗位、往来结算核算员岗位、财产物资核算员岗位、资金核算员岗位、成本核算员岗位、财务成果核算员岗位、会计主管岗位)。5)综合技能实训平台:六个综合技能实训(会计综合实训、会计电算化实训、用友ERP认证实训、顶岗实习、毕业实习、毕业论文)。6)专业拓展技能实训平台:行业会计理实一体实训(农业企业会计、外贸会计、商品流转核算、饮食旅游服务业会计、金融企业会计等)、"三农"课程理实一体实训(农业企业会计、农村金融实务等)。

4. 艺术设计类专业——"校企融合、项目驱动"的人才培养模式

"校企融合、项目驱动"的人才培养模式重在平台式合作与项目化运作。校企融合是指校企双方在法律范围内构建的相互依存、互惠互利的合作关系,是深层次的校企合作。项目驱动是指师生通过共同实施一个完整的项目工作而带动学生能力的锻炼与创新意识的培养。在职业学校教学中,项目是指以生产一件具体的、具有实际应用价值的产品为目的的任务,它要求学生自己计划运用已有的知识和经验,通过自己亲手操作,在具体的情境中解决实际问题。在这里,项目可以是设计与制作一件产品、排除一个故障、提供一项服务等,可以是设计一个服务项目等大型项目,也可以是加工一个零件等小型项目,其目的在于促进学生职业能力的发展。校企融合为项目驱动提供情境支持与项目资源支持,同时项目驱动能加强校企融合的程度,共同促进高素质技术技能人才的培养。

(1) 会展策划与管理

本专业依托长三角会展产业优势和浙江会展的行业优势,以浙江省优势建设专业和与数家省内外知名会展企业的多年合作为基础。根据浙江省会展产业发展对人才的需求,以培养服务于会展产业的高素质技能型人才为目标,实施"校企融合、项目驱动"的人才培养模式,将创新创业教育和职业道德培养贯穿人才培养全过程,实施基于岗位工作过程的课程体系,提升专兼职教学团队的教学与服务能力,拓展与完善校内外实训基地,打造以会展策划与管理专业为核心

的专业群,实现专业发展定位与区域产业(行业)发展对接。

根据浙江省会展行业需求,结合本区域会展产业环境,深化与轻纺城国际会展中心、浙江远大展览设计公司、中国常州灵通展览器材有限公司等著名会展企业的合作。继续推进以轻纺城国际会展中心、常州灵通展览器材有限公司为主体,以全真创新创业环境和企业真实环境下的职业岗位训练为核心,培养熟练掌握会展设计技术和现代会展知识与技能的复合型人才,主要包括媒体传播、会议展览策划、设计和管理营销等岗位。践行与完善企业紧密合作真实环境下的、以职业能力训练为主线的岗位人才培养模式。见图7-4。

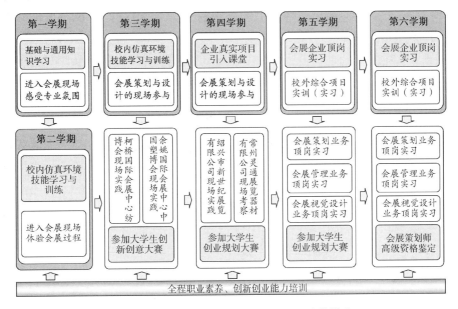

图7-4　会展策划与管理专业岗位人才培养模式

① 引企入校,实施半工半学的人才培养方式。通过引企入校,形成全真的会展设计与搭建的学习情境,完成教学与训练,使学生得到会展策划与设计、展台搭建等技能的充分训练,进而学习与掌握会展策划与管理技能。

② 建立校园会展文化的创业实践方式。选择一部分学生成立校园会展策划中心,从零开始,学生自主接单、自主设计、自主管理,提高创业能力。

③ 实施一年级体验式的企业实践方式。学生通过对专业的初步了解和认识进入企业现场体验学习,用一周时间为学生开展针对性的职业岗位体验,重点帮助他们认识会展行业的岗位现状。

④ 实施二年级参与式的企业工作方式。学生通过部分专业课程学习进入企业并参与会展活动的相关工作。用一周时间开展专业性的实践教学活动,重点帮助学生深入认识会展职业岗位。

⑤实施三年级独立式的企业顶岗实习工作。安排学生到轻纺城国际会展中心、中国常州灵通展览器材有限公司等企业进行为期16周的毕业顶岗实习，重点参与会展营销策划、会展管理、会展设计等工作。

（2）计算机应用技术专业（环境艺术设计方向）

以环境艺术设计（室内设计、村镇景观设计）能力为目标，以职业活动为导向，以企业实际设计项目为载体，推行以"项目为载体"的工学结合人才培养模式。通过单个项目训练、专题项目训练，按设计定位构思、设计效果表现、材料与工程预算等工作过程进行课程设计，构建"基于工作过程系统化"的课程体系。课程体系主要体现了突出职业能力的课程标准、"教、学、做"一体化的教学方法、行动导向的课程组织方式，以及学校、企业、学生等多元评价的考核方式。突出了融职业知识学习、职业能力训练和职业养成于一体。在组织实施过程中加强人才培养模式的改革：一是"以岗位能力为核心、实际项目为载体，以行动为导向、项目团队为形式"进行课程设计，以"项目教学、跟单实训"创新与改革教学模式。二是"以赛促学"，通过课堂展出比赛、企业项目设计比赛以及组织参加国内高职高专各类环境艺术设计比赛等形式，提高学生的设计能力和团队合作精神。对理论性较强的部分，采用案例教学和研究式教学法，教学方法更加灵活。三是课程评价改革，注重过程和结果考核结合，推行多种考核方式，包括理论、操作、比赛、展出、团队作品、职业资格考评、现场考评等多种形式，并参考其过程考勤、团队合作精神评价等。考评由企业专家点评、自我点评、单位评价等组成，以充分反映职业技能和职业素质的提高。探索并建立产学结合、工学交替的校外实训教学管理机制，开展产学结合、工学交替的校外实训教学，使"项目上课堂"、"理论下企业"，培养学生三种能力：1）基础能力：工程制图和手绘表现能力、计算机辅助设计能力；2）核心能力：具备室内空间环境设计能力和村镇景观设计能力；3）拓展能力：较强的创新意识和创新能力、工程项目施工能力。以上将大大提高学生的职业核心能力和终身学习能力。

5.汽车服务类——"一主线、两平台、三环境、多通道"的人才培养模式

该专业群邀请企业专家参与专业人才培养方案的制订，以实际工作岗位逐层分解，从职业岗位、职业知识要求、职业技能要求、职业素质要求和职业能力分析等多方面加以概括，反映企业所需人才的技能和素质要求。在人才培养方案中，能力和要求以教学进程计划表的形式得以体现。学院领导与企业人事经理、展厅经理、技术主管共同研讨人才培养规格、课程体系和7门校本教材编制，聘请企业技术主管担任汽车营销策划、汽车涂装技术、车身修复技术课程教学或实训指导，将汽车销售课程部分内容搬到企业，实训车辆及设备"开进"校园为教学所用。通过长期的教学实践和探索，逐步形成了"一主线、两平台、三环境、多

通道"的人才培养模式,以高素质人才能力培养为主线,借助学校教育平台和企业化训练平台,通过基本技能训练环境、专业技能训练环境和综合技能训练环境,构建不同企业特色通道的培养过程,实现与社会需求的对接,共同推动学生能力和素质的提升。

(1) 汽车技术服务与营销

该专业根据专业人才培养特点,结合企业人才需求,开发并践行"一主线、两平台、三环境、多通道"人才培养模式。

"一主线"是指以高素质人才能力培养为主线,以提高学生的核心竞争力为中心,培养学生的岗位技能、专业知识和职业素养,适应7S管理的企业需求,实现高素质技术技能型人才的培养目标。

"两平台"是指学校教育平台和企业化训练平台。具体而言,在前两学年,以融合7S管理的汽车技术服务与营销专业教育为基础,将7S理念渗透至人才培养的全过程,着重培养学生适应企业文化管理的专业知识与技能;在第三学年,以与绍兴宝顺、广成集团、宏盛凯迪等企业搭建的企业化训练平台为依托,着重培养学生的综合职业能力,实现与社会需求的对接。

"三环境"是指基本技能训练环境、专业技能训练环境和综合技能训练环境逐步递进,提升学生实践和工作的理解能力,做到循序渐进,增强学生的核心竞争力。三个教学环境作用不同,但功能上互相交叉,应用中相互呼应,共同推动学生能力和素质的提升。

"多通道"是指在基础教育和能力锻炼的基础上,基于各企业的文化差异和需求差异,构建不同企业通道的培养过程,适应企业人才差异化的需求。比如与绍兴宝顺汽车销售服务有限公司合作成立"宝马班",实行订单式培养,将"宝马"文化理念和氛围融合进班级文化,针对"宝马"技术服务、营销特点开设专门化教学,形成特色教育。

(2) 汽车整形技术

汽车整形技术专业根据汽车服务类专业人才培养模式的基本特点,创新性地提出了"就业为导向,工学结合"7S高素质人才培养模式。通过本专业的学习,使学生具备5项职业岗位核心能力和3项相关拓展能力,掌握3种必备知识,提升3方面的基本素质,实现人才培养与使用的对接。

"7S"管理源自日本企业的"5S"管理,由七个"S"开头的词语组成:Safety(安全)、Seiri(整理)、Seiton(整顿)、SeiSo(清扫)、SeikeSu(清洁)、ShitSuke(素养)、Save(节约),是目前汽车企业中非常流行的管理理念和管理方法。它有助于消除企业在生产过程中可能面临的各类不良现象,提升员工规范意识,提高管理效能。

从 2013 年 3 月开始,汽车技术系开始实施 7S 学生管理,建立了《7S 寝室管理细则》和《7S 学生管理与考核细则》,通过大力向师生宣传"7S 管理"的内涵,推进"7S 进寝室、进教室",使得全系师生共同理解其重要性和必要性,在环境卫生、寝室考核、教室环境、学生干部管理、德育教育等方面进行 7S 内涵建设:实训基地用品摆放、使用,实训场所整理、整顿、清扫,设备操作等方面规范、安全;教室和学生宿舍的明亮整洁;学生能够全员参与,从身边小事易事做起。

从 2013 年下半年开始,在进一步完善 7S 学生管理的基础上,深化推进"7S 管理"在课堂教学、课程建设、专业培养等方面的融合,让 7S 的纪律性和严谨性不仅表现在学生管理上,而且融入人才培养的内涵建设上来,培养"守规矩、懂技术、善服务、可持续"的新型高素质人才,具体改革内容包括:

① 7S 教育教学材料:深入研究 7S 管理内涵,依据 7S 管理原则,参照企业考核标准,完善汽车类专业人才培养方案,编写 7S 课程教材,制定相关主干课程 7S 课程标准、7S 考核大纲等教学材料。

② 7S 课堂教学:依据高职学生高素质技术技能型人才的特点,细分教师、学生两条主线,依照安全、整理、整顿、清扫、清洁、素养、节约的 7S 环节,展开主干课程 7S 课堂教学改革,创新人才培养模式,变革知识传递方法。

③ 7S 考核:在 7S 课堂教学的基础上,改革传统考试考核方式,形成"教、做、学、考"四位一体的 7S 课程考核形式,强化学生对于知识的消化吸收,突出学生对于企业文化和管理的适应性。

"一主线、两平台、三环境、多通道"人才培养模式实施以来,企业接受学生顶岗实习、学生岗位能力提升、学生就业、企业教师校内兼职等方面都有了长足进步和显著成果。在合作企业接受学生顶岗实习和学生就业情况方面,2013 学年,汽车技术系 1 个专业 78 名应届毕业生,产学合作企业总数为 16 家,合作企业共接受顶岗实习学生 46 人,占所有实习生数的 59%,合作企业共接受毕业生就业数为 22 人,占合作企业实习生数的 28.2%。本学年通过校企合作不断深入,进一步拓展毕业生就业市场,专题分析当前就业形势,加强对学生就业政策理解和求职技巧的指导,帮助就业困难生解决实际问题,实现毕业生 100% 升学或就业。在合作企业选派企业技术人员到学校任兼职教师情况方面,2013 学年,合作企业共选派 10 人到学校任兼职教师,共承担"汽车涂装技术"、"汽车钣金工艺"、"汽车商务礼仪实训"等 6 门课程的教学任务。汽车技术系与绍兴宝顺汽车销售服务有限公司合作开设"宝马班",将"教室"搬到公司,由专任教师和企业兼职教师共同教学,学生"边学边做、学工交替"直至毕业,开创了具有学院特色的"厂中校"。近两年又与浙江金昌集团、浙江物产元通国际汽车广场有限公司、浙江广成集团等企业合作,开办类似的"厂中校",使这种校企合作模式进一步拓展。通过创办"厂中校",使教学更加贴近企业岗位需求,强化学生动手能力培养和职业经验的获取以及熟悉职场氛围,提高学生适应企业工作的能力,实现学生实训、就业与企业对接。

 案例展示

汽车整形专业校企合作 共同制订人才培养方案

校企合作教育是一种人才培养模式,是高职院校发展的必然趋势,是经济发展对教育提出的客观要求,它贯穿整个人才培养的始终,也是高职院校生存、发展的内在需要。在校企合作整体发展的良好势头下,我系陆续与省内20多家汽车维修企业签订了协议,进行全面、深层次的校企合作、产学研结合工作,使教学计划中的课程设置更加合理,并且具有可操作性。同时与合作企业共同探讨高等职业教育与现代企业合作发展的结合点,实现校企的全方位合作。只有学校与用人单位紧密结合,才能使人才培养更具科学性、针对性和实用性,使毕业生更适应社会竞争。

一、行业企业专家的研讨

在问卷基础上,我们邀请8位来自奥迪、宝马、三菱等品牌4S店的整形业一线的技术主管、车间主任(经理)与我系整形技术专业教学团队进行了职业岗位和岗位能力研讨,明确了钣金中工和油漆中工两岗位作为我系整形技术专业毕业生的初始岗位,钣金组长、钣金主管、油漆组长、油漆主管作为经过3~5年实际工作积累后的潜在岗位。依据岗位群和高等职业教育人才培养定位,提炼了典型工作任务和职业能力规格要求,对我系整形技术专业人才培养方案的修订提供了宝贵的意见。

二、系内专业团队研讨

在行业企业专家论证的基础上,汽车整形技术专业教学团队从以下五个方面对人才培养方案进行了进一步的研讨。

1. 汽车运用与维修专业人才培养目标和规格

论证要点:定位是否准确,目标是否明确,是否符合社会人才需求等。

2. 人才培养模式方面

论证要点:是否能满足培养目标要求,是否有课程改革特色等。

3. 课程体系方面

论证要点:课程体系设计能否体现培养目标,专业主要课程能否得到保证,课程、学时设置是否科学合理、是否符合教育规律等。

4. 专业实践环节

论证要点：实践环节设计能否体现培养目标，是否有利于加强学生动手能力、创新能力和实践能力的培养等。

5. 人才培养方案实施保障条件

论证要点：师资力量的配备是否合格，队伍建设是否有持续性，实习实训条件能否满足要求，教科研水平的实际状况如何。

最终得出以下结论：前期人才需求调研比较充分，人才培养定位明确，岗位能力要求经一线专家论证；根据不同的生源情况，课程设置和要求有所区分，具有针对性，能根据岗位能力要求和汽车维修钣金工或汽车维修漆工职业技能等级要求设置课程，其课程体系为培养目标提供了有力的支撑；培养方案具有可行性和可操作性。

三、专业建设指导委员会的研讨

为进一步完善汽车整形技术专业人才培养方案，提高专业教学水平，推动汽车技术系专业群建设，2014 年 5 月 28 日下午在浙江农业商贸职业学院会议室召开了汽车技术系整形技术专业指导委员会会议。

金柏正主任委员首先发表了他对整形技术专业及专业人才培养方案的意见和建议。他指出，整形技术专业需求大，前景广阔，但招生存在一定的难度，须明确专业定位，积极与行业对接，扩大视野。经过热烈的讨论，专家组成员及与会教师在人才培养模式、就业定位等诸多方面达成一致，得出以下结论：

1. 人才培养模式

（1）人才培养双轨制，校内与校外结合，校外导师也有这种需求，可促进学生的培养；

（2）毕业论文的选题应结合学生的实际工作岗位，突出实用性。

2. 培养规格

（1）潜在岗位的设定要与社会需求和专业发展相适应；

（2）潜在岗位可包含店长，未来的发展趋势必然是服务社区化。

3. 就业面向

车主的个性化需求越来越强，应从个性化需求角度挖掘市场。

4. 课程体系

（1）在课程上面，增加部分电子商务课程，比如针对汽车专业的"汽车电子商务"；

（2）调整大学英语课时比例，增加"大学语文"类课程，提高学生文字写作等能力；

（3）增加"汽车构造"课时。

5. 实践教学体系
（1）加强实操，尤其是车辆拆装、小凹坑的修复；
（2）规范流程，注意设备、人员、车辆等的安全；
（3）加强调漆的基础教学和提高；
（4）从多方面加强学生的价值感，教学过程中深化安全教育；
（5）水性漆的应用是发展趋势，应向学生传授相关技术与方法。

6. 课证融合
部分职业资格证书在浙江省内没有相互承认。

7. 其他
（1）加强毕业生的发展稳定性跟踪；
（2）加强对年轻教师的培养，提高师资水平。

综上所述，校企合作是一项于企业和学校都有利的事业，但要进一步拓展校企共同发展的空间，使我系步入可持续发展的良性循环，还有许多许多方面有待探索。要树立开放型办学的观念，树立为企业服务、和企业一起搞职教的观念，以校企合作为突破口，促进专业设备建设、师资队伍建设，提高教学质量。

二、"三农"情怀，优质人才——农商人才的培养理念与规格

人才培养理念即"培养什么样的人"，它是人才培养在精神层面的体现；人才培养规格是学校对培养出的人才质量标准的规定，指受教育者应达到的综合素质，它是学校工作的立足点和重要依据。高等学校人才培养规格是高等学校各专业培养目标的细化，是学校对毕业生培养质量要求的规范，是学校制订教学计划和课程教学大纲，组织教学、检查和评估教育质量的依据，它解决了各专业人才培养的方向。各专业人才培养规格就是按照国家政策和人才市场导向制定符合各专业教育培养目标的综合素质要求，是对各专业人才培养方向和所要达到目标的概括性描述，是经过规定年限的学习，各专业人才在知识、能力和情感方面所达到的基本要求。人才培养理念与人才培养规格是"抽象—具体"的逻辑关系。一般而言，人才培养理念与人才培养目标决定人才培养规格，人才培养规格反映人才培养理念的基本观点。浙农商院以"心中有'三农'，肩上有责任，手头有功夫"作为高职人才培养理念，以"知识、技能和素质"三位一体为人才培养规格。

（一）"心中有'三农'，肩上有责任，手头有功夫"的人才培养理念

"心中有'三农'，肩上有责任，手头有功夫"的浙农商院人才培养理念体现了三个不同的维度："心中有'三农'"是根据学院的办学定位而来，凸显该院学生有别于其他高职院校学生的办学特色，培养的学生更有"三农"情怀，体现出

学院服务"三农",以"农"为本的特点。"肩上有责任"体现了校训"树人成德"的内涵,即要使培养的学生成为有道德、有修养的人,引导学生树立正确的世界观、人生观、价值观、荣辱观。同时这与"心中有'三农'"相互呼应,即学生也要具有关注"三农"、服务"三农"的意识,担负起振兴"三农"事业的责任。"手头有功夫"是校训"行知达材"的形象阐述,即让学生在实践中学习知识和技能,并把知识和技能运用到实践中去,以达到成材的目标。三个维度准确地体现了该院培养德才兼备、知行合一的高端技能型专门人才的理念,彰显了学院作为职业院校的办学特色,与校训高度吻合。

(二)"'三农'情怀·三位一体"人才培养规格的内涵与实施

所谓"'三农'情怀·三位一体"的人才培养规格,指的是在突出"三农"情怀培养的大背景下,知识、能力与素质三维度共育高技能人才的人才规格模型。浙农商院各专业的人才培养规格均根据这三个维度对人才理想状态进行划分与解读,并依此制订人才培养方案。

1. "'三农'情怀"的内涵与实施

学院是一所面向"三农"的高职院校,大学生树立服务"三农"崇高的职业理想,必先起源于对"三农"问题的关注。培养服务"三农"意识,是为更深层次地了解我国农业文明的发展历史、关注农村发展现状以及农村弱势群体等,并将被动接受转化为主动意识行为。学院人才培养的"三农"情怀目标与人才培养理念是一脉相承的,充分体现了学院服务"三农"的办学宗旨:要积极引导学生关注农业发展,关心社会主义新农村建设,关爱农民兄弟。"三农"情怀培养要融入学院人才培养方案,在所有专业中开设"三农"教育必修课;各系要结合本专业群特点开设涉农系列专题讲座;全院学生在校期间要积极参加"走进'三农'"相关社会实践活动(如暑期社会实践、下乡调研、考察等),通过反馈、汇报、感悟等形式切实增强对"三农"的热爱之情。

"三农"情怀的实施载体十分丰富,学校通过课程、讲座、活动培养学生关注农业、关心农村、关爱农民的情怀。同时,"'三农'情怀"实施的各主体也根据自身的特点设计教学体系,开展不同形式的教育活动。

基础教学部(社会科学部)是学校实施学生综合素质教育的主要部门。该部主要在三个方面落实"'三农'情怀":一是"服务'三农'意识培养"理论教学专题。结合学院人才培养要求,社会科学部一直探索构建培养大学生服务"三农"意识体系,整合"思想道德修养与法律基础"、"毛泽东思想与中国特色社会主义理论体系概论"、"形势与政策"课程内容,开设专门的我国"三农"问题教学模块(见表7-1)。二是大力营造服务"三农"的氛围,在配合理论教学的同时,积极拓展第二课堂。大力营造服务"三农"的氛围是为了鼓励大学生深入社会,感

表 7-1 "三农"问题教学模块

专题	内 容
专题一：新中国农业发展的成就	1. 不断探索新农艺、新模式、新品种、新技术 2. 生产保障、农业生产能力大提高问题 3. 不断探索新体系、新农机
专题二：中国农业进入历史新阶段	1. 粮食安全这根弦绷得越来越紧 2. 生态环境压力亟待疏解，实现可持续发展越来越紧迫 3. 经济全球化加剧了农业的国际竞争，技术制高点的争夺越来越激烈 4. 多年积累的一些阻碍发展的因素，其制约性越来越明显
专题三：大力发展现代农业	1. 坚持实行最严格的耕地保护和水资源管理制度 2. 毫不动摇地稳定和完善农村基本经营制度 3. 坚持不懈地推进农业科技进步 4. 持续加大农业支持保护力度
专题四：关注"三农"，走近新生代农民工	1. 新生代农民工在我国建设中的重要地位和作用 2. 新生代农民工的特点 3. 新生代农民工面临的主要难题 4. 努力改变新生代农民工现状的举措探究
专题五：城镇化	1. 把促进人口城镇化作为重要任务 2. 推进征地制度改革 3. 妥善解决农村"三留守"问题
专题六：当前面临的六个瓶颈问题	1. 支撑现代农业新发展的科技创新能力不足 2. 科技成果转化和推广应用水平仍然不高 3. 农业科技人才队伍建设相对滞后 4. 农业科技投入严重不足 5. 农业科技资源配置效率不高 6. 农业企业技术创新能力整体不强
专题七：走中国特色的农业发展道路	1. 要适应基本国情实际，走中国式技术发展道路 2. 要把握科技发展特点，遵循科技发展规律 3. 要以产业需求为导向，注重创新能力建设 4. 要加大农业科技投入，强化政府投入责任 5. 要完善相关法律法规，创造良好的法律环境

受新农村建设取得的成就，激励大学生树立服务"三农"的意识。例如学校开展的"走进美丽乡村"系列社会实践活动，在南岸村同学们赞叹转变发展方式、走新型农业发展道路为农村所带来的巨大变化；在全国文明村上窑村，同

学们感受到了以工带农的社会主义新农村建设成就；在皇甫村，同学们感受到了乡风文明和水乡文化的魅力。让学生实地调研我国新农村建设的状况，既契合了学院特色，也深化了学生对"三农"问题的认识。三是配合时政热点，将十八大精神的学习宣讲与大学生服务"三农"意识的培养相结合。例如学院在进行十八大精神学习的过程中，成立十八大精神大学生宣讲团，组织十八大精神宣讲进农村活动。2014年11月15日下午3点15分，宣讲团成立仪式在基础教学部会议室举行。11月24日、12月1日学院十八大精神大学生宣讲团分别赴斗门镇上窑村、马山镇宁桑村进行宣讲。在上窑村和宁桑村，同学们就农村转变发展方式、实现科学发展、建设美丽乡村、实践生态文明，以及基层党支部建设等问题与党员进行了交流，发放了十八大精神宣传传单，对十八大精神进行宣讲，还深入农户发放调查问卷展开调研。同时同学们还利用假期分赴自己的家乡进行宣讲，先后前往安吉、衢州、绍兴、湖州等地的20多个村进行宣讲，得到了各村委会的好评。将十八大精神的学习与大学生宣讲相结合，让大学生来到农村实地调研，既丰富了学院大学生学习十八大精神的形式，也深化了大学生对"三农"问题的认识，同学们在活动结束后纷纷表示此项活动十分有意义。

具体到各系部/专业层面，按第一、第二、第三课堂各有分工、协同并进的培养思路，重塑新农村、现代农业和职业农民，实施"三农"情景教育。第一课堂注重理论学习和专业技能培训，发挥学生骨干在课堂中的助推作用，引导全体学生加强对农村、农业、农民的认识，锻炼从事农业、农村工作的技能。第二课堂则注重校园"三农"文化建设与学生干部队伍培养，通过"三农"宣传阵地、社团、志愿服务等建设，加强"三农"情景教育，深化对农村、农业、农民的认识，培养情感，锻炼和选拔学生骨干。第三课堂则加强大学生在社会上的锻炼，通过毕业实习、假期社会实践、创新创业实践等，在真实的农业、农村环境中进行适应性训练，完成从学校到社会的过渡，进一步加强和巩固"三农"情怀教育成果。

所谓协同，体现在人和素材两个方面。首先是教师和学生在三个课堂中的协同。专业课教师参与第二、第三课堂建设，指导学生开展团学、社会实践和创新创业实践活动，同时发挥学生骨干在第一课堂上的作用，活跃课堂气氛，带动全体学生创建良好学风。其次是教学素材在三个课堂中的协同。通过文学、文艺等活动形式，充分挖掘专业教学素材，将第一课堂教学素材延伸到第二、第三课堂，实现课内外的有机统一和互动循环。

第一课堂主要在正式课堂上完成。开设专业课及其实训，强化农业教学案例分析，培养农业经营管理能力。开展专业认知教育，参观考察农业企业、博览会等,增加学生对农村、农业的感性认识,拓展视野,展望现代农业、新农村愿景,培养兴趣。开设"认识农村、农业、农民"公选课等通识教育,普及"三农"知识,增强对发展规律的认识,熟悉农村、农业环境,树立现代农业、新农村愿景,培养兴趣。

第二课堂在校园文化活动中完成。加强微博、空间等网络媒体和纸媒体等"三农"情怀宣传阵地建设,宣传农村、农业农民、政策和典型事迹等。通过农村社区志愿服务,了解农村,加深对农民的感情,培养对农村的认同感。通过校园文化活动中对农村、农业、农民题材的选用,以文艺形式,挖掘农村、农业、农民的魅力,增强"三农"吸引力。通过农村、农业、农民主题论坛、演讲、征文等,加强对农业创业、农村工作典型事迹的宣讲,促进对农村、农业、农民认知的交流。通过"三农"主题社团建设,开展"三农"特色活动,培养自主能力,培养从事农村工作、农业创业的学生骨干。通过团委、学生会干部培养,锻炼综合能力,培养从事农村工作、农业创业的学生骨干。

第三课堂在社会实践中完成。深入农民专业合作社、农业企业、农村社区开展专业实习,锻炼综合能力,在真实的农业、农村环境中进行适应性训练,完成从学校到社会的过渡。通过社会实践活动,如暑假(寒假)社会实践,深入基层,认知农村、农业、农民;通过大学生科技创新、新苗人才计划,引导学生思考农村、农业、农民,认识和探索发展规律;通过农业创业实践,挖掘、孵化农业创业项目,培养骨干。

 资料链接

浙江农业商贸职业学院《"三农"情怀》(走进家乡)调研报告考核试题

要求:以"×××(家乡)'三农'现状调查分析报告"为题,撰写一篇1500字以上的报告。

内容提示:每位学生结合在本学期的"三农"情怀讲座和课堂教学,利用寒假时间,结合所学的专业,从如下几方面在自己家乡选择一个项目,通过问卷、访谈、实地调查等多种形式收集材料,进行分析和思考,查找存在的问题,并提出建设性的意见和对策建议。

1. 家乡的特色农业、农产品企业、工业企业等主要经济产业的现状、问题与对策;

2. 家乡主要农产品购销路径、包装、推销、配送渠道、品牌份额等的特色、现状、问题与对策;

3. 农民合作社、农村财务、家乡企业财务等的现状、问题与建议;

4. 家乡农民生活(经济收入、汽车、住房、饮食与健康)等的现状、问题与对策；

5. 家乡生态环境(水、空气、土壤、农业种养殖)的现状、问题与对策；

6. 家乡旅游资源、休闲资源开发、利用，以及新农村建设规划与设计的现状、问题与对策。

评分标准：

1. 字数在1500字及以上，内容翔实，调查报告的要素要求齐全；(20分)
2. 层次分明、论述合理，能够完成逻辑体系；(20分)
3. 调查范围选取具有科学性，围绕家乡展开，数据运用准确；(20分)
4. 主题鲜明，内容具有针对性；(20分)
5. 能够结合所学专业。(20分)

 案例展示

当代农民在追求什么
——关于农民休闲方式的调查与研究

小组成员：韩飘飘、陈嘉雯、楼丹莉、何方园

中国现代化的根本问题是农村和农民的现代化。中国大部分人口生活在农村，中国农民是世界上最大的社会群体。随着农村改革与建设的深入发展，"温饱有余，小康不足"已成为广大农村的一种普遍状况。同时，在取消农业税、新农村建设等一系列政策背景下，广大农村已经从"治理问题"转向"伦理问题"，因此，如何打造和丰富广大农民的精神生活和精神世界，开始凸现为新农村建设的重大问题。而农民休闲不仅是观察农民精神生活的一个极佳视角，也是建构农民精神世界的一个重要切入点。然而，尽管休闲是当代新时尚，与休闲相关的研究也有很多，但从现有的资料来看，目前学术界似乎更偏爱那些生活在城市的"休闲先锋"，而很少问津于广大农民，似乎农民不存在休闲或者并非休闲的主体。鉴于上述背景，我们选择农民休闲方式这一问题进行调查与研究。

一、休闲方式的影响因素

(一) 性别与休闲方式

性别不仅是人的基础生理特征，同时也是人的基本社会特征之一。不同性别的个体，其社会化过程所具有的特点不会一样。对于目前的农村男性和女性来说，他们在选择和从事休闲方式方面也有所不同(见表1)。

表1　农民休闲方式的性别差异　　　　　　　单位:%

性别	休闲方式												
	看电视	串门聊天	搓麻将打牌	探亲访友	读书看报听广播	陪小孩玩	无事休息(闲待)	赶集逛街	听音乐唱歌唱戏	种花养草	上网	体育活动	其他
男	80.4	62.7	37.2	12.7	21.6	29.4	19.6	33.3	12.7	1.0	2.9	9.8	0
女	83.7	68.4	28.6	12.2	18.4	37.8	21.4	33.7	15.3	1.0	6.1	5.1	1.0

表1的结果显示,农村女性在空闲时间里参与最多的休闲方式依次为:看电视(83.7%)、串门聊天(68.4%)、陪小孩玩(37.8%)、赶集逛街(33.7%)、搓麻将打牌(28.6%)、无事休息(21.4%)、读书看报听广播(18.4%)、听音乐唱歌唱戏(15.3%)、探亲访友(12.2%)、上网(6.1%)、体育活动(5.1%)、种花养草(1.0%)、其他类别(1.0%)。农村男性在空闲时间里参与最多的休闲方式依次为:看电视(80.4%)、串门聊天(62.7%)、搓麻将打牌(37.2%)、赶集逛街(33.3%)、陪小孩玩(29.4%)、读书看报听广播(21.6%)、无事休息(19.6%)、探亲访友(12.7%)、听音乐唱歌唱戏(12.7%)、体育活动(9.8%)、上网(2.9%)、种花养草(1.0%)、其他类别(0%)。

从以上数据我们可以看出,看电视是农村男女休闲最主要的内容,选择串门聊天的女性占到大多数,而男性选择搓麻将打牌的人数明显高于女性。

(二)年龄与休闲方式

在分析年龄对休闲方式的影响之前,我们需要对年龄的层次分段进行界定。按照国际统计标准,将调查对象分为五个年龄层次进行研究,即15岁以下(不含15岁)、15-24岁、25-44岁、45-64岁、65岁以上(见表2)。

表2　农民休闲方式的年龄差异　　　　　　　单位:%

年龄段	休闲方式	看电视	串门聊天	搓麻将打牌	探亲访友	读书看报听广播	陪小孩玩	无事休息(闲待)	赶集逛街	听音乐唱歌唱戏	种花养草	上网	体育活动	其他
	15岁以下(不含15岁)	100	59.1	13.6	0	0	0	0	0	0	0	0	0	0
	15-24岁	100	100	100	30.8	26.9	57.5	23.1	42.3	3.8	0	0	0	0
	25-64岁	86.6	68.7	23.4	5.9	19.4	62.7	23.9	39.6	14.9	1.5	4.5	8.2	0
	65岁以上	11.0	50.0	22.2	11.1	44.4	77.8	66.7	50.0	0	0	0	0	0

从上表我们可以看出,看电视是各年龄段共同的主要休闲方式,占到总人数的83%;其中15岁以下(不含15岁)人群的休闲方式只有看电视和串门聊天,分别占该人群总数的100%、59.1%;15岁—24岁的人群的主要的休闲方式依次为:看电视、串门聊天、陪小孩玩、赶集逛街、探亲访友、读书看报听广播、无事休息、听音乐唱歌唱戏;25—64岁人群主要的休闲方式依次是:看电视、陪小孩玩、赶集逛街、串门聊天、无事休息、读书看报听广播、听音乐唱歌唱戏、体育活动、探访亲友、上网;65岁以上人群主要的休闲方式依次是:陪小孩玩、无事休息、赶集逛街、读书看报听广播、串门聊天、看电视、探亲访友。

根据上述分析,我们可以看出:

1. 15岁以下(不含15岁)、65岁以上的人群即儿童和老人休闲方式的种类最少,形式最为单一。这与农村大量农民进城务工造成的留守儿童和留守老人增多的现状密切相关。目前,农村公共休闲活动场所和设施仍然缺乏,难以满足农民的需求,许多老人、儿童只能整日待在家里,没有健康合理的休闲方式。

2. 15-24岁、25-64岁的人群休闲方式与前两者的休闲方式相比较,较为多样,但主要的仍然集中在看电视、串门聊天、陪小孩玩,形式也较为固化、单一。我们认为,造成二者"矛盾"的原因主要有:这两个年龄层次人群的家庭负担比较重,时间上和经济上都有重担,没有多余的精力去从事与养家糊口无关的活动。看电视、串门聊天等既省钱又省事,不需要花费他们太多的精力,因而成为他们最"钟爱"的休闲方式。

但通过以上数据,我们还发现,在这两个层次的人群中,选择读书看报听广播的比例占46.3%。可见,在农村,学习型休闲方式还是占有一定比例的,农民对文化知识还是有着一定的渴望。

3. 赶集逛街是各年龄段的主要休闲方式之一。但从访谈中我们了解到,15-24岁、25-64岁的人群从事这一休闲活动的主要目的是为了购买日常生活必需品,是在维持生活需要;而65岁以上的老人赶集逛街主要是为了消遣,打发时间。这反映出当地农民休闲观念淡薄,休闲方式较为单一,误把维持生活需要的一些行为纳入到他们的休闲活动的范围,不符合我们之前对"休闲"的界定,即"农民在自由支配时间内进行具有补偿功能、发展功能和社会功能的闲暇活动方式,用来满足生活、心理和文化的需求"。

（三）文化程度与休闲方式

表3　农民休闲方式的文化程度差异　　　　单位：%

休闲方式 \ 文化程度	小学及小学以下	初中	高中及中专	大专以上	合计
看电视	83.9	75.7	88.9	100	77.0
串门聊天	59.8	70.3	42.9	100	62.5
搓麻将打牌	42.5	27.0	21.4	22.2	32.5
探亲访友	9.2	20.3	17.90	0	14.0
读书看报听广播	17.2	17.6	64.3	66.7	26.0
陪小孩玩	37.9	36.5	21.4	22.2	34.0
无事休息（闲待）	19.5	17.6	10.7	11.1	17.0
赶集逛街	33.3	28.4	28.6	33.3	30.5
听音乐唱歌唱戏	12.6	13.5	32.1	44.4	17.0
种花养草	0	1.3	5.6	0	1.0
上网	2.2	6.7	35.7	55.6	32.6
体育活动	6.8	9.4	0	0	6.5

根据调查显示：文化程度的高低对农民休闲方式存在一定的影响，即学历不同的人群，其休闲方式也不同。在农村地区，农民的文化程度普遍偏低。在我们的调查中，小学及小学以下学历的人数最多，占44.0%，他们的休闲方式以看电视、串门聊天、搓麻将打牌、陪小孩玩、赶集逛街为主，其中以看电视和串门聊天居多，各占83.9%和59.8%。文化程度为初中的人群，主要的休闲方式还是以看电视、串门聊天为主，各占75.7%和70.3%，但与学历为小学及其以下的人群相比，搓麻将打牌的人数由42.5%下降到27.0%，并且探亲访友、种花养草、上网、进行体育活动的人数有所增加。对于文化程度为高中及中专的人群而言，看电视、读书看报听广播、串门聊天、听音乐唱歌唱戏是他们主要的休闲方式，与前面两种学历的人群相比，听音乐唱歌唱戏、上网、种花养草的人数有明显的增加，其中读书看报听广播的人数占了64.3%，听音乐唱歌唱戏、种花养草、上网的人数共占73.4%。而对于文化程度为大专及大专以上的人群而言，以看电视、串门聊天、读书看报听广播、上网、听音乐唱歌唱戏为主要休闲方式的人居多，其中读书看报听广播的比例占66.7%，听音乐唱歌唱戏占44.4%，上网占55.6%（见表3）。

可见，文化程度越高的人群，其休闲方式更趋于合理；而文化程度越低的人群，其休闲方式就更趋于简单庸俗。在农村中，文化程度偏低的人占大多数，这也导致了在农村地区,农民的休闲方式单调。农民把休闲时间都用在了消遣娱乐活动上,比如看电视、闲待和聊天,而用在提高自身素质的学习提高型、发展型活动(如听音乐唱歌唱戏、上网、种花养草)上的时间却很少。

同时,农民文化程度的普遍偏低也严重制约了农村经济的发展和农民思想素质的提高,这也容易导致不良的休闲行为。受文化程度的制约,几乎没有人想到要利用空闲时间去学习种植养殖技术或者其他的手艺。因此,如何引导农民在休闲时间内学习其他技能知识,提升农民素质,成为新农村建设过程中的一项重要内容。

(四)个人收入与休闲方式

休闲方式本来就是建立在温饱基础之上的,手里闲钱的多少也在很大程度上制约了休闲方式的选择(见表4)。

表4 农民休闲方式的个人年收入差异　　　　　单位:%

休闲方式 \ 个人收入	3 000元以下	3 000~5 000元	5 000~8 000元	8 000元以上	合计
看电视	86.4	93.1	76.9	81.3	87.1
串门聊天	80.2	68.9	92.4	25.0	72.7
搓麻将打牌	37.0	48.3	30.8	50.0	40.3
探亲访友	12.3	3.4	15.4	12.5	10.8
读书看报听广播	16.0	20.7	15.4	31.3	18.7
陪小孩玩	35.9	27.6	23.1	12.5	30.2
无事休息(闲待)	17.3	27.6	38.5	12.5	20.9
赶集逛街	40.7	27.6	7.8	31.3	33.8
听音乐唱歌唱戏	6.2	3.4	15.4	31.3	9.4
种花养草	1.2	0	0	0	10.7
上网	1.2	0	0	6.3	1.4
体育活动	6.2	0	7.8	0	4.3
其他	1.2	0	0	0	0.7

1.从以上数据可以看出,个人年收入不同的人群选择的休闲方式有所不同。其中,3 000元以下个人年收入段人群参与的休闲方式主要是:看电视(占86.4%)、串门聊天(占80.2%)、赶集逛街(占40.7%)、搓麻将打牌(占37.5%);3 000~5 000元个人年收入段人群参与的休闲方式主要是:看电视(占93.1%)、串门聊天(占68.9%)、搓麻将打牌(占48.3%);5 000~8 000元个人

年收入段人群参与的休闲方式主要是：串门聊天（占92.4%）、看电视（占76.9%）、无事休息（占38.5%）；8 000元以上个人年收入段人群参与的休闲方式主要是：看电视（占81.3%）、搓麻将打牌（占50.0%）、读书看报听广播、赶集逛街、听音乐唱歌唱戏（均占31.3%）。

2. 根据上述数据分析得出，个人年收入越高的人群其休闲方式越倾向于发展享受型。随着个人年收入的增加，选择听音乐唱歌唱戏作为休闲方式的人群，所占比重也呈增加的趋势。具体比例为：个人年收入为3 000元以下者占6.2%，个人年收入为3 000~5 000元者占3.4%，个人年收入为5 000~8 000元者占到15.4%，个人年收入为8 000元以上者占到31.3%。再如在以读书看报听广播作为休闲方式的人群中，个人年收入为3 000元以上者占16.0%，个人年收入为3 000~5 000元者占20.7%，个人年收入为5 000~8 000元者占15.4%，个人年收入为8 000元以上者占31.3%。

3. 就总体而言，由于农村经济条件比较落后，现实情况不能满足农民主观上的精神文化生活需求，他们只能被迫接受简便可行且易组织、不需要很多成本或花费的休闲方式，如看电视（占总人数的87.1%）、串门聊天（占总人数的72.7%）、搓麻将打牌（占总人数的40.3%）等。

4. 根据上述数据可以看出，看电视、串门聊天、搓麻将打牌是各收入段人群的主要休闲方式，由于农村公共休闲活动场所和设施缺乏等客观因素的影响，包括农民中收入相对较高的人群在内，其休闲方式仍然较为单一，且大多数是传统的休闲方式，几乎没有网络等现代科技因素的踪迹。

二、小结

本研究通过对调查资料的统计分析，从江西农民的休闲活动结构、休闲时间结构、休闲心态三方面来描述江西农村休闲的现状和特点，得到的结果主要有以下几点：

（一）农民的休闲活动结构

1. 农民休闲活动主要以消遣娱乐型为主，选择求知学习型和休闲健身型的较少。

2. 农民休闲方式较为固化、单一，看电视成了他们接受外界信息最重要的方式，同时也成为休闲的主要方式之一。

3. 农民休闲方式简单庸俗，只能满足他们消遣的需要，而无法达到提高自身素质等其他目的。

4. 因性别、年龄、文化程度、个人年收入等因素的不同，农民之间的休闲活动结构差异性明显。

5. 农民休闲范围比较狭窄，农村休闲活动的场所少，自家庭院成了农民休闲的第一空间。

（二）农民的休闲时间结构

1. 农民的休闲时间普遍比较充裕。

2. 女性的闲暇时间一般比男性多。

（三）农民的休闲心态

1. 农民的家庭支出用于文化娱乐消遣方面的很少。

2. 农民对休闲的概念模糊，休闲意识淡薄，休闲观念滞后。

3. 农民对休闲生活的满意度较低。

4. 大部分农民都有一定的精神文化需求，都希望政府在农民休闲方面发挥引导作用，为农民休闲活动创造一定的客观条件。

5. 农民对政府提供休闲服务的期待很高，但现状无法满足他们的需求。

2. "三位一体"的内涵与实施

（1）知识、能力与素质"三位一体"的内涵

"三位一体"即知识、能力与素质三维度相融合，通过三要素的融合达到学生岗位综合能力培养与发展的目的。

知识是指人们在为适应生存环境而进行的实践活动中所获得的认识和经验的总和。知识是人置身于社会，开启个人智慧与才能的前提条件，知识拥有量反映着个人所受教育的程度。

知识的基本特性包括：一是具有可迁移性。知识是不能遗传的，它只能在接受教育或训练中通过学习、领悟或应用获取。二是在内容选择上具有方向性。知识是无穷的，人们在摄取知识时总是依据自身发展的需要选择对自己有用的部分，尤其是在有限的学习时间内，这种选择的方向性、目的性会更突出。三是知识体系的构成具有灵活性。作为一门知识，一般可按照实际的需要构建成不同的体系，既可按学科自身的要求构建理论性体系，又可按实践要求（如培训某项技能的要求）构建应用性体系；既可按知识的逻辑线索构建体系，也可按知识的功能用途构建体系。四是不同知识间具有融通性。这使知识的传授秩序允许和能够采取不同的路径，或从原理讲到方法，或从方法带出原理；或从基础知识讲到专业知识，或在专业知识讲授中穿插文化基础知识；等等。五是在检验方式上具有多样性。知识既可通过笔试或口试直接检验，也可间接地体现在人的素质水平、能力强弱之中。

能力是指一个人能够胜任某项工作的本领。在现代教育中，能力被定义为学习和应用知识的智力。在高职教育中，能力更偏向于胜任某一岗位所需要的能力。能力作为一个人立足社会，获得社会承认的基本条件，与其从事的工作岗

位及业绩紧密相连。心理学家关于智力的观点主要有四种：1）智力是对新环境的适应能力；2）智力是学习的能力；3）智力是处理复杂与抽象思维的能力；4）智力是各种能力的总和。智力主要是指人的认识能力和实践能力所达到的水平，主要包括观察能力、记忆能力、思维能力、想象能力与实践活动能力。能力可分为一般能力和特殊能力两种。观察能力、记忆能力、想象能力、思维能力与实践活动能力都属于一般能力。这些能力都是人完成一切活动所必要的。节奏感能力、色彩鉴别能力属于特殊能力，是某种活动才需要的。例如体操活动需要节奏感能力，绘画活动需要色彩鉴别能力。

　　与知识相比，能力的特性主要表现在：第一，能力生成具有实践性。能力不能迁移，而必须通过亲身反复地实践练习才能获得。第二，能力目标的设定具有客观性和对象性。要求学生具备什么样的能力，必须而且只能着眼于培养对象的客观需要。由于培养对象不同，其能力目标及其结构是不相同的。第三，能力对知识具有依赖性。不论是思维能力或动手能力，都必须有知识的支撑。第四，能力的检验方式具有具体性和条件性。能力是具体的，因而检验能力的强弱，只能在特定条件下通过对具体问题的分析处理或操作来实现。第五，能力还具有用进废退的特性。能力总是越练越熟越精巧，长期闲置不用，能力便会退化。

　　所谓素质，按其本意是指人或事物的本来性质和原有基础。在教育学中，素质是指以个人先天的禀赋为基础，经过学习、实践所形成的内在素养和品质，包括人的思想、道德、知识、能力、身体和心理等方面。素质是一个人生存和发展所具备的各种条件的综合，它决定着一个人的精神境界和对社会贡献的大小。

　　素质的特性包括：一是具有可塑性和相对稳定性。素质是可以培养的，它不但能在后天学习、训练中得以完善和发展，而且可随着知识的积累、能力的增强及其他方面的提高而升华。素质又是相对稳定的，这不仅表现在原有素质要影响接受教育训练的进程和质量，还表现在新素质的形成将对人的发展持久地产生推动或阻碍作用。二是素质结构具有综合性。素质构成中既含有物质形态的（如身体）因素，又含有精神形态的（如思想、道德、心理等）因素；既是智力各要素的综合反映，又是智力与非智力因素的辩证统一。三是素质品位具有层次性。在一个特定的社会群体中，其素质品位可区分为高、中、低不同层次；在同一层次中，素质同样具有高低之别。四是素质具有内涵的客观性和表现形式的主观性。一个人的素质高低是客观的，但考察方式又是间接的，一般要通过对素质各个方面的综合观察、分析才能把握，而不像检验知识、能力那样直观和具体。五是素质高低与人的潜能开发具有同一性或一致性。就在校学生来说，高素质是指在现有条件下，其潜在的智能和技能得到比较充分的开发,能调动起积极的思维力和创造力,既能满足第一任职岗位的需要,又有继续发展的基础。

(2) 知识、能力与素质"三位一体"的辩证关系

第一,知识是能力与素质形成的基础,又是能力与素质发展的力量源泉。首先,知识是能力生成的逻辑起点,能力是在实践中由知识转化而来的。诸葛亮曾说:"为将而不通天文、不识地理、不知奇门、不晓阴阳、不看阵图、不明兵势,是庸才也。"这说明,无识便无才,任何能人总是以拥有丰厚的知识为前提的。同样,能力的提高须臾也离不开知识的更新与提高。邓小平指出:"现在打仗,我们的军官没有现代战争知识不行,要有知识,天上、地下、陆上、水上,包括通信联络都要懂得。"当今世界已进入信息时代,对人的能力要求更加全面,而这些能力的生成必须依托于不间断地摄取知识。在现实生活中,尽管也存在人的知识不多,能力却较强的现象,然而这种能力是有限的,而且断定会走向枯竭。

第二,能力是知识与素质的外在表现,又促动着知识的更新与素质的完善。首先,知识的价值要通过人在实践活动中的能力来体现,知识的更新也有赖于能力的发展。如果一个人只有满腹经纶,而不能学以致用,转化为建功立业的能力,那么,不论这个人的知识多么高深、广博都是没有价值的。同时,掌握知识本身也必须以一定的能力为前提,因为没有思考、判断等能力就不可能学习知识,这些能力的强弱决定着掌握知识的快慢、深浅和巩固程度。能力体现知识,能力更重于知识,正如著名科学家爱因斯坦所说:"发展独立思考和独立判断的一般能力,应当始终放在首位,而不应把获得专业知识放在首位。"其次,能力是素质的外在反映,是素质的标志之一。素质的差异往往表现为能力的差异。现代人事理论指出,开发人才资源,培养高素质人才,主要包括两个方面:一是激发其活力,二是提高其能力。一个人的活力是内在的、深层的,总是通过相应的认识能力和实践能力表现出来的。只有在活力驱动下的能力充分发挥,才能创造出辉煌的业绩,展现其高品位的素质。由此也可看出,能力在素质结构中,具有极为重要的地位和作用。

第三,素质是包含知识与能力在内的综合反映,又制约着知识运用与能力发展的层次品位。知识和能力是素质构成的主要因素,知识摄取量和能力水平都直接影响着素质的高低。反之,一定的素质又对知识应用和能力发展的方向、水平、质量、效果产生制约作用。这是因为:首先,素质除了包含知识、能力(智力)这些因素外,还包含着非智力因素,如理想、兴趣、动机、情感、意志和性格等。而这些非智力因素尤其是理想、信念、道德、情感等不仅会影响而且能决定知识运用与能力发展。其次,素质的核心是道德品质。在德育与智育中,德育是首位

的,也就是决定人才质量的首要标准是德育水平,其次才是智育。再次,即使在具备相同知识和能力,甚至于知识、能力都极强的条件下,个人的发展与对社会的贡献也会不同。譬如诸葛亮和周瑜,他们的知识和能力都是很强的,但周瑜的心胸狭窄、心理脆弱,最终在与诸葛亮的斗智中因不甘失败而气绝身亡,留下"既生瑜,何生亮"的千古绝叹。这其中的差别就在素质。

总之,知识、能力、素质相互依存、相互渗透,其发展是一个同步提升的过程。在教学工作中,教师应确立以知识为基础的观念,防止轻视知识或片面追求知识的倾向;要确立以能力为目标的观念,防止和克服忽视能力或片面追求专业技能的倾向;要确立以素质为核心的观念,防止和克服空谈素质或片面追求素质的倾向。要确保知识、能力和素质互相促进、协调发展。

(3)浙农商院"三位一体"专业人才培养规格的实施

从历史的观点看,职业教育的发展随着社会发展、科技进步而发展。在工业革命时期,职业教育重视技能技术教育。而在我国的工业化时期,培养大批生产、建设、管理、服务一线所需要的技术技能型人才是十分必要的。在此背景下,职业教育重视培养学生的技术、技能素养,忽视了人格方面的塑造。现在的情况是,科技发展、经济转型升级,尤其是在由"中国制造"向"中国创造"跃进的背景下,所需要的职校生应当是既能动手又能动脑、既能生活又能生存、既能做事又能做人、既能就业还能创新创业的全面发展的未来职业者。总之,人才培养规格的确定和实施要首先从一线岗位入手,通过准确严格的岗位分析以确定人才的基本特征。

职业活动是指职业岗位工作中相对独立的、系统的、关联的一个个工作,每个职业活动都有自身的工作流程。典型职业活动是在职业活动中对于完成产品或服务项目起重要作用、具有代表性和完整性的工作。这些活动既具有该职业的典型职业特征,体现综合化的、完整的工作过程,同时又具有促进该职业的职业能力发展的潜力。典型职业活动调研分析是课程开发的基础性工作。在第一阶段基础调研的基础上,通过开展专题调研,确定职校生所对应的职业岗位群的典型职业活动,并对典型职业活动的职业特征,从典型职业活动描述、工作岗位、工作对象、工具器材、工作方法、劳动组织、工作要求以及职业资格标准8个方面进行系统分析和描述,填制《典型职业活动分析表》。这是课程开发最重要的环节,也是确定人才培养规格的主要依据。以会展策划与管理专业为例,根据对应岗位群的职业特点做了详细的职业岗位典型工作过程分析(见表7-2),在此基础上确定了本专业"知识、技能与素质"构成的三位一体人才培养规格(见表7-3)。

表 7-2　会展策划与管理专业职业岗位群典型工作过程分析

岗位	工作领域	典型工作任务	职业能力	课程支撑	资格证书要求
岗位1：会展策划师	工作领域1-1：会展策划	品牌策划 展览策划 活动策划 设计策划 婚庆策划 农博会创意策划	职业能力1-1-1： 掌握策划方面的专业知识和技能,具有较强的展览及品牌实际操作能力 职业能力1-1-2： 熟悉我国有关展览的方针、政策和法规 职业能力1-1-3： 了解国际会展市场的惯例与规则 职业能力1-1-4： 掌握设计主题的文案创意撰写知识 职业能力1-1-5： 掌握主题设计策划书的撰写知识	会展策划 会展营销与礼仪 文案撰写 会展项目管理 沟通与技巧	会展策划师（高级）
	工作领域1-2：项目管理	会展经营管理 会展项目管理 农博会项目管理	职业能力1-2-1： 掌握会展项目立项及立项书撰写的能力 职业能力1-2-2： 掌握会展项目可行性研究的分析和报告的撰写能力 职业能力1-2-3： 熟悉会展项目组织结构和职责等 职业能力1-2-4： 熟悉会展项目的财务管理 职业能力1-2-5： 熟悉会展项目的实施控制 职业能力1-2-6： 熟悉会展项目的合同管理 职业能力1-2-7： 熟悉会展项目的危机管理		

续表

岗位	工作领域	典型工作任务	职业能力	课程支撑	资格证书要求
岗位2：广告设计师	工作领域2-1：会展视觉设计	工作任务2-1-1：会展广告设计 工作任务2-1-2：包装设计 工作任务2-1-3：VI视觉识别设计 工作任务2-1-4：图形创意设计 工作任务2-1-5：编排设计 工作任务2-1-6：书籍装帧设计 工作任务2-1-7：网页设计（网页美工） 农博会创意设计	职业能力2-1-1：掌握广告设计和VI视觉识别设计的能力 职业能力2-1-2：掌握设计招贴广告、报刊广告、书籍装帧设计的能力 职业能力2-1-3：根据设计对象特点，独立完成图形创意 职业能力2-1-4：熟悉印刷材料和工艺，能够完成版式的整体设计 职业能力2-1-5：了解商品的特征和消费群体的消费心理 职业能力2-1-6：熟悉包装造型原理 掌握网页设计要点，能独立完成网页店铺装修	设计概论 构成 设计绘画基础 计算机辅助设计（CAD）（PS）（AI）（3Dmax） 手绘表现技法 会展视觉设计 消费心理学 会展多媒体应用	广告设计师（中级）
	工作领域2-2：会展视觉制作	工作任务2-2-1：图文制作 工作任务2-2-2：计算机图像处理 工作任务2-2-3：包装打板 工作任务2-2-4：印刷制作	职业能力2-2-1：熟练掌握图形制作软件，能够完成平面图形制作及文本输出 职业能力2-2-2：掌握相机设备，能够采集各种图像素材并处理 职业能力2-2-3：具备良好的构图能力和色彩素养，能应用到广告项目中 职业能力2-2-4：能够对设计作品进行打样制作		
	工作领域2-3：商业摄影	工作任务2-2-1：广告摄影 工作任务2-2-2：图像后期处理	职业能力2-3-1：熟悉商业广告摄影原理 职业能力2-3-2：根据企业要求，对商业图像进行采集和后期处理	广告摄影 计算机辅助设计	

续表

岗位	工作领域	典型工作任务	职业能力	课程支撑	资格证书要求
岗位3：展示设计师	工作领域3-1：展位设计	展位设计 展会布展设计 展位装饰设计 展示图片、图像文稿设计	工程制图 装修工程预算 效果图制作 平面图像处理 灯光照明设计 方案、提案表达能力	构成基础 艺术设计概论 展示手绘效果图 展示工程CAD 计算机辅助设计3D 展示策划及项目管理 展览材料与工艺展示 展台设计	会展设计师（三级）
	工作领域3-2：活动、舞美设计	节日庆典会场设计 会议、活动现场设计 舞美设计			
	工作领域3-3：商业空间展示设计	专卖店展示设计 商业展厅设计 文化类展厅设计 农博会展厅设计			

表7-3 会展策划与管理专业三位一体人才培养规格

知识	能力	素质
①掌握会展策划、会展营销、项目管理等专业理论知识 ②掌握会展材料选择、展台搭建及辅助设施资源整合的专业理论知识 ③掌握会展设计、广告设计、企业形象设计的基本理论知识 ④掌握计算机辅助设计方面的相关知识 ⑤掌握就业与创业的相关知识	①具有一定的会展策划的能力 ②具有一定的设计理念和创新意识 ③具有一定的透视与手绘表现能力 ④具有较强的平面广告设计能力 ⑤具有较强的专业设计软件的应用能力 ⑥具有较强的会展设计制作及广告设计制作的综合能力 ⑦具有较强的沟通社交能力和应变能力 ⑧具有较强的组织、协调能力及团队合作精神 ⑨具有较强的自学能力及开拓创新能力	①具有科学的社会价值取向 ②具有"关注农业、关心农村、关爱农民"的情怀 ③具有较强的法律意识，尤其是会议展览所涉及的中外社会、经济相关法规 ④具有良好的社会公德和道德品质 ⑤具有讲诚信、善合作、会融通的素质 ⑥具有良好和谐的人际关系 ⑦具有健康的心理和体质 ⑧具有良好的职业道德和职业操守 ⑨具有扎实的会展设计能力和规范的职业行为 ⑩具有参与展览布置、展示以及项目策划的基本技能

从工作过程分析中得出的知识、能力与素质三要素模型既从宏观层面分析了胜任岗位所需要的基本成分，又从微观层面提出具有可操作性的指导意见。尤其是将"'三农'情怀"贯穿于所有专业的素质成分之中，充分彰显了涉农学校服务"三农"事业的决心和责任。其他部分专业的三要素模型见表7-4。

表7-4　部分专业"三位一体"人才培养规格

专业名称	知识要求	技能要求	素质要求
产品造型	① 掌握产品造型设计的基本理论知识 ② 掌握产品结构、工程技术、材料工艺、工程制图等专业基础知识 ③ 掌握各种产品模型模具及工艺制作的相关知识 ④ 掌握有关电脑辅助设计的基本知识及应用能力	① 核心能力：产品创新设计、产品外观造型设计、产品包装设计 ② 具备产品造型设计和创新研发能力 ③ 具备计算机辅助设计能力 ④ 具备模型模具的手工制作能力 ⑤ 具有较强的创新意识和创新能力	① 热爱社会主义祖国，拥护党的基本路线，懂得马克思列宁主义、毛泽东思想、邓小平理论和"三个代表"重要思想的基本原理，树立爱国主义、集体主义和社会主义观念，具有良好的思想品德 ② 具有较强的人际交往、工作协调和业务组织能力 ③ 具有一定的计算机应用能力，有较强的学习能力 ④ 具有创新精神、良好的职业道德和健全的体魄 ⑤ 具有参与产品设计、项目创新的基本技能 ⑥ 具有"关注农业、关心农村、关爱农民"的情怀 ⑦ 包括职业道德、学院人才培养的素质目标、"三农"情怀目标以及本专业就业岗位所对应的职业素质要求
电子商务	① 具有大学专科层次的文化基础知识 ② 掌握电子商务专业必备的基础知识，能在与电子商务有关的机构、网站、企业从事电子商务实际工作 ③ 掌握计算机网络、信息管理软件设计及电子商务网站建设维护的相关知识 ④ 掌握网络营销、客服服务及物流管理的相关知识	① 具有一定的电子商务网络信息资源的收集、分析和发布能力 ② 具有电子商户客户服务与管理的能力 ③ 具有网络营销与网络支付能力 ④ 具有一定的物流配送能力 ⑤ 具有对电子商务系统进行一般的管理、应用与维护能力 ⑥ 具有电子商务网页设计与制作能力 ⑦ 具有电子商务网站建设、管理与维护能力 ⑧ 具有一定的商品信息计算机管理能力	① 热爱社会主义祖国，拥护党的基本路线，懂得马克思列宁主义、毛泽东思想、邓小平理论和"三个代表"重要思想的基本原理，树立爱国主义、集体主义和社会主义观念，具有良好的思想品德 ② 热爱电子商务专业职业，遵纪守法，团结协作，爱岗敬业，树立服务质量第一的观念，具有良好的职业道德 ③ 具备较快适应生产、建设、服务、管理第一线岗位需要的实际工作能力和身体素质 ④ 具有创新精神、良好的职业道德和心理素质 ⑤ 具有"关注农业、关心农村、关爱农民"的情怀

续表

专业名称	知识要求	技能要求	素质要求
国际贸易实务	① 掌握必要的外语基础知识和实用的经贸外语知识 ② 掌握一定的计算机应用知识 ③ 掌握本专业所必需的经济学、金融学等基础理论知识 ④ 掌握法律基础知识和有关经济法、国际商法的专门知识 ⑤ 掌握国际贸易业务的基本理论知识和进出口业务基本知识 ⑥ 掌握纺织品检测的基本知识 ⑦ 掌握国际货运代理的基本理论知识	① 具有对国际经贸形势基本的分析与判断能力 ② 具有进出口交易磋商、函电处理与撰写、签订合同能力 ③ 具有进出口成本核算、信用证审核、单据制作与结汇能力 ④ 具有履行合同、报关报检、规避与处理商务争端与纠纷的基本能力 ⑤ 具有基本的国际贸易经营与管理能力 ⑥ 具有识别和检测常用纺织品的能力 ⑦ 具有办理国际货运与保险的能力	① 热爱社会主义祖国,拥护党的基本路线,懂得马克思列宁主义、毛泽东思想、邓小平理论和"三个代表"重要思想的基本理论,坚持科学发展观,树立爱国主义、集体主义和社会主义观念,具有良好的思想品德 ② 具有"关注农业、关心农村、关爱农民"的情怀 ③ 掌握国家政策、法律、外贸体制,熟悉国际贸易、国际支付与结算、运输、保险等相关业务 ④ 掌握国际贸易的具体操作程序,能独立进行各个环节的操作 ⑤ 具有团结协作的精神以及协调工作的素质 ⑥ 具有艰苦创业的精神和不断创新的观念 ⑦ 具有创新精神、良好的职业道德和健全的体魄
合作社经营管理	① 熟悉合作社发展历史、国外合作社的发展概况、合作社基础知识、计算机应用等基础理论知识 ② 掌握合作社经营、合作社管理、合作社组织结构、农产品营销、合作社生产运作等基本理论 ③ 掌握财务管理、合作金融与信贷理论知识 ④ 掌握农民专业合作社法	① 具有合作社经营、管理、指导和评估等方面的基本能力 ② 具有一定的合作社创办、设计的基本能力 ③ 具有农产品营销、贸易的实践能力 ④ 具有与农业一线人员、管理人员以及政府基层人员沟通、协作、交流的能力	① 热爱社会主义祖国,拥护党的基本路线,懂得马克思列宁主义、毛泽东思想、邓小平理论和"三个代表"重要思想的基本原理,树立爱国主义、集体主义和社会主义观念,具有良好的思想品德 ② 具有较强的敬业精神、责任意识以及较好的诚信与忠诚品质 ③ 具有较好的开拓精神和健康的体魄 ④ 具有"关注农业、关心农村、关爱农民"的"三农"情怀

三、讲诚信、善合作、会融通——农商人才培养目标

高等职业教育需要培养什么样的人才？高等职业教育在我国的发展历程及其人才培养目标定位有何变化？在现代职业教育体系中，高职院校如何找准定位，实现专科层次职业教育人才的"专、精、高"之培养？这是我们讨论高等职业教育人才培养目标时需要厘清的问题。

（一）高等职业教育人才培养目标的历史演变

从20世纪80年代初，具有职业教育性质的短期大学诞生以来，根据我国高等职业教育人才培养目标的一系列表述，结合我国经济发展对高等职业教育的影响，我国的高等职业教育人才培养主要经历了从探索到规模发展再到体系化成型的三个阶段。也有学者认为我国高职教育人才培养目标经历了"孕育、探索、成型、深化"四个阶段（郑玉清，2014），其内涵与三阶段划分基本一致，此处不再赘述。

1. 探索阶段——实用技术人才的培养

改革开放初期，沿海经济对外开放地区出现了技术人才供应不足之现象。为了有效解决这一问题，沿海经济较为发达地区出现了江汉大学、金陵职业大学、无锡职业大学等13所短期职业大学，开创了我国高职教育的先河。后来，这些学校的这种办学形式得到了教育行政部门的认可，教育部也在相关文件中给予了规范："根据地方的需要，按照灵活的教学计划招收自费走读的学生，使学生将来可担任技术员的工作。"可以判定，职业大学建立初期的目标是培养一线技术人才，解决企业需要的具备技术操作能力的工人。1985年，原国家教委批准在上海电机制造学校等3所中专学校的基础上试办五年制技术专科教育，其目的在于为我国经济建设战线培养大批中级和高级专业技术和管理人才。在这一表述中，技术人才之外的管理型人才也被纳入到了高等职业院校的培养行列。此外还增加了"以培养应用型、工艺型人才为主要目的"的表述，进一步明确了高职教育的人才培养类型。1991年，原国家教委与中国人民解放军总后勤部共同批准建立邢台高等职业技术学校，试办专科层次的高等职业技术教育，学制为三年。学校的培养目标表述为"拥护中国共产党的领导，坚持社会主义方向，德智体全面发展，掌握有关专业的基本理论知识，具有较强的动手能力，一般应达到五级及其以上技术等级的技艺型人才"。这里对技术人才提出了具体的等级要求，进一步明确了高等职业教育人才培养目标和规格。同年10月，国务院要求"积极推进现有职业大学改革，努力办好一批培养技艺性强的高级操作人员的高等职业学校"。这里又将人才培养目标规定为"技艺性强的高级操作人员"。1995年8月，原国家教委在全国高等职

业教育研讨会上提出：高等职业教育是属于高中阶段教育基础上进行的一类专业教育，是职业教育体系中的高层次，培养目标是生产服务第一线工作的高层次实用人才。这类人才的主要作用是将已成熟的技术和管理规范变成现实的生产和服务，在生产第一线从事管理和运作工作。这类人才一般称之为高级职业技术人才。1996年6月，国家教委主任朱开轩在全国职业教育工作会议上指出："从我国国情出发，高等职业教育主要培养高中后接受两年左右学校教育的实用性、技能型人才，优先满足基层第一线和农村地区对高等实用人才的需要。"可以看出这一阶段主要是想培养能够传承和熟练使用技术的高层次实用技术人才，没有对人才的创新能力提出要求。

2. 规模发展阶段——高技能人才的时代需求

在高等教育大众化发展的背景下，高等职业教育规模化发展的序幕逐渐拉开。1996年6月，中共中央国务院指出要大力发展高等职业教育，培养一大批具有必要的理论知识和较强实践能力，生产、建设、管理、服务第一线和农村急需的专门人才。2000年1月，国务院指出高等职业院校的主要任务是，面向地方和社区经济建设和社会发展，适应就业市场的实际需要，培养生产、服务、管理第一线岗位需要的应用性、技能型专门人才。同月，教育部指出高职高专教育"培养拥护党的基本路线，适应生产、建设、管理、服务第一线需要的，德智体美等方面全面发展的高等技术应用型专门人才；学生应在具备必备的基础理论知识和专门知识的基础上，重点掌握从事本专业领域实际工作的基本能力和基本技能，具有良好的职业道德和敬业精神……以培养高等技术应用性专门人才为根本任务；以适应社会需要为目标、以培养技术应用能力为主线设计学生的知识、能力、素质结构和培养方案，毕业生应具有基础理论知识适度、技术应用能力强、知识面较宽、素质高等特点"。2003年12月，全国人才工作会议提出了培养"高技能人才"的要求。同月，教育部部长周济根据我国制造业发展的新需求指出："我们现在的高等职业教育，就是要定位在技能型、应用型人才培养。"这在一定程度上反映了以学生就业为导向的办学理念。2004年2月，周济部长在第三次产学研结合经验交流会上针对我国现代制造业与服务业发展的新动向指出："现代制造业与服务业的人才培养与传统的制造业和服务业不同，关键不在于手头的功夫和感觉，而在知识和技能的结合上，也就是知识技能型人才，高等职业教育就是要培养这类人才。""坚持以服务为宗旨，为社会主义现代化建设培养高技能人才。"这次会议确立了我国高职教育人才培养目标发展的新方向，也为此后10年的高职教育人才培养指明了改革与发展的方向。2006年11月，根据21世纪经济社会发展的新情况和素质教育的需要，教育部要求高职院校把改革方向转向内涵建设，同时提出"要高度重视学生的职业道德教育和法制教育，重视培养学生的诚信品质、敬业精神和责任意识、遵纪守法意识,培养出一批高素质的技能性人才……要针对高等职业院校学生的特点,培养学生的社会适应性,教育学生树立终身学习理念,提高学习能力,学会交流沟通和团队协作,提高学生的实践能力、创造能力、就业能力和创业能力,培养德智体美全面发展的社会主义建设者和接班人"。这里"高技能人才"的提出,实际上就是要强调学生综合素质和高技能的培养。不仅包括前一阶段所重点强调的对高层次实用技术人才的要求,还包括职业道德、职业法律意识、终身学习、就业创业能力、良好心理素质等一系列综合素质。2011年8月,教育部要求高职院校"培养生产、建设、服务、管理第一线的高端技能型专门人才"。这种表述直接确定了"高端技能型人才"的培养目标,这也是在新形势下对专科层次职业教育人才培养做出的审时度势、回归教育之变革。

3. 体系化成型阶段——高素质技术技能型人才

2012年6月教育部颁发的《国家教育事业发展十二五规划》对高职教育的人才培养目标进行了新的定位,即"高等职业教育重点培养产业转型升级和企业技术创新需要的发展型、复合型和创新型的技术技能人才"。这一表述有几个新变化:一是突出了高职办教育的大背景——服务产业转型升级和企业技术创新;二是人才的三个显著特征——发展型、复合型和创新型;三是对人才类型的新要求——技术技能型。大背景的变化是经济形势对教育,尤其是职业教育提出的普遍要求,中国正在经历一场深刻的社会变革,经济发展进入了深水改革区,粗放式经济发展道路已经逐渐被以创新和循环可持续为特征的集约式经济发展所替代,这就对具有创新意识和能力以及新技术观念的人才培养提出了要求,传统的培养一线技术工人的定位已经不能满足经济转型发展带来的对新兴技术技能人才的需求。而人才的三个显著特征正是对这一变化的最直接呼应:发展型着眼于人才的未来发展与终身教育,复合型强调人才所具备的综合素质与能力,创新型要求人才的发展与贡献具备更有活力、更有新意、更为科学之元素。而这一切要求都落脚于新人才类型观——技术技能型。

从一线技术工人,到高技能人才,再到高素质技术技能型人才。这种培养目标表述的不断变化,反映了我国经济发展形势及其对人才需求的不断变化。同时也从侧面反映了高等职业教育从"实用型人才"向"综合性人才"的培养方向的转变,是逐步回归教育本质的表现。高等职业教育培养目标的变化历程为我们深入剖析高等职业教育,尤其是具体到某一所高等职业院校的培养目标与培养模式提供了重要参考。

(二)探寻"高素质技术技能型人才"之培养目标

前面分析了高等职业教育培养目标的历史发展脉络,从中看到了高职教育与经济社会发展之间所暗含的密切关系,也反映了教育作为促进人的自我发展之根本目的在高职教育中的体现。这种将教育理念与社会经济发展元素混合于一体的发展脉络正体现了职业教育的特殊性。当前指导高等职业教育的人才培养目标可以概括为"高素质技术技能型人才"。如何去理解这一表述？它对于高职院校确定自身的培养目标有何指导意义？下文将展开论述。

首先,这一表述的落脚点在于"技术技能型人才"。从语言的角度,对此概念有两种分析:其一,将"技能人才"作为主体,"技术"是修饰语,即(技术)技能人才,强调技术的技能型人才。其二,将"人才"作为主体,"技术"和"技能"作为并列的修饰语,即(技术、技能)人才,技术型人才和技能型人才并重。这两种划分所导致的结果是显然不同的。第一种分析的结果是技能人才的培养,即没有突破"技术员"思维的障碍,其培养目标仍然是以一线操作工或技术员为主。第二种分析则将技术与技能进行了融合,在融合中体现人才的高素质。这两种分析究竟哪一种是当前高职教育需要的？或者得到了教育部门与行业企业的认可？从行政部门颁布的一系列政策的表述中,我们可以窥视对高职教育人才培养目标的真正理解。

2004年,《教育部等七部门关于进一步加强职业教育工作的若干意见》(教职成〔2004〕12号)中,首次提及了技能人才培养的三个层次。加快培养企业急需的"技术技能型人才、复合技能型人才"以及高新技术产业发展需要的"知识技能型人才",技能人才培养体系粗具雏形。在中共中央办公厅、国务院办公厅《关于进一步加强高技能人才工作的意见》(中办发〔2006〕15号)中,再次明确了高技能人才培养体系,指出要加快培养"技术技能型、复合技能型和知识技能型高技能人才",逐步形成高、中、初级技能劳动者比例结构基本合理的格局。由此可见,在当时,技术技能型人才是高技能人才体系中最初级的一种。2012年,教育部印发《国家教育事业发展第十二个五年规划》(教发〔2012〕9号),这份文件对技术技能人才的培养目标进行了较为详细的表述。其中明确提出要加强职业教育内部的有机衔接,中等职业教育重点培养一线技术技能人才,高等职业教育重点培养发展型、复合型和创新型技术技能人才。完善高等职业教育层次,建立高级技术技能人才和专家级技术技能人才培养制度。教育部在《高等职业学校专业教学标准》总体情况介绍中指出,高等职业教育应为产业发展培养高素质技术技能人才。《教育部关于积极推进高等职业教育考试招生制度改革的指导意见》(教学〔2013〕3号)提出,要着力构建现代职业教育体系和技术技能人才培养"立交桥",提高高素质技术技能人才的培养水平。由此可见,关于高等职业教育培养目标的提法由技能人才培养体系转向了技术技能人才培养体系。这也是建立现代职教体系以后的一个变化,要求系统培养技术技能人才,而技术技能人才有初级、中级和高级等不同层次。不同层次技术技能人才的培养目标,既是中高职相互区别又是其相互衔接的核心指标。就技术技能人才的系统培养而言,中职教育主要培养中级技术技能人才,兼顾初级技术技能人才,注重人才的实际操作能力。高职教育主要培养高级技术技能人才,现在通常称为高素质技术技能人才。可以看出,技术技能型人才是一个整体,是以人才为落脚点,以"技术技能"这一整体表述作修饰的。技术技能型人才有其自身的人才进阶体系,从初级到中级再到高级,每个层次都有相应的培养目标和人才培养规格。而高等职业院校所培养的就是高层次技术技能型人才,与中等职业教育培养的人才有着层次上的差异。但是二者均为技术与技能的结合体。

  那么如何去理解技术技能型人才的内涵?技术型人才和技能型人才一样处于人类社会劳动链环的终端,他们是社会财富的直接创造者,是社会总体运转过程中最直接又最积极的因素。技术型人才处于工程型人才和技能型人才之间,与工程型人才的工作紧密关联。在实现自己社会功能的过程中,技术型人才又必须与技能型人才合作,并指导其工作。技术型人才是一种智能型的操作人才,也须具备一定的学术(学科)能力和基础学科课程知识,但对这种能力和知识的要求远不如工程型人才高,而更强调理论在实践中的应用。在新形势下,技术型人才需要保持独立存在,其在现代社会中的重要性将不断提升。这是高职教育开始向技术型人才转变的重要原因。技能型人才重在技能操作水平的精湛,能够直接在一线工作场所顺利地从事自己岗位被赋予的操作工作。单纯的高技能人才和技术技能型人才是社会人才分类中的两个不同类型,高技能人才属于技能型应用人才的一个层次,主要包括国家职业资格等级中的高级技工、技师和高级技师;而技术技能型人才则属于介于技术型人才和技能型人才之间的一种复合型应用人才,根据国家职业资格等级标准,其应该包括技师和高级技师两个等级。所以,对技术技能型人才应该从"复合"的角度去理解,这种复合,可以这样描述,即技术技能是强调工作能力,不仅可以操作,还能在操作中了解原理,要求在实际工作中能够克服和解决一些高水平的难题。这种人才不仅出现在一线操作岗位之上,还可以在管理层中施展拳脚,类似于职业带理论中技术员所具备的技能与理论结构模型(见图7-5)。

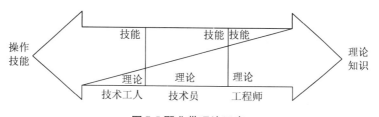

图7-5 职业带理论示意

此外,高等职业院校的人才培养还被冠之以"高素质"一词。这里的高素质就是区别于中等职业院校人才培养规格的标志。董刚认为"高素质"是广义的、完整的体系,具体包括职业素养、职业归属感、思想政治素质、心理素质、人文科技素质、身体素质等。魏小瑜认为高等职业院校毕业生"必须比其他类型人才具有更宽的知识面,具备更强的技术转化与技术创新能力、群体合作能力与吃苦精神、社会交往与社会服务能力、组织管理能力"。徐月华、张钟强调,根据高职生、本科生的录取过程和学习经历,一般均认为高素质技能型人才目标定位应是"理论知识方面比中职强、实践能力方面比本科强"。但"双强"优势并没有给高职生带来良好的就业率和就业质量。因为实际上高职人才往往表现为"学科知识比本科弱、操作技能比中职弱"的"双弱"状态。而这种"双弱"恰好是中职、本科的优势。所以高职人才"双强"向"双弱"辐射产生了其培养目标的新内涵,即实践知识比本科强、综合技能比中职强。

从职业带理论中,我们可以找到高职院校学生与中等职业学校学生、本科人才培养规格之间的差别。从差别中找到高职人才培养的优势差异:以"技术员"和"技术工人"之角色相比,技术员的优势在于理论功底的扎实,这里理论功底的扎实既包括理论知识的沉淀,也包括实践知识的进一步丰富。高职院校毕业生不仅可以像中等职业学校毕业生那样熟练地在岗位上进行基本操作,同时也可以利用一定的原理知识解决操作过程中遇到的各类问题,达到知其然知其所以然之目标。以"工程师"和"技术员"之角色相比,技术员的优势在于在技能操作领域更为熟练,即在一线工作岗位中高职院校的学生可以以更为丰富的实践知识和经验去面对生产过程中的各种突发因素与困难,并在生产过程中产生创新想法、实施创新举措。所以,从上述分析中可以看出,"熟练操作+问题解决+实践创新"是描述高职院校学生综合素质的三大主要支撑点。对于高职教育的"高素质"人才定位,我们就可以从这三个方面入手进行剖析,即能够实现一线工作的熟练操作,能够利用所学知识对工作中出现的问题进行探索和解决,能够利用理论知识与实践知识,在实践经验的帮助下实现实践领域的综合提升与创新。若要实现高职教育在中等职业教育与本科层次教育之间的优势差异,就应该把握高职教育的优势生长点,以"人无我有,人有我优"的心态和理念去建构高职教育人才培养的目标。

(三) 浙农商院人才培养目标——讲诚信、善合作、会融通

浙农商院将人才培养目标定位于"讲诚信、善合作、会融通",这是农商人才的抽象化愿景,更是对高素质技术技能型人才培养的具体化、个性化表述。

1. 农商人才培养目标及其与高素质技术技能型人才的关系

"讲诚信"是对农商院培养的人才在职业素养上的基本要求。诚信,就是诚实而有信用,也是忠诚信义的概括。诚信的道德要求:诚善于心,言行一致。诚信,被儒家视为"进德修业之本"与"立人之道",是各行各业对人才的基本素质要求,高职院校是思想道德建设前沿阵地、技术工人培养重要窗口,理应把诚信素质培养放在人才培养目标的首位。

"善合作"是指学生在掌握技能和开展工作中要学会的方法。合作意识是指个体对共同行动及其行为规则的认知与情感,是合作行为产生的一个基本前提和重要基础。随着社会的发展和生产的社会化,合作意识在各行各业中受到越来越广泛的关注和重视,未来社会需要的是懂合作、富有团队精神的新型人才。培养学生的合作意识,让学生掌握合作的方法是促进学生更好地走向社会,取得成功的保障。

"会融通"是指培养的学生最终要达到的职业综合能力的目标。融通即融会贯通,使融洽,相互沟通。创新意识是一种现代意识,它是衡量社会进步和民族文明程度的一个重要标志,是当代大学生应该具备的基本素养与内在品质,也是大学生实现自我价值的客观需求。而创新意识是指在融通已有的思想意识、知识技能的基础上提出新的思维意识和创新理念,所以会融通一定程度上体现了创新能力。

在现代社会,人生发展与社会发展的互动态势更加明显。它表现在:一是劳动分工出现单一工种向复合工种转变。现代社会中职业劳动的性质类型的变化体现为体力劳动与脑力劳动、蓝领阶层与白领阶层、动作技能与心智技能的三大超越,发展中的劳动岗位呈现边际岗位的形态,要求劳动者具备跨岗位的本领。二是技术进步导致简单职业向综合职业发展。现代社会中职业劳动的智能结构出现跨专业技能(计算机、外语)、跨行业技术(工具、手段)、跨产业意识(环保、安全)三大复合态势,发展中的职业呈现边际职业的架构,要求劳动者具备跨职业的本领。三是信息爆炸催化一次学习向终身学习跃迁。现代社会中人们不可能通过一次性学习掌握一生所需的全部知识和技能,一次性学习的思维定式已经过时,"显形"、"隐形"、"虚拟"三大学习形式成为可能,促使劳动者要具备不断开发自身潜能的本领。四是竞争机制迫使终身职业向多种职业嬗变。现代社会中人们不可能一生维系于静态的一次性职业岗位而保持不变,一次性职业的思维定式也已经过时,跨职业、跨行业、跨产业的三大职业变动成为可能,迫使劳动者要具备不断适应劳动市场变化的本领。为此,就业导向的职业教育既要为人的生存又要为人的发展打下坚实基础,能力培养就发挥着至关重要的作用。树立能力本位的教育观,强调学习主体通过行动实现能力的内化与运用,正是素质教育在职业教育里的体现。"讲诚信、善合作、会融通"是对高素质技术技能人才能力观的全新诠释。高素质技术技能型人才对能力的要求分为三个维度:专业能力、方法能力、社会能力。专业能力是指具备从事职业活动所需要的专门技能及专业知识,要注重掌握技能、掌握知识,以获得合理的知能结构。方法能力是指具备从事职业活动所需要的工作方法及学习方法,要注重学会学习、学会工作,以养成科学的思维习惯。社会能力是指具备从事职业活动所需要的行为规范及价值观念,要注重学会共处、学会做人,以确立积极的人生态度。能力三要素的整合结果决定着个体在动态变化的职业生涯中的综合能力:当职业岗位发生变更,或者当劳动组织发生变动的时候,个体不会因为原有专门知识和技能的老化而束手无策,而是能在变化了的环境里积极寻求自己新的坐标起点,进而获得新的知识和技能。这种善于在发展与变革中主动应对的定位能力,是一种更高层次的能力,常被称为关键能力,这已成为世界职业教育的共识。"善合作"主要指的是职业学校学生所具备的方法能力,强调掌握技能和开展工作中要学会的方法;"会融通"主要针对专业能力,强调学生要达到的职业综合能力,尤其是专业核心能力;"讲诚信"主要针对社会能力,强调人才在职业素养上的基本要求,要求学生能够培养正确的职业素养,树立远大的职业理想,秉持伟大的职业精神。

2. 农商人才培养目标在专业人才培养中的体现

浙农商院各专业在制定人才培养目标时充分秉持着学院人才培养目标的总定位,在遵循职业教育人才培养规律的基础上,结合专业发展的需求与市场对专业人才培养的要求,借鉴兄弟院校相关专业人才培养方案,制订和明确了具有学院特色与专业特色的人才培养方案与人才培养目标(见表7-5),尤其是涉农专业人才培养目标的制定,充分融入了区域农业发展对农业人才的新需求,凸显了学院在涉农专业办学上的优势。如"'三农'情怀"教育在各专业人才培养目标中的贯彻、与区域行业企业人才需求的对接等。

表7-5 浙农商院各专业人才培养目标梳理

专业	人才培养目标
烹饪工艺与营养	本专业培养拥护党的基本路线、方针、政策,适应社会主义市场经济发展需求,具有本专业必需的文化基础知识和烹饪专业知识,具有良好的职业素养,掌握本专业的核心专业烹饪技能,满足宾馆、酒店等餐饮业及各类企、事业单位的后勤部门生产、建设、管理、服务一线需要的,德智体美等全面发展的高素质、高技能人才

续表

专业	人才培养目标
产品造型设计	浙农商院将与所在地的区政府(绍兴滨海新城)建立战略合作联盟。沥海镇地处滨海新城江滨区核心区块,是浙江省经济强镇,其中照明灯具和新型产品包装是沥海镇二大主导产业和特色产业,因此本专业突出区域产品设计、包装设计特色,培养具有良好的艺术与文化素质,了解产品造型设计领域的材料和工程技术,熟悉新媒体技术在产品造型设计中的应用,掌握产品造型的开发、设计、制作等理论知识和实践技能,具备一定的设计开发能力和扎实的设计表达能力,适应产品造型设计、包装设计行业发展的岗位需求的德、智、体、美等方面全面发展的产品造型设计、包装设计方向的技术技能人才
电子商务	本专业根据目前电子商务职业教育的特点及相关职业岗位的要求,培养具有"三农"情怀和创新意识,掌握扎实的计算机和网络应用技术,掌握电子商务网页制作及网站建设的基本知识及专业技能,熟悉电子商务及经济管理学科的理论基础,能胜任各类企事业单位的网络信息收集与处理、网页设计、电子商务网站建设和维护等技术岗位人才,以及电子商务企业的网络营销、客户服务、电子商务物流管理等工作岗位的高素质技术技能人才
国际贸易实务	本专业培养拥护党的基本路线,适应生产、建设、管理、服务第一线需要的,德、智、体、美等方面全面发展的,具有与所从事岗位相适应的文化素质和良好的职业道德,掌握国际贸易领域的理论知识和操作技能,具有进出口业务处理能力,具有"三农"情怀、合作意识和创新思维的,适应外经贸行业岗位要求的高素质技术技能人才
合作社经营管理	本专业培养熟悉现代农业,具有"三农"情怀、创新精神和较强实践能力,熟悉合作社经营管理、农村合作经济相关知识,能运用所学理论和知识从事合作社的创办、组织与管理、农产品营销、合作社生产运作等工作的高素质技术技能人才
会计	本专业培养拥护党的基本路线,适应生产、建设、管理、服务第一线需要的,德、智、体、美等方面全面发展的,具有与所从事岗位相适应的文化素质和良好的职业道德,具有扎实的企业会计核算、纳税申报、成本核算、年报审计等日常经济业务处理的专业知识和过硬的出纳、会计、成本核算、报税、审计等岗位专业技能,面向中小企业财会一线岗位,能够从事出纳、会计核算、会计主管等工作的高素质技术技能人才
会展策划与管理	本专业突出长三角会展区域经济特色,服务地方会展经济及农业会展经济,培养具有扎实的会展设计、会展策划、会展项目管理等专业知识和过硬的会展策划能力和扎实的会展设计及平面视觉设计与制作专业技能,能够从事会展设计、广告设计、会展策划、会展管理等工作的技术技能人才

续表

专业	人才培养目标
计算机应用技术专业（环境艺术设计方向）	本专业突出环境规划设计区域特色,服务地方经济。旨在培养具备艺术设计专业理论与专业技能,具有环境设计与布置等专业能力,能够独立从事室内外空间设计、园林景观设计、村镇规划设计的技术技能人才
绿色食品生产与经营	本专业培养拥护党的基本路线,适应生产、建设、管理、服务第一线需要的,德、智、体、美等方面全面发展的,具有与所与所从事岗位相适应的文化素质和良好的职业道德,具有"三农"情怀和创新创业意识,掌握扎实的绿色食品生产加工、贮藏、检测与经营的专业知识和过硬的绿色食品加工、贮藏、检测专业技能,能够从事食品加工、贮藏保鲜、质检、销售和企业经营管理等工作的高素质技术技能人才
汽车整形技术	本专业培养拥护党的基本路线,适应生产、建设、管理、服务第一线需要的,德、智、体、美等方面全面发展的,具有与所从事汽车钣金、喷涂岗位相适应的文化素质和良好的职业道德,具有扎实的汽车钣金、喷涂专业知识和过硬的车身修复专业技能,"懂技术、守规矩、善服务、可持续",能够从事钣金、喷涂、美容与装饰等工作的高素质技术技能人才
汽车技术服务与营销专业	本专业(汽车技术服务方向)培养拥护党的基本路线,适应生产、建设、管理、服务第一线需要的,德、智、体、美等方面全面发展的,具有与所从事岗位相适应的文化素质和良好的职业道德,能够胜任汽车技术服务与营销专业(汽车技术服务方向)工作岗位,"守规矩、懂技术、善服务、可持续"的汽车服务业高素质技术技能人才 本专业(汽车营销方向)培养拥护党的基本路线,适应生产、建设、管理、服务第一线需要的,德、智、体、美等方面全面发展的,具有与所从事岗位相适应的文化素质和良好的职业道德,具有扎实的汽车专业知识和过硬的汽车营销专业技能,能够从事汽车销售、汽车售后服务、市场策划等工作的"懂技术、守规矩、善服务、可持续"的高素质技术技能人才
应用英语	应用英语专业服务于绍兴及浙江区域经济社会发展,面向外向型生产企业、商贸企业及其他涉外服务业的外贸专员、翻译、商务行政助理及服务接待等一线工作岗位,培养德、智、体、美全面发展,了解必备的英语语言基础知识、商务及管理专门知识,掌握较好的运用英语从事涉外贸易、管理及服务等岗位工作技能,具有"三农"情怀、合作意识和创新思维的复合型应用型人才
休闲服务与管理	本专业培养拥护党的基本路线,适应生产、建设、管理、服务第一线需要的,德、智、体、美等方面全面发展的,具有与所从事岗位相适应的文化素质和良好的职业道德,具有扎实的休闲导游服务专业知识和过硬的导游带团专业技能,能够在旅游企业如旅行社、旅游景区等第一线从事接待、服务和管理等工作的高素质技术技能人才

续表

专业	人才培养目标
投资与理财	本专业培养拥护党的基本路线,适应生产、建设、管理、服务第一线需要的,德、智、体、美等方面全面发展的,具有与所从事岗位相适应的文化素质和良好的职业道德,具有扎实的金融、财务专业知识和过硬的投资、理财专业技能,具备较强的专业技能和基本创业技能以及一定的社会能力,能够从事投资与理财行业一线操作、服务、咨询、营销和初级管理等工作的高素质技术技能人才
酒店管理	本专业旨在培养拥护党的基本路线,具有良好的职业道德和敬业精神,能在酒店(农家乐)从事中、基层管理和高级接待服务等工作的高素质高技能人才
商务经纪与代理	本专业培养德、智、体、美全面发展,熟悉现代农副产品经营管理及商务经纪与代理的基本理论知识,具备较强的文字表达、公关协调和人际沟通能力,能在各类农产品生产、经营企业从事商务谈判、商务经纪与代理及市场拓展业务的高素质技能型人才和创业人才
茶叶生产加工技术专业	本专业培养具备茶叶生产加工能力,掌握茶树栽培、茶园管理及病虫害防治技术,熟悉茶叶企业的经营管理流程,能够从事茶叶生产管理、茶叶加工、茶叶品质检测、涉茶贸易及茶文化传播等工作的高素质技术技能人才

四、以赛促练,以督促改——农商人才培养的保障措施

职业技能竞赛是衡量一所职业院校教育水平与办学质量的重要标尺。它不仅检阅了职业教育的教学成果,同时也给职校学生提供一个展示自我的舞台。一方面学生通过备赛,能潜心学习和锻炼精湛的技能,树立认真负责的职业态度;另一方面,学生在竞赛中与兄弟院校学生进行技能切磋和交流,认识自己的不足,学习他人的长处。通过技能竞赛,更能肯定学生的学习和训练价值,使他们树立强大的专业自信心和荣誉感。在技能竞赛的整个备赛和比赛中,既有专业知识的学习又有拓展能力和实际操作能力的综合培养。技能竞赛促进了职业教育"以服务为宗旨、以就业为导向"办学方针的进一步落实,既能促进学生学以致用,又可以推动校企合作人才培养模式的完善。学校通过组织学生参加各类技能竞赛,可以更好地找准教学改革的方向,把职教改革的理念逐步渗入专业建设、课程教学过程中,形成一种推动改革、鼓励创新、提高质量的良性循环。职业技能竞赛作为丰富和提升学生职业教育的重要途径,在职业教育中的作用不可忽视。通过参加技能竞赛并获得企业、专家和领导一致认可,中职学生能逐渐树立信心,肯定自己的学习和能力,逐步增强自身对专业学习的热情。在备赛中学生可以进一步加强对专业理论知识的学习,更能锻炼实际操作动手能力。可

以说,技能竞赛有力地促进了学生技能水平的整体提高,激发了他们参与创新实践的积极性,大大提高了学生自主学习和自主创新的能力。

高职教育质量直接关系到高职院校的生存和发展。要提高教育质量,必须建立起适合于高等职业教育的教育质量保证与监督体系。教学督导工作作为高校教学质量监控体系的一个重要组成部分,已日益引起各高职院校的重视。通过教学督导,职业院校可以实现对人才培养过程的及时监督与反馈,保证人才培养全过程的开放性、透明性、方向性与准确性。此外,教学督导也为学校挖掘教学新星、培养优秀教师提供了新的平台,为有追求的教师提供了展示自我的机会,为教师个人发展创造了制度性的机会。

浙农商院坚持"以赛促练"、"以督促改"的人才培养过程性指导理念,将各层级的职业技能竞赛与系统的教学督导建设作为促进教师发展、学生成长、科研进步、教学改革的主要渠道。从学院技能竞赛的参与到国家级技能竞赛的参与,从各专业技能竞赛的主办到国家级技能竞赛的主办,农商人在各级大赛中的身影已然成为我国农商人才成长过程中一道靓丽的风景线。

(一)以赛促练——技能大赛显身手

1. 各级别技能大赛的参与

浙农商院坚持以赛促练,组织学生与教师参加国家、省、市级各类技能竞赛并获得各级别奖项300余项。从各系部情况来看,艺术设计系每年积极组织学生参加市、省、国家教育部门及相关行业举办的各类大赛,成绩显著。在浙江省创新创业大赛的多个项目中荣获省级二等奖、三等奖,市级一等奖。2007年荣获省动画设计制作一等奖,并代表浙江省参加全国职业学校学生技能大赛且荣获优胜奖;2011年在北京参加的全国商科院校技能大赛会展专业竞赛总决赛中,该系三支竞赛队伍(会展策划组、展厅设计组、平面设计组)分别荣获三个二等奖,并获得了"最佳院校组织奖"。烹饪旅游系历年来在国家级、省级、市级的各级各类专业技能大赛中屡创佳绩,成绩斐然。其中,教师获得国家级奖11项、省厅级奖16项、市局级奖6项;学生获得国家级奖28项、省厅级奖35项、市局级奖26项。基础部组织学院教师学生参加全国各类信息电子类竞赛和运动赛事,在2014年全国无线电测向高校巡回赛暨浙江省大学生无线电测向锦标赛中,取得1个全国二等奖、2个全国三等奖,以及女子团体接力赛全国第五名和总团体全国第五名的骄人成绩。院跆拳道队和田径队分别出战2014年浙江省大学生跆拳道锦标赛和浙江省大学生田径精英赛,获得了2金3铜、2个第四和5个第五的好成绩。在2013年全国高职高专体育教师教学技能大赛中荣获一等奖,在第八届大学生电子商务竞赛决赛中荣获专科报告类三等奖等。见表7-6。

表 7-6 部分学生在各类竞赛中获奖情况

学生姓名	获奖名称	等级	级别	主办单位
姚鸣丽	第七届全国烹饪技能竞赛总决赛(中式面点)	特金奖	国家级	中国烹饪协会
黄傅啸	第七届全国烹饪技能竞赛总决赛(中餐热菜)	特金奖	国家级	中国烹饪协会
姚煌波	第七届全国烹饪技能竞赛总决赛(中餐冷拼)	特金奖	国家级	中国烹饪协会
吴佳伟	第七届全国烹饪技能竞赛总决赛(中餐热菜)	特金奖	国家级	中国烹饪协会
王敏韬	第七届全国烹饪技能竞赛总决赛(中餐冷拼)	特金奖	国家级	中国烹饪协会
余伟东 朱丹艳	2013年(第七届)全国商科院校技能大赛会展专业竞赛总决赛创意设计组	一等奖	国家级	中国商业联合会、中国会展经济研究会
姚煌波	2014年全国职业院校技能大赛高职组烹饪赛项(中餐冷拼)	二等奖	国家级	全国职业院校技能大赛组委会
金昌盛 郑星儿 陈玉莲	2013年(第七届)全国商科院校技能大赛会展专业竞赛总决赛会展策划组	二等奖	国家级	中国商业联合会、中国会展经济研究会
黄傅啸	2014年全国职业院校技能大赛高职组烹饪赛项(中餐热菜)	三等奖	国家级	全国职业院校技能大赛组委会
柳晶	2014年全国职业院校技能大赛高职组烹饪赛项(中餐面点)	三等奖	国家级	全国职业院校技能大赛组委会
赵蓉蓉 徐玲玲	2013年(第七届)全国商科院校技能大赛会展专业竞赛总决赛创意设计组	三等奖	国家级	中国商业联合会、中国会展经济研究会
罗小霞 周麒麟	2013年(第七届)全国商科院校技能大赛会展专业竞赛总决赛创意设计组	三等奖	国家级	中国商业联合会、中国会展经济研究会
姚鸣丽	第七届全国烹饪技能竞赛(浙江赛区)中餐面点	金奖	省级	中国烹饪协会
黄傅啸	第七届全国烹饪技能竞赛(浙江赛区)中餐热菜	金奖	省级	中国烹饪协会
杜佳俊	第七届全国烹饪技能竞赛(浙江赛区)冷拼雕饰	金奖	省级	中国烹饪协会
姚煌波	第七届全国烹饪技能竞赛(浙江赛区)冷拼雕饰	金奖	省级	中国烹饪协会
吴佳伟	第七届全国烹饪技能竞赛(浙江赛区)中餐热菜	金奖	省级	中国烹饪协会
王敏韬	第七届全国烹饪技能竞赛(浙江赛区)冷拼雕饰	金奖	省级	中国烹饪协会

续表

学生姓名	获奖名称	等级	级别	主办单位
王泽杭	第七届全国烹饪技能竞赛(浙江赛区)冷拼雕饰	金奖	省级	中国烹饪协会
邵佳慧	第七届全国烹饪技能竞赛(浙江赛区)餐厅服务	金奖	省级	中国烹饪协会
陈晨燕 陈飘飘 范永奔	浙江省第九届大学生电子商务竞赛专科报告类	一等奖	省级	浙江省教育厅

2. 学院技能运动会

学院技能运动会是学院层面组织的全校学生参与的技能大赛。大赛每年一届,由学院各部门和各系部作为项目承办单位,组织本校相关系部的学生参与。技能运动会由学院领导牵头组成组委会,下设执行组、竞赛组、后勤组、宣传组和礼仪组负责运动会的具体运行工作。项目设置分为专业项目和公共项目(见表7-7)。专业项目面向相关专业的学生,公共项目则允许全校学生参赛。比赛共设优秀组织奖、团体奖和个人奖三种奖项,在所有赛事举办完毕后统一进行表彰活动。技能运动会举行以来,学校已经挖掘和培养出了多名企业技术骨干,形成了技能培养的优良学风,并通过技能大赛与企业建立了人才培养的长效合作机制,达到了人才培养与输出的双重效果。

表7-7 浙江农业商贸职业学院技能运动会比赛项目一览

序号	竞赛项目名称	项目类型	参赛对象	责任部门
1	财会信息化竞赛	专业	财金系学生	会计教研室
2	会计职业技能竞赛	专业	财金系学生	会计教研室
3	ERP沙盘模拟竞赛	专业	财金系学生	投资教研室
4	会计基本技能竞赛——会计书写	专业	财金系学生	会计教研室
5	会计基本技能竞赛——点钞	专业	财金系学生	会计教研室
6	会计基本技能竞赛——会计制单	专业	财金系学生	会计教研室
7	会计基本技能竞赛——文字录入	专业	财金系学生	会计教研室
8	金融知识竞赛	专业	财金系学生	投资教研室
9	投资理财模拟炒股	专业	财金系学生	投资教研室

续表

序号	竞赛项目名称	项目类型	参赛对象	责任部门
10	网络店铺装饰竞赛	专业	电子商务专业学生	电子商务教研室
11	车门修复	专业	汽车整形技术专业学生	汽车整形技术教研室
12	汽车销售业务操作	专业	汽车整形技术专业学生	汽车营销技术教研室
13	汽车销售综合技能	专业	汽车整形技术专业学生	汽车营销技术教研室
14	DIM自动变速器拆装维修	专业	汽车整形技术专业学生	汽车技术教研室
15	二级维护作业	专业	汽车整形技术专业学生	汽车技术教研室
16	车身切割	专业	汽车整形技术专业学生	汽车整形技术教研室
17	产品设计手绘表现	专业	产品造型设计专业学生	产品造型设计教研室
18	产品设计项目方案	专业	产品造型设计专业学生	产品造型设计教研室
19	空间设计竞赛	专业	计算机（环艺）专业学生	环境艺术设计教研室
20	环境艺术手绘表现	专业	计算机（环艺）专业学生	环境艺术设计教研室
21	项目策划	专业	会展专业学生	广告与会展教研室
22	展厅手绘表现技法	专业	会展专业学生	广告与会展教研室
23	国际贸易知识竞赛	专业	国际贸易实务专业学生	国际贸易教研室
24	外贸模拟展销会	专业	应用英语专业学生	商务英语教研室
25	农产品知识竞赛	专业	商务经纪与代理专业学生	经济贸易教研室
26	基本功	专业	烹饪工艺与营养专业学生	烹饪教研室
27	热菜	专业	烹饪工艺与营养专业学生	烹饪教研室
28	中式面点	专业	烹饪工艺与营养专业学生	烹饪教研室
29	食品雕刻	专业	烹饪工艺与营养专业学生	烹饪教研室
30	冷拼	专业	烹饪工艺与营养专业学生	烹饪教研室
31	趣味托盘	专业	酒店管理专业学生	酒店教研室
32	导游大赛	专业	全院学生	休闲教研室
33	职业生涯规划	公共	全院学生	团委
34	"'三农'情怀在我心"演讲比赛	公共	全院学生	团委
35	计算机技能竞赛——装机比赛	公共	全院学生	基础教学部

续表

序号	竞赛项目名称	项目类型	参赛对象	责任部门
36	计算机技能竞赛——指尖风云	公共	全院学生	基础教学部
37	计算机技能竞赛——DV作品竞赛	公共	全院学生	基础教学部
38	计算机技能竞赛——职来职往	公共	全院学生	基础教学部
39	中华茶艺	公共	全院学生	农经系
40	ERP电子沙盘竞赛	公共	全院学生	合作社经营管理教研室
41	大学生摄影比赛	公共	全院学生	艺术设计系
42	英语演讲比赛	公共	非英语专业学生/英语专业学生	公共英语教研室

（二）以督促改——教学督导保质量

1. 教学督导工作的基本职能及其运作

教育督导是在长期的教育行政管理中逐步形成并发展起来的一种行政管理和行政监督机制，是现代教育行政管理不可缺少的重要组成部分。教学督导是学院授权的督导机构和人员，依据学院的政策、法规、质量方针、人才培养目标和督导原则与要求，对学院内部各教育、教学及服务部门进行有目的、有计划的监督、检查、评估和指导，并向相关部门和学院领导反馈学院教育、教学及管理工作等方面的信息，提出改进工作的建议。教学督导的基本性质是属于学院监督范畴的执法监督。从历史的视角来考察，教学督导的职能是在不断改变的；从不同国家来看，教学督导情况差距也较大。教学督导的核心职能主要包括检查职能、评价职能、指导职能、联络职能和反馈职能。检查是教学督导的基本职能，所谓检查是指教学督导人员使用各种方式，对教学管理部门、教学执行部门、教学保障部门及学生等进行监督、调查，从而了解教学的实时状态和实际水平；评价是对事物的价值给予判断，所以只有进行评价，才可能从检查所获得的原始信息中得出有价值、有意义的信息；指导主要是按照评价结果对教学中存在的不良作风、做法提出批评，帮助被督导对象认识存在的问题、分析问题的根源以及与要求的差距；联络主要是紧密联系教师、教学管理部门，协调涉及教学的不同部门之间的工作；反馈即是将所督导的结果反馈给当事人及学校管理部门，以做参考。从教学督导的组织模式来看，有学者将其分为三类：1）教学副校长主管型，可以独立行使督导，权力较大；2）教学副校长与教务处共管型,结合教务处的职能,针对性较强;3)依附教务处型,督导信息搜集更加快捷全面。从教学督导的运行机制上看,督导是在运动中不断完善自身,并且不断提高教学质量。宏观上,教学督导是不断地制订督导计划、实施督导计划、管理督导计划,即 PDA 运行过程。计划 P(Plan):制订督导的工作计划和工作依据;实施 D(Do):实施监控的过程;管理 A(Action):对督导进行管理和评价,寻求下一步的改进。在督导工作运转的过程中,督导工作不断改进,不断发展。微观上,督导工作过程其实是一个信息的操作过程,即在检查中搜集教学情况信息,然后对教学情况信息进行分析处理,发现问题,找出办法,再对教学情况进行汇总,反馈给教师和学校领导。

教学督导人员的素质结构和水平直接决定着督导的效果,教学督导的职责决定了教学督导人员的素质要求。教学督导的职责是对教学情况进行检查、评价和指导,这就要求督导人员必须熟悉专业知识,只有具备较高的专业水平才能在现场发现教师讲解的内容是否科学、示范动作是否规范,教学中使用的教学方法、教案的设计、板书、语言及动作等方面的检查则需要督导人员具有较高的教学水平、丰富的教学经验等。另外,教学督导不同于教育管理和教育督导,教学督导不行使管理权和行政权,更多是依靠督导人员较高的个人魅力来影响被督导者,只有当督导者受到尊敬的时候督导的建议才可能被重视和认同。另外,在督导中,与被督导教师相比,督导人员的专业水准、教育经验、人格魅力都必须处于绝对的优势地位,只有这样,督导才能发现问题并给出合理化建议。同时,只有教师认为督导组成员的水平远远高出自己时才承认督导建议的科学性、合理性,并愿意接受督导建议。

与普通高等院校相比,高职院校教学督导工作开展的时间相对较短。尽管各高职院校也作了不少有益的探索,并为提高教学质量发挥了一定的作用,但在实际工作中还存在着一些问题。只有从实际出发,理论联系实际,才能从根本上解决这些问题。高职院校教学督导的建设是近几十年来才发展起来的,它在高职院校教学质量管理过程中扮演着重要角色,其主要作用体现在诊断教学过程中的问题、提升教师的素质、协助教学管理和决策、促进教学信息流动等。目前高等职业院校的教学督导主要存在以下几个问题:督导人员的职业资格模糊、督导组织的结构不合理(如组成人员的年龄结构、来源结构等)、督导组织的职能偏失等。这些问题的出现往往是对督导性质的认知偏差或对督导工作不重视所导致的。随着高职内涵式发展进程的不断推进,加强学校的教学督导工作将是实现高等职业院校跨越式发展和内涵式发展的重要保障和必要途径。

2. 浙农商院"七领域"全方位教学督导体系的构建

浙农商院教学督导的主要任务是在分管副院长的领导下,对学院的专业与课程建设、教学改革、教材建设、教学管理等教学工作诸环节进行监督、检查、评估和指导,确保学院有关教学政策、规定、措施的贯彻执行和教学质量目标的实现。学院建立院、系二级教学督导机构。学院设立科研督导处,在分管副院长领导下开展工作。系(部)设立教学督导小组,在系(部)主任的领导下开展工作。教务处、学生处按照职能分工参与部分教学督导工作。督导工作委员会坚持三大工作守则:一是正确对待自己,当好教学质量底线的守护者、发展教师教学能力和水平的指导者、提升教学质量的建设者,不当教学警察;二是正确对待岗位,坚持第三方立场,客观、公正、科学地进行检查、评估、指导;三是妥善处理教学事故,不瞒报、不虚报,在接触到教学事故的第一时间,向当事人及其部门领导做全面了解,核实情况,分析缘由,认定责任,及时向院督导工作委员会汇报。

学院督导工作由一系列工作制度以及制度指导下的"七领域"工作组成。在工作制度的建设上,学院教学督导工作以《浙江农业商贸职业学院教学督导工作条例(试行)》为总指导,在条例框架下建立包括检查、评估、指导、联络和反馈在内的实施细则或各项制度。如《督导委员会听课制度》《系督导工作组年度考核实施细则》《浙农商院学生教学信息员制度》《督导工作信息收集和反馈制度》等。学院每年的教学督导工作主要集中在七个方面:一是督导体系的建设与完善。例如成立学院教学督导工作委员会,建立系级教学督导小组;制订《教学督导工作实施细则》,修订《教学督导听课制度》《学生信息员制度》,完善学生教学信息员队伍,研究开发学院"教学质量监控与评价系统"。二是做好学院常规性教学规范检查。如介入期初、期中、期末"三段式"教学检查,走访各系部,随机抽查各系试卷自查情况,对整改情况进行跟踪,集中抽查各系部毕业论文、实验报告和课外作业批改质量等。三是课堂教学质量监控和教师教学业务指导工作。如根据各系部教学管理及教师教学上年度的考核评价,有针对性地听课和检查,组织各系针对近三年上岗教师的课堂教学开展教研活动,以及结合期中教学检查开展随机听课、组织教学观摩活动、组织35岁以下青年教师说课比赛、组织新教师教学规范教育培训。四是教学信息收集、交流与反馈工作。如期初、期末召开学生教学信息员座谈会,落实学院督导对口系部联系制度,每个月汇集各系教学信息,每周与教务处、评建办互通教学工作情报并做到重大工作会议和活动相互参与,每周安排一次工作例会、交流会或碰头会,每学期安排院系两级督导工作例会,年末举行系部督导工作交流考核工作会议,出版《教学督导简报》,建立并维护教学督导QQ交流群等。五是专题调研和专项检查活动。如专项调研实践教学活动,结合评建工作指令性要求开展专项教学活动调研,特色项目建设、教学改革项目、课堂教学质量、实践教学过程工作专项督查等。六是自身队伍建设。包括学习高等教学理论、申报督导理论和实践研究课题、组织督导组成员外出考察和对口交流学习等。七是督导部门还会承担其他临时性工作。如对新引进教师进行课堂教学能力把关等。

案例展示

2013—2014 学年第一学期期末考试督查情况通报

学院教学督导组对本学期期末考试情况进行了巡视,现将巡视情况通报如下:

本次期末考试工作(1月7日—9日),学院督导组对考试准备情况、考务工作安排、系部领导到位和巡考情况、教师到位和监考情况等进行了检查。根据检查情况,学院和各专业系领导对本次期末考试工作均很重视,各项考试工作总体安排有序,整个考试纪律良好。在第一天的首场考试前的考务会议中,各专业系主任、副主任均能到考务办公室现场,检查教师的到位情况。但在本次期末考试中也发现不少问题:

1. 1月7日和8日二天考试前的考务会议,按规定教师应提前20分钟到考务办公室报到,但部分教师迟到2—4分钟,1月7日有一位教师因堵车迟到16分钟,另一位教师则没有到考务办公室报到。

2. 有两个上午,部分班级在同一考场安排该班学生两场连考,因中间间隔时间较短,致使第一场先考好的学生停留在走廊上,等待第二场考试,嘈杂之声影响场内学生考试,损害考场纪律。建议对考试安排进行调整,避免这种现象的发生。

3. 个别考场的监考教师没有按要求一前一后站立,而是集中在前面或后面,这不利于监考工作的正常进行。

4. 有部分教师带早餐进考务办公室,在考务办公室吃早餐,有损监考教师的形象。

5. 个别教师监考时随意离开考场到洗手间,没有找楼层值班巡考人员替代,造成考场监考缺位。按监考规定,考前人人都应做好各项准备工作,要求学生做到的,教师更应做到,特殊情况应与楼层值班巡考人员联系,妥善解决。

6. 个别教师离开考务办公室后,喜欢到教师办公室休息,以致没有按规定时间提前到考场做好各项准备。或者一位在场,一位在办公室或考场外聊天。

7. 不少考场学生没有带证考试,班级中没有强调,监考教师没有严格执行,也没有提醒学生将证件放在桌面上,应从严培养学生带证考试习惯。

8. 监考教师在发现学生有不良苗头时,没有及时对其进行预警。

9. 有两个考场一门课程考试时间刚到半小时,60%的学生均已交卷,试卷的难度、题量值得反思。

10. 教务处安排的各系书记和副主任场外巡考,名存实亡,其持久性、可行性值得研究。

以上存在的问题,各相关部门应重视,研究对策,学院督导组也将继续关注和跟踪。

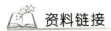

资料链接

系部督导工作组教学督导工作目标管理考评细则

在常规指标内,等级分为 A、B、C、D,其中 A 对应值为 1,B 对应值为 0.8,C 对应值为 0.6,D 对应值 <0.6。

一级指标	二级指标	序号	A 级	C 级	最高分值	自评等级	学校评分
队伍建设(15)	领导重视	1	系部领导非常重视督导工作,主动邀请督导参加各项重大的教学活动。对督导的工作时间和所要的经费给予实质性的保障	系领导比较重视督导工作,允许督导参加他们需要参加的教学活动,对督导的工作时间给予保障	3		
		2	建立督导工作制度。制度健全、规范,得到严格执行	建立督导工作制度。制度基本健全,有所执行	1		
		3	督导工作档案完备,符合学院档案工作规范	督导工作档案基本完备,部分合乎规范	3		
	队伍素质	4	队伍人员齐全,素质高,完成任务出色	人员基本齐全,对学校指定的任务基本上能够完成	3		
		5	注重自身学习,并有制度安排;定期召开工作例会;年初有工作计划,年末有工作总结;每项检查工作后能够集中交流,认真分析、研究教学督导中反映的问题	年初有工作计划,年末有工作总结;学习有制度;有时召集工作例会;每项检查工作后对教学督导中反映的问题有交流	5		

续表

一级指标	二级指标	序号	A 级	C 级	最高分值	自评等级	学校评分
参与性工作（10）	参与系部教学建设性工作	6	参与制订人才培养方案，参与学院专业、课程、实训基地建设并进行分析研究，提出建议	部分参与制订人才培养方案，参与学院专业、课程、实训基地建设	2		
		7	参与教师教学工作业绩考核	参与了学院教师教学工作业绩考核制度的制定	2		
	把关教学评优项目推荐	8	参与检查教学工作计划实施和课程大纲执行情况并做出认真的分析研究，提出指导性意见	参与了教学工作计划实施和课程大纲执行情况的检查	2		
		9	负责任地参与了各项教学评优项目推荐工作的全过程	参与部分教学评优项目的评选推荐工作	4		
调研工作（5）		10	有专题调研项目，形成书面报告，并且具有有价值的建设性意见	有专题调研项目，形成书面报告	5		
常规检查评估工作（50）	教学工作检查	11	"三段式"检查认真到位，有记录，有反馈，督促整改落实有成效	"三段式"检查后有反馈，提出了整改意见	4		
		12	及时督促学院领导对教师教学的听课，认真检查其数量和质量的完成情况	督促学院领导对教师教学的听课，检查其数量的完成情况	2		
		13	检查了学生学习进程中形成成果（包括实习报告、实验报告、作业、试卷成绩分布、毕业设计、毕业论文、论文答辩等）的质量并进行意见反馈	检查了学生学习进程中形成成果（包括实习报告、实验报告、作业、试卷成绩分布、毕业设计、毕业论文、论文答辩等）的质量并有记录	4		
		14	普查了上学期各门课程的试卷质量，并做了记录、反馈	普查了上学期多数课程的试卷质量，并做了记录、反馈	15		
		15	检查了校内外实训基地设施设备运行、使用管理情况，并提出了分析性意见	检查了校内外实训基地设施设备运行、使用管理情况	5		

续表

一级指标	二级指标	序号	A级	C级	最高分值	自评等级	学校评分
常规检查评估工作(50)	课堂教学检查	16	检查了教师教学授课(实训)计划、教案、作业批改等全套教学文件并进行意见反馈,督促整改落实有成效	检查了教师教学授课(实训)计划、教案、作业批改教学文件并做了记录,同时有意见反馈	5		
		17	完成听课任务,召开了学生座谈会。及时给了对方指导性的反馈意见,效果好	完成听课任务,及时给了对方指导性的反馈意见	15		
配合性工作(15)	常规性配合	18	积极主动配合学校督导"三段式"教学检查	能够配合学校督导"三段式"教学检查	5		
		19	积极主动配合学校督导检查试卷,检查毕业设计(论文)的质量及答辩实施情况,检查课堂教学质量,能从专业立场提出意见	基本上能够配合学校督导检查试卷,检查毕业设计(论文)的质量及答辩实施情况,检查课堂教学质量	5		
	临时指派性配合	20	全面落实学校督导工作委员会临时委托的工作	基本落实学校督导工作委员会临时委托的工作	5		
创造性工作(5)	创新	21	有自己的督导工作特色,具有推广价值的成果	督导工作有成果	5		
合计					100		

五、多元方法,过程评价——农商人才教学方法与评价

(一)多元教学方法的开发与专业的适配

教学方法是实现高质量农商人才培养的中介,缺少适当的教学方法,尤其是针对涉农专业的特定教学方法,人才培养就缺少有效途径,培养质量也就大打折扣。教学评价则是促进教师与学生发展的阶段性反馈,评价的存在既是一个阶段学习和教学过程的总结,又是另一个阶段学习与教学过程的开始。强调评价的过程性、开放性、多元性,对促进学生多元化发展、维护评价公正性、提升教学与学习的效率都具有现实意义。

浙农商院坚持多元化教学方法在各门课程中的实际运用,尤其是根据职业教育课堂教学的基本特点与规律,探索与本课程、本专业相匹配的改良式教学方法,通过借鉴优秀教学方法应用案例的精髓,根据课程开设的进度、特点与学情,

有的放矢地开发特定教学方法,并将教学方法与内容进行衔接、与教学情境进行衔接,力图在最大程度上发挥教学方法的实际作用。坚持过程性评价与终结性评价相结合的评价体系建设,从源头抓起,在过程发力,以终结促进,将知识评价、能力评价与综合素质评价进行综合,构建纵横匹配的多元评价体系。此外,学校各专业还坚持评价方法的创新,构建诸如"课程联动,行业参与"学生评价模式等具有专业特点,囊括学校、学生、企业等各评价主体的多元主体评价模式,以更为开放和公平的评价方法促进学生个人发展。

1. 教学方法的定义与分类

教学方法是在教学过程中,师生为了完成教学任务所采用的手段,既包括教师教的方法,也包括学生学的方法。教学方法是随着教学活动的出现而逐渐发展起来的。远在古代,就有了讲解、问答、练习、复习等方法。在漫长的封建社会里,主要采用讲授法。到了资本主义社会,由于社会生产力的提高和科学技术的发展,学校增添了自然科学的课程,采用了演示、观察、实验、实习、参观等新的方法。随着现代科学技术的进步,广泛使用现代化的教学手段;生理学、心理学新成就的运用,开辟了教学方法的新门径。

教学方法是伴随着人们对教育规律的认识和教学手段的更新而发展变化的。近年来,随着现代科学技术进入一个新的发展时期,生理学、心理学的新成就以及现代教学手段的运用,一些高职院校的教师在借鉴和吸收国外其他类型先进教学方法的基础上,创造和总结了许多具有职业教育特色的教学方法(见表7-8)。有学者认为,十多年的高等职业教育教学方法呈现出一条清晰的发展变化轨迹,即"从以教师为中心到向注重培养学生能力为中心的方向发展",高职教育的教学方法更加强调实践性,这既是高职教育的教学特色所在,也是培养高技能人才的基本保证。

表7-8 我国学者对职业教育教学方法的分类

学者	分类	方法
刘育锋 (1997)	实现认知低层次水平教学目标的教学方法	讲授法、演示法、程序教学法
	实现认知高层次水平教学目标的教学方法	讲授、小组讨论、辅导、角色扮演、案例研究、实验教学、研讨、程序教学、自学、项目法、模仿法
	实现情感低层次教学目标的教学方法	讲授、小组讨论、辅导、角色扮演、案例研究、实验教学、研讨、程序学习、自学
	实现情感高层次教学目标的教学方法	小组讨论、辅导、角色扮演、案例研究、研讨、自学、项目法
	实现技能低层次教学目标的教学方法	演示、辅导、实验教学、自学、车间实习
	实现技能高层次教学目标的教学方法	辅导、自学、车间实习、项目、模仿

续表

学者	分类		方法
纪芝信（1995）	常用教学方法	以语言传递为主的教学方法	讲授法、谈话法、讨论法、读书指导法
		直观教学方法	演示法、参观法
		实际训练教学方法	实验法、实习作业法、练习法
	创新教学方法		示范教学法、要素作业法、个别工序复合作业法、模拟教学法和综合设计法
吕永贵等（2000）	适应课堂教学需要的方法		讲授法、谈话法、演示法、提问法、讨论法、计算机辅助教学法
	适应实践教学需要的方法		模仿教学法、角色扮演法、项目教学法、单元组合教学法
	适应生产实习教学需要的方法		四阶段教学法、作业教学法、小组工作式教学法
	适应综合职业能力培养需要的方法		
郑俊乾（2004）	课堂教学法		
	技能训练法	示范训练法	
		引导提问训练法	
		程序训练法	完整训练法、重复训练法、分解训练法、间歇训练法、循环训练法
		分解训练法	单纯分解训练法、递进分解训练法、顺序分解训练法
	实习训练法	学校实习教学法	器物模拟训练法、人物模拟训练法、环境模拟训练法
		生产实习训练法	形象法、比较法、趣味法、先实践法、以点带面法、交换课题法
赵志群（2003）	目标单一的知识传授与技能培训法		谈话教学法、四阶段教学法、六阶段教学法、张贴板教学法、头脑风暴教学法
	综合能力培养方法		项目教学法、引导文教学法
	现代工作岗位培训法		分散式培训、工学整合式学习、户外培训
杨黎明（2003）	现代教学方法		模拟教学法、案例教学法、项目教学法、角色扮演法
	传统教学方法		讲授法、谈话法、演示法、参观法

续表

学者	分类	方法
郭玉敏 (2007)	理论性教学方法	讲授法、讨论教学法、谈话教学法、自学辅导法、演示教学法、实验教学法、参观教学法、练习教学法
	实践性教学方法	要素作业复合法、模拟教学法、项目教学法、顶岗实习法
罗冰雁 (2009)	以学生为中心的教学方法	
	以教师为中心的教学方法	主题教学法、互动式教学法、分组教学法、角色扮演教学法

2. 贴近专业与学生发展需求的现代实践教学方法集

在项目教学模式的整体构架下,以项目教学、情境教学、案例教学、专题教学、模拟教学(角色体验教学)等一整套教学方法为支撑的现代实践教学方法集成为农商院各专业实现知识向能力过渡的主要工具。之所以称之为"现代"是因为它具备了现代教育方法与现代职业教育发展共同影响下的特征:综合性、适应性、互动性、灵活多样、双部性、教育性、发展性。现代职业教育关于教学方法的创新有多种,项目教学法就是其中之一。所谓项目教学法是通过"项目"的形式进行教学。为了使学生在解决问题中习惯于一个完整的方式,所设置的"项目"包含多门课程的知识。项目教学法就是在老师的指导下,将一个相对独立的项目交由学生自己处理,信息的收集、方案的设计、项目实施及最终评价,都由学生自己负责,学生通过该项目的进行,了解并把握整个过程及每一个环节中的基本要求。这一教学方法深受职业院校师生欢迎,随着许多富有特色的职业教育项目课程教材的逐渐出版,对这一方法进行深入理论研究的重要性也日益受到关注。而在项目教学法的主导下,其他现代教学法也在不同的场合和不同的教学内容中发挥着各自的作用,协同完成对教学内容的科学化处理与传递。此外,各专业也结合教学过程中所表现出的一些新特点总结并创新出符合教学要求和专业特色的新教学方法,如科研教学相结合的教学法、模拟公司实训法等。

(1) 农家乐经营实务

针对农家乐经营实务的操作流程,主要采用在农家乐经营真实项目带动下的模拟教学、现场教学、真实项目操作教学等方法。

"真实项目带动,教学经营相结合"的教学方法:将知识、技能整合,按照操作环节逐一实践,在落实农家乐经营任务过程中达到提高职业技能和职业素质的目标。情景教学方法:针对农家乐经营工作岗位,建立模拟经营公司,实施角色分工、组织化运作,通过案例研讨拓展知识和增加感性经验,模拟真实情景开展技能训练。基地现场教学:采取"走出去,请进来"的方式,将基地的专业人员请进课堂,介绍农家乐经营的各种活动和经验;以经营小组为单位组织学生到基地和各种市场考察、调研,熟悉农家乐市场。科研教学结合的教学方法:通过承接的科研项目与课程内容结合,培养和锻炼学生的研究能力,提高现实分析能力。

(2) 管理实务

注重实践教学,综合运用多种模拟实践教学的形式。在课堂内或校园内,引入管理要素,建立仿真环境,营造管理情景,使学生像实际管理者那样进行模拟决策。具体形式主要有:

① 案例分析。进行案例分析时,既可以采用由学生独立分析,再以书面作业完成的分散方式;又可以采用先分小组讨论,后到课堂上全班讨论这种集中形式。其中,后一种方式主要用于对重点案例进行分析。教师的指导重点要放在引导学生寻找正确的分析思路和对关键点的多视角观察上,而不是用自己的观点影响学生。教师对案例分析的总结,不要对结果或争论下结论,而是对学生们的分析进行归纳、拓展和升华。

② 模拟公司系列实训。结合课程的进程,经过组建模拟公司、制定企业规范与计划、组织实施专题活动、控制与总结等阶段,模拟企业的一个管理循环,使学生对实际管理过程有更深的体验。

③ 专题研讨。一般是针对一个特定的管理问题,事先进行较为充分的准备,然后学生们集聚在一起,在轻松的氛围中畅谈,相互启发,也可以争论,形成相同或不同的思路,并于事后形成文字材料。

④ 调查与访问。配合教学内容,组织学生深入社会,对企事业单位进行调查。有条件的,直接访问企业家。

⑤ 岗位见习。有计划地安排学生轮流到共建企业的生产现场担任助理,在管理者的直接指导下亲自体验并处理管理工作。

(3) 基础会计

基础会计总学时数96个,其中实践课学时数30个,学分数6个。主要教学内容包括原始凭证真实性、合法性、合规性和完整性的审查,达到准确识别原始凭证的要求;记账凭证完整、准确地填制,达到完成简单的采购、生产和销售业务凭证编制的要求;日记账、明细账、总账的登记,达到准确完成登记各类账簿的要求;会计账务处理流程运用,达到熟练选择账务处理流程进行经济业务处理的要求。根据该门课程的教学内容设计与实践课程安排,设计任务驱动、工作过程导向、情景教学等适应会计基础知识学习的相关方法。

① 任务驱动教学法。在实践教学环节,以一个企业真实的案例资料,要求学生实际完成一个月的会计工作,以具体工作任务,驱动学生积极主动地进行实

践操作,在实践中产生知识需求,针对其需求引入相关理论知识,有效地调动学生学习理论知识的积极性,以及对理论知识的灵活应用。

② 工作过程导向法。会计工作具有明显的阶段性特点,每一工作阶段又有着特定的工作步骤及工作内容,在实践教学环节,我们以会计的实际工作过程为导向来组织教学,在提出工作任务后,让学生依次完成初始设置、日常处理、期末处理阶段的各项会计工作,最后提交工作成果,完成一个完整会计工作过程,从而为学生建立起全盘账务处理的观念,突出课程的重点和难点。教师也是根据工作过程给学生提供相应的操作指导,并根据实际工作过程产生的知识需求引入必需够用的理论知识,教学做相结合,有效解决理论教学的抽象、枯燥问题,提高学生的学习兴趣。

③ 情景式教学法。进行实践教学的会计实训室,按企业会计部门形式布置,设有6个工作组,每个工作组有10个工作卡位,每个工作卡位配备一台电脑,每个工作小组配备了两台票据打印机,一进实训室,就如置身于一个实际会计部门办公室。课程实践所用的各类账证资料等耗材,全部按实际工作形式配备,可以从市场购买的各类空白原始单证、会计账簿、会计报表等直接购入,会计软件使用的专用凭证、账簿套打纸从金蝶、用友等软件公司购入,对无法购买到的发票、销售结算单等各类空白原始单证,委托印刷厂参照实物的大小、版式、纸质、联数印制模拟替代品。另外,金融专业的模拟银行实训室还可为我们提供模拟银行支票、本票、汇票以及其他银行结算单据,从而为学生提供充分的真实或仿真的实训耗材,保证学生在学校实践中的用品即为其在实际工作中所面对的用品。通过以上方法为学生模拟出企业真实工作环境及氛围,使学生在学校就能置身于企业的实际情景中,从而极大地拉近教学与实践的距离。

④ 角色体验法。通过让学生扮演不同的角色来体验、掌握相关的知识和操作方法。如在会计凭证传递、日常业务处理流程等教学中让学生扮演业务经办人员、制单会计、审核会计、出纳、记账会计等角色,通过相互间的业务往来模拟,让学生掌握各会计岗位在实务工作中的分工及衔接、会计部门和相关业务部门的业务关系,以及如何在会计工作中发挥监督职能。角色扮演将枯燥的程序描述转变为生动的课堂游戏,既激发了学生浓厚的兴趣,又让学生通过角色体验加深了对知识的印象。

⑤ 案例教学法。对于理论知识部分内容的讲述,充分考虑教学对象的特点,推行案例教学方法,对每一知识的提出,均通过浅显易懂的案例类比引出。如在讲述会计要素时,没有直接向学生灌输会计要素的定义、内容等理论知识,而是以日常生活中的个人为例,通过与学生共同分析比较其目前财务状况、未来财富积累趋势、目前可自由支配支出等,形象类比地引出要评价一个企业财务状

况、经营成果和现金流量所应考虑的因素：资产、负债、所有者权益、收入、费用、利润，再对学生对这些要素理解的偏差进行修正，从而让抽象难懂的理论知识，变得形象生动，易于理解与掌握。

⑥ 启发式教学法。在教学中我们特别注意贯彻启发式教学原则，引导学生养成勤于思考、独立思考的习惯。启发式教学不是简单的"提问式"、"讨论式"，而是在教学的每一个环节充分展示会计思维过程，这是启发式教学的核心。例如，期末损益结转向来是初学者在期末处理阶段的一个棘手环节，我们在讲述此部分内容时，不是简单地教给学生相关的结转分录，而是从收入及费用账户的结构特点入手，引导学生分析期末结转所要达到的数据处理目标，以及为达到这一目标而精心设计的账户结构、日常资料归类整理方法、期末数据加工思路，学生自己就可以推导出结转分录的内容，轻松地逾越了这一知识难点。

⑦ 直观教学法。运用会计教学挂图、会计凭证、会计账簿等教具进行直观教学，使学生能直观地认识会计核算的流程以及会计凭证与会计账簿的形式、内容等。

⑧ 演示教学法。对会计凭证的填写、会计账簿的登记以及会计凭证的装订等会计操作技能，多采用此教学方法，使学生能在教师的演示中学会凭证填制、账簿登记及会计凭证整理与装订的方法与技巧。

⑨ 讨论式教学：把学生分成若干小组并推举一名组长。让学生围绕对会计的初步认识，列举生活中涉及的与会计有关的事项，或对学习中遇到的不理解之处，展开热烈的讨论，各抒己见，畅所欲言。

(4) 会展营销与策划——理论讲解+案例分析

"会展项目管理"是会展策划与管理专业的一门专业核心课程，属于实务操作性很强的总结性课程，是对前置"会展概论"、"会展调研"、"会展营销"和"会展策划"等课程的实践理解和综合应用，在课程体系上具有关键性作用。其任务是培养会展策划与管理专业的学生系统学习运用项目管理的一般原理和方法，结合会展项目的特点，掌握会展项目全过程管理的理论和方法，并用于指导会展项目的实践。

通过理论讲解和会展案例分析相结合的方式，使学生了解会展项目管理的过程和方法，理解和掌握会展项目计划、组织和管理、控制和调整、财务管理及危机管理、会展项目评估等各个环节的要领和方法。做到理论联系实际，扩大学生知识面，为今后参与会展项目管理工作及学习其他专业课程打下基础，培养会展项目管理的复合型人才。

(5) 酒店管理(农家乐)专业——"五环节"教学方法改革

该专业以建设市级重点专业为平台，积极探索多种形式的教学方法。原来的教学方法一般都是教师展示,学生模拟,学生缺乏独立思考和协作意识,因此我们在教学改革中实行五环节教学法,将过去的"以教师教学为中心"转变为"以学生学习为中心",将过去的"重技能训练轻职业素质养成"转变为"技能训练与职业素质教育并重"。在任务引领中,教师设计和解析任务,给出完成学习性工作任务的知识、能力、态度要求,以及工作流程和实训任务卡编制事项。实训任务卡包括实训目标、内容、教学组织、考核方式等。在单项训练环节,学生在校内实训基地进行完成工作任务的单项技能训练;在分组工作环节,学生组合成N人的实训小组,在教师或生产一线行业专家的指导下,小组内部进行沟通和研讨,完成本小组实训作品的工作方案和综合训练;在作品展示环节,小组成员向全班展示或演绎小组课程作品。所有实训内容都以课程作品的形式完成,在多元评价环节,采用现场操作、现场作答、课程作品报告会等方式进行,学生通过完成课程作品获得课程学分。此方法注重发挥学生主体作用,让学生成为教学活动中的主角,学中做,做中学,"教、学、做"一体化,极大地提高了学生的学习兴趣,开拓了学生视野,使学生增长了见识,他们的专业操作技能和对客服务技巧,以及处理突发事情的应变能力等都得到了明显提升。此方法暂时只在餐饮和客房课程中采用,以后逐步推广到其他专业课程。

案例展示

【案例1】合作社经营管理专业教学方法与教学评价改革案例

根据课程内容和学生特点,因材施教,推行任务驱动、项目导向、顶岗实习等符合职业教育特色的教学模式,灵活采用多种教学方法,依托校内实训和校外实习基地推行仿真或真实的职业环境下的实践模式,开展体检性学习,采用项目教学法、课证融合法、案例分析法、仿真模拟法、网络教学法、现场认知法、角色扮演法等教学方法,融"教、学、做"为一体。

一、教学方法改革

传统的教学,老师在课堂中占主体地位,学生只能被动地接受知识。由于高职学生的特点,传统的教学方法并不能满足学生对高职课程的教学,因此,教师进行了一系列改革。在教学中,教师注意采用多元化的教学方法。

在授课的过程中,尤其是营销类课程,教师通过对教学内容的分析、归纳和提炼,开发典型的工作任务,采用任务驱动项目的教学方法。

以合作社经营实务课程为例,教师以满足合作社实际工作中的工作情境为主线选取课程内容,并根据这些工作任务所需的能力和知识要点来设计教学目标,然后将教学内容进行序化,分成5个学习情境:创建的准备、经营模式(与市场对接)方式、融资决策、订单和基地管理、项目申报。为了让课程与实际业务更贴近,教师以工作任务为载体,教学组织总体采用任务驱动、项目导向、情景模拟等方式。对于知识部分的教学主要采用案例分析、启发引导、自主学习等方法,对于项目任务的教学主要采用收集案例、分组讨论、角色模拟、汇报交流等方法。多元化的教学方法,极大地激发了学生的学习兴趣,增强了他们学习的信心,提高了他们学习的积极性,为学生将来从事外贸业务打下了良好的基础。

二、教学手段改革

1. 搭建课程网络平台。为配合课程教学,搭建了"管理实务"、"合作社财务"、"合作社经济"等课程教学网站。通过网站学生可以获取本课程的全部教学资源,该网站也是师生之间教学沟通的主要网络平台。

2. 大部分课程运用多媒体手段进行授课。教师在认真备课基础上精心准备图文并茂的课件,尽可能增大课堂信息量,使授课内容变得生动、丰富,吸引学生注意力并活跃课堂气氛。

3. 通过经营管理软件("经营之道"、"营销之道"、"创业之星")模拟教学。通过软件,建立了虚拟生产运作等仿真教学环境,利用虚拟的项目进行学习和操作,优化教学过程,提高教学质量和效率。

上述现代教学技术手段在教学中的应用,优化了教学过程,有效地提高了课程的教学质量,为教学改革提供了帮助。

三、课程考核改革

采取过程性考核和终结性考核相结合的方式。

1. 终结性考核采取闭卷考试或开卷考试的方式进行。通过闭卷考试的形式考查学生对基本概念的掌握情况;通过开卷考试的形式考核一些学生不必死记硬背的,而需要综合运用的内容,达到培养学生实际运用能力的目的。

2. 在过程性考核中,教师将学生的作业质量、出勤情况、课堂表现情况纳入考核的范围,目标是促使学生认真上好每一堂课。而"实训考试"是考查学生分析、解决实际问题的能力。如经营软件操作课程,重点考查的是学生在此项业务中的实际操作能力,以每次项目完成的情况作为课程的考核指标,完成了所有的实训项目,课程的考核也就结束。由于考试对学生来说具有一定的压力,压力也能成为一种动力,从而调动学生的学习积极性。实践证明,学生进行实训时都表现出很高的积极性,其学习的潜能得到了充分发挥。

3. 创新考核方式,推行"课程联动、行业参与"的评价模式。所谓"课程联动,行业参与"学生评价模式是指整合专业课程,同一学期的相关专业课程统一进行评价。首先,学生以分组的形式(每组4~5人)按照课程教师的要求去深入调查了解一家企业,按规定获取该企业的相关材料;其次,相关课程教师根据课程进度和课程要求下达作业任务,小组按照该企业的现状虚拟运行实体企业;再次,课程结束时,学生整理材料并形成PPT,在指定的时间、地点向被邀请的行业企业专家和课程教师进行演示汇报,专家和教师根据学生演示情况进行评价;最后,课程教师对学生进行总评,以专家评价的分数占60%、平时成绩与考核占40%的比例计算各课程总评成绩。此种办法取得良好的效果,已经实施2年度,涉及的课程共达5门。

四、学生职业能力培养

从学生全面发展的实际需要出发,合作社经营管理专业通过营造有利于人才培养的校园氛围,为学生的全面发展提供尽可能大的空间和尽可能好的条件,让学生的个性发展在专业服务中得到良性引导,促进学生全面、协调、可持续发展,提高学生职业素质与核心能力。教师主要从以下三个方面着手实施:

1. 培养职业意识,开展职业道德教育。新生入学之初,通过由专业带头人、骨干教师、行业专家、企业带头人进行专业和行业介绍的方式,走访合作社和农业企业,帮助学生进行初步的职业定位,形成基本的"职业意识"。

2. 注重发挥学生的主体作用,构建丰富多彩的校园文化活动体系。专业教师和学生一道,开展各种各样的第二课堂活动:职业技能大赛活动由学生策划和组织,指导老师担任评委,对学生的自我意识进行培养指导;通过袍江人文讲堂、职业讲座、创业人士的成功故事对学生进行励志教育;利用"行业参与、课程联动"的评价模式,激发学生积极主动参与意识,同时鼓励他们参加志愿者活动,让学生在活动中锻炼语言技能和交际能力。

3. 引导鼓励学生积极参与绍兴市和省大学生科技创新项目的申报,提高学生专业应用能力和成就感。目前已有6个项目获得绍兴市项目立项,2个项目已经结题,2个项目获得绍兴市和省级教育部门奖励。

【案例2】汽车整形技术专业"教、学、做、考"一体化教学改革

汽车整形技术专业于2013年开始进行"教、学、做、考"一体化教学改革的探索,改革的目的是规范课程教学的基本要求,提高课堂教学质量,增强学生的职业能力。

一、实施"教、学、做、考"一体化教学改革的意义

近年来汽车后市场发展迅速,对于从业人员的综合要求也变得越来越高,因此,原有相对单一的课程体系(学科式的教育体系)已经不能满足现有社会综合性人才的培养需求,课程模式改革变得十分必要。基于"教、学、做、考"一体化

的教学研究与实践的主要意义在于：

1. 充分发挥高职学生形象思维强于逻辑思维的特点，采用基于工作过程系统化的"教、学、做、考"一体化教学，提高课堂教学效果。

2. 提升教师的教学能力、专业业务能力。基于工作过程系统化的"教、学、做、考"一体化教学，对师资要求较高，需要同时具备较高的理论水平和较强的实际操作能力，需要对教学材料进行分类提取，前期准备工作较多。

3. 改革人才培养模式，通过虚拟、仿真及真实的单项技能训练到综合技能训练，呈现一种螺旋上升状态，从而提升学生的知识、技能水平，做到人才培养与使用的无缝对接。

二、"教、学、做、考"一体化教学改革的内容

1. 汽车整形技术专业主干课程按照"教、学、做、考"一体化进行各个项目的设计。深入汽车维修企业一线进行调研，提取汽车整形技术专业人员的工作岗位，根据工作岗位确定典型工作任务，按照典型工作任务对专业课程的项目进行设计，以适应"教、学、做、考"一体化教学需求。

2. 教学场所改革。建设能满足"教、学、做、考"一体化教学需要的汽车整形实训中心，"教、学、做、考"一体化教学的学习环境要尽可能企业化、职业化、多功能化。理由是该模式需要的教学时间、空间、功能具有高度紧密的衔接性和统一性。一般而言，在空间设计上，一个"教、学、做、考"一体化教室应同时具备设备区、准备区、教学区、演示区、研讨区、操作区以及成果展示区等，以实现"教、学、做、考"的有机统一。同时，一体化教室还要具备足够的教学设备设施、操作台或实操工位、教学材料、学习材料以及足够的实习、实训材料等，以兼具以往传统教学的理论课教室、专业实训室的各种功能。

3. 改革教学组织、实施方法，以适应"教、学、做、考"一体化教学需要。结合专业课程的特点，将项目教学法应用于"教、学、做、考"一体化教学模式中，基于工作过程的内容进行设计，以"项目导向、任务驱动"组织教学内容，按照真实工作流程设计从简单到复杂的教学过程。在课程教学中，按照基于工作过程的"任务驱动"教学方式，在做中教、在做中学、在做中考，逐步展开一系列的教学活动。

首先创设工作情境，引入新课的任务，引导学生进行思考；接着分解其中一个任务，实施任务，将完成项目需要的知识及操作分为若干个知识点，每讲一个知识点就让学生亲自动手，完成相应的内容，再进行下一个知识点的示范操作，这样和学生交互进行，直到完成整个任务；然后将任务中涉及的知识点进行梳理，简单归纳，最好将教师的工作经验融入其中，加深学生的印象，同时培养学生的职业素质；最后从工作和生活中取材，设计制作新作品，巩固基本操作，激发学

生探索创新的欲望,培养学生的创新意识。

4. 建立适合"教、学、做、考"一体化教学的评价体系。打破原来以理论考试为主的单一模式,采用过程考核与终结性考核相结合、结果性考核与发展性考核相结合,知识、能力、素质全面考核的形式。校企共建课程考核体系,强调素质养成和过程考核。在设计考核方式时,采用项目考核和期末综合考核相结合的方法,使考核和企业岗位相符,达到企业上岗要求。同时"教、学、做、考"一体化的教学评价体系要注意与国家及浙江省的职业规范、职业标准接轨。

5. "教、学、做、考"一体化的教学团队建设。由于"教、学、做、考"一体化教学融会了以往传统教学理论讲授、专业实验、技能实操、实习指导、综合考评等多种模式的教学要素,要求教师不但要具有较强的汽车专业理论知识,还要有较丰富的汽车维修实践经验。因此,教师必须具有企业工作的经历,且随着汽车技术的发展,还要经常到厂里进行实践训练,以及时更新企业经历。此外,一般每个"教、学、做、考"一体的教学班应有1~2名指导教师,并应尽可能配备企业教师参与教学或指导。

三、"教、学、做、考"一体化教学的实施

1. 深入相关企业调研,根据汽车整形专业的岗位设置提取典型工作任务,再根据典型的工作任务对汽车整形技术专业的主干课程按照"教、学、做、考"一体化的要求进行项目设计。汽车整形技术专业的汽车钣金工艺课程内容开始根据汽车钣金工的典型工作任务进行整合。见表1。

表1 汽车钣金工艺课程的项目设计和内容整合

序号	工作任务	课程内容和教学要求	活动设计	参考课时
项目一	钣金件的展开与放样	钣金件的展开与放样	通过多媒体认识汽车钣金基础,熟悉钣金件的展开与放样	2
		钣金件的画线与裁剪	画线、裁剪钢板	4
项目二	钣金件的手工成型	钣金维修工具认识与熟悉	了解钣金手工制作所需工具	2
		钣金件手动制作基本工艺	弯曲、卷边、咬缝	4
		钣金件成品制作	圆台、五角星等手工制作	6
项目三	车身钢板的手工整形	手工整形工具认识与熟悉	了解车身钢板手工校正所需各种维修工具	2
		小范围凸起手工修复	车身钢板凸起修复	4
		凹陷手工修复	车身钢板凹陷修复	6

续表

序号	工作任务	课程内容和教学要求	活动设计	参考课时
项目四	车身钢板的机械整形	车身钢板机械校正方法及其工具设备的认识和熟悉	通过多媒体了解各种汽车钣金维修中的电动和气动设备	2
		车身钢板的去漆处理	去除钢板表面涂层	4
		车身钢板的拉拔修复	各种凹陷的修复	10
		车身钢板的加热校正	钢板缩火	6
		车身钢板的切割	车门切割练习	6
项目五	车身塑料件的维修	车身塑料件维修方法和维修工具的认识与熟悉	通过多媒体了解车身塑料件的维修方法,熟悉其维修工具	2
		车身塑料件的黏结修理	保险杠黏结修理	6
		车身塑料件的焊接修理	保险杠焊接修理	6

2. 教学场所正在向多功能一体化教室、一体化实训室和一体化基地转换。在真实(虚拟)的工作环境,布置真实的工作任务,构成一个手脑并用的学习情境,使学生在教师的演示、帮助和引导下边学边做,经历完整的工作过程。汽车营销、汽车维修及汽车整形实训中心的改造、建设正在扎实有序地推进。建成后同时具备设备区、准备区、教学区、演示区、研讨区、操作区以及成果展示区等,以实现"教、学、做、考"的有机统一。同时,也具备足够的教学设备设施、操作台或实操工位、教学材料、学习材料以及足够的实习、实训材料等,以兼具以往传统教学的理论课教室、专业实训室的各种功能。

3. "教、学、做、考"一体化教学的评价体系,应打破原来以理论考试为主的单一模式,采用过程考核与终结性考核相结合、结果性考核与发展性考核相结合,知识、能力、素质全面考核的形式。校企共建课程考核体系,强调素质养成和过程考核,在设计考核方式时,采用项目考核和期末综合考核相结合的方法,使考核和企业岗位相符,达到企业上岗要求。同时"教、学、做、考"一体化的教学评价体系要注意与国家及浙江省的职业规范、职业标准接轨。

四、实施效果

"教、学、做、考"一体化的教学模式正处于实践阶段,就目前来说已取得一定成效。

(1) "基于'教、学、做、考'一体化的课堂教学研究与实践——以汽车整形技术专业为例"于2013年被列为浙江省高等教育课堂教学改革研究项目;

(2) 学生对专业课程的学习兴趣有所提高;

(3) 所学的内容更加贴近实际工作；

(4) 分组训练，教学团队的协作能力得到提高；

(5) 授课教师的教学能力显著提高；

(6) 强化了过程考核，学生学习的积极性、主动性明显提高。

但是也面临如下一些问题：

(1) 教学内容要根据汽车技术的不断发展继续调整；

(2) 加快实训基地建设，以适应"教、学、做、考"一体化的教学需求；

(3) 教师要经常深入企业一线，了解实际工作内容，及时调整教学内容；

(4) 加强校外实训基地建设；

(5) 加快课程资源库的开发，以适应"教、学、做、考"一体化的教学需求。

(二) 过程性与终结性评价相结合

1. 职业院校的教学评价

教学评价是一个集目标、过程、结果、参与者、受益者等多元主体为一体的具有价值导向的系统行为。《简明国际教育百科全书》对教学评价的定义是："当人们在完成某项任务时，对他们有目的的行为能否有效地做出评估取决于三个步骤或阶段，分别是：标准任务或标准系列任务、文件记录、评分要点。它们是同等重要的。"系统论者则认为，教学评价是教育教学系统的信息反馈通道，它是根据评价对象的功能和特征，规定评价的指标体系，通过对其系统状态所提供的信息进行观察、分析和比较，找出偏离指标体系的程度和原因，确定最优"决策"，以及根据这些决策对系统状态进行预测的综合研究的过程。教育科学理论认为，教学评价是一种系统地收集资料，并参照适宜的衡量指标，对教学客体做出价值判断，以便协助教育教学决策者在多种可行的途径中择优而行的动态过程。从本质上讲，教学评价就是一种价值判断活动，是对教学活动的现实价值或潜在价值做出判断的过程。尽管现代高职教学工作评价在西方已有"100多年历史，但我国高职有计划地开展教学评价时间较短"。近10年来，随着社会经济的发展和教育改革的深入，高职教学评价取得一定的进展。实施教育教学评价的根本目的，就是正确处理好高职教育发展过程中的当前与长远、局部与整体、数量与质量、效率与效益的关系，促进规模扩大与质量提升的有机统一，实现高职教育自身的可持续发展。尽管国家和省级政府教育主管部门分期分批开展了高职教学评价工作，先后出台了一批指导性文件，对促进高职的教学改革，提高教学质量和办学效益起到了很好的作用。

目前高职高专考核评价的类型主要有：1) 考试课考试。考试课成绩采用百分记分制，一般依据期末成绩和平时成绩评定，期末成绩占70%，平时成绩占

30%。期末考试方式多采用闭卷笔试方式,其他考试方式应用得很少。写论文、开卷笔试、口试、上机考试、实践能力操作考试,或几种考试方式相结合的考试方法虽也有运用,但采用次数较少。2)考查课考试。考查课成绩采用五级记分制或百分记分制,主要依据各种平时考查成绩和阶段性考试成绩综合评定。考查课或选修课采用的考试方法灵活多样,一般阶段性考试采用闭卷考试。除此之外还有开卷、口试、论文、报告、答辩等考试方法。3)实习成绩考核。实习成绩一般采用五级记分制,个别采用百分记分制或两级记分制。实习成绩考核方式采用日常观察考核、笔试、口试、报告、现场操作、答辩、厂方鉴定等多种方式或几种方式相结合的综合考试方式。4)课程设计和毕业设计成绩考核,基本上采用五级记分制。课程设计和毕业设计成绩一般由设计成果设计说明书及图纸、样品、装置、论文、调查报告和答辩成绩等组成,其中设计成果成绩占总成绩的70%左右,答辩成绩占30%左右。工科专业毕业设计多采用设计形式,其他类专业多采用论文形式,亦有少数采用调查报告形式。5)职业技能考核,采用两级记分制或百分记分制。考试主要采用笔试与操作考试相结合的综合考核方法进行。笔试主要考核"应知"内容,操作考试考核"应会"内容。6)综合素质考核。综合素质考核是根据学生品行、学习成绩,以及在各项活动中的表现对学生做出定性的综合评价,分出差别,作为奖学金评定等的依据。主要由学生管理部门和辅导员评价,一般每学年评价一次。

但是我们也应该看到,高职教学评价工作无论理论上还是实践上仍存在许多问题,主要表现在高职教学评价观念不够科学,如在高职教学评价实际中,往往存在一些功利主义的教学评价观念,对教学评价的目的、质量意识等方面的认识带有极大的片面性和模糊性;高职教学评价体系的设计不够全面,如评价指标体系中指标过多过细、评价指标体系定量过多,评价结果难以解释或其解释对学校发展的导向不明等;高职教学评价的方法技术有待改进,如高职评价实践中大多以学校绩效对教学做出价值判断,这使得评价效度难以把握;评价效应的滞后性和教学评价的即时性之间的矛盾,以及评价标准的模糊性等都不同程度地降低了教学评价的信度等;高职教学评价制度不够规范,如评价机构不完善,缺乏中介评价机构,政府教育主管部门集管理者与评估者于一身,权责不清;缺乏一整套稳定规范的制度和程序;等等。正所谓"冰冻三尺,非一日之寒",这些问题的存在与我国教育评估体制及运作机制天然不足有着密切的关系,同时也与学校领导者与教学管理者的教育理念、思想、行为模式有关。解决这一问题非一朝一夕之功,应该深入到学校内部,从思想观念出发,以先进观念驱动评价行为的变革。

2. 浙农商院"过程—终结"评价体系的建构与评价方式的创新

基于"政校行企合作,产学研创结合"的工学结合的人才培养模式要求,实现八个零距离衔接:一是学生身份与企业员工身份的零距离衔接,二是学校文化与企业文化的零距离衔接,三是校内仿真实训与企业生产零距离衔接,四是任职资格和技能考评与企业岗位内涵要求零距离衔接,五是专业平台建设与区域经济需求零距离衔接,六是课程设置与行业或企业专有知识和技能零距离衔接,七是技术发展与课程价值取向零距离衔接,八是人文引领的综合能力协调发展与应用型人才培养目标零距离衔接。这就要求人才的评价体系构建要更人性化,"人"才是价值的根源,才是最优发展的目标。浙农商院正是以"人"的价值实现为依归,将多元评价方式融合进了学生学习与考核的全过程,强化质量意识,加强质量管理体系建设,重视过程监控,吸收用人单位参与教学质量评价,坚持学生校内学习与实际工作的一致性、校内成绩考核与企业实践考核相结合。

在具体实施方面,评价内容涵盖了知识测试、技能考核、实习实训成绩考核、作业成绩、课堂讨论与发言情况、出缺勤情况、各类比赛获奖情况等,由这些内容共同组成的评价体系构成了学生学习期间成绩的主要来源。在评价方式上实现了理论考试与实践操作分开、主观性与客观性考试相结合、过程性评价与终结性评价相结合、学习成果与学习态度及学习过程相结合的方式,实行基于知识能力检测的纸笔测验、基于操作能力检测的产品/工作设计与制作考核、基于综合素质检测的工作业绩考核。在考核命题上坚持多种题型相结合的方式,如在期末考核中融入选择判断题、问答分析题、情景模拟题、案例分析题、计算题和管理方案设计等。

在这一评价体系中,考核脱离了过去"一刀切"的评价方式与具有压制意味的评价效果,学生在过程性评价中学到如何改进学习,纠正过程错误,在终结性评价中认识到一个学习阶段的学习成果以及需要在未来的学习过程中积极补充的内容。教师在过程性评价中改变以考试"要挟"(变相刺激)学生的观点,以过程性检测修正教学不当之处,指导学生明确学习目的;在终结性评价中检测自己所教学生的知识与能力内化情况,从宏观处入手制订下一学期或学年的教学计划。同时,学生也从多元化的考核内容中发现自己的闪光点,将专业学习与兴趣培养紧密结合,从而在校园内埋下人生价值实现的种子,为今后走出校园、跨入社会奠定坚实的知能基础与心理基础,达到多元化人才的培养效果。学校自实施多元化评价方式改革以来成果显著,诞生了一批在校园文化活动、专业技能训练、就业创新创业领域的拔尖人才,学校师生在各类比赛中荣获嘉奖,学生毕业后在自己喜欢的工作岗位上不断奋斗,进而成为区域行业或企业内的技术骨干、中层干部等都见证着学校评价体系改革的每一个步伐和每一个成就。

此外,各专业根据自身特点,创新性地开发了具有专业人才培养特征的、旨在提升评价效果的评价方法。例如酒店管理(农家乐方向)在"以证代考"和"3+2评价法",合作社经营管理专业的"课程联动,行业参与"学生评价模式等。

酒店管理(农家乐方向)在"校企双向全程介入"人才培养方案的评价体系中做了两个方面的创新:一是实施"以证代考",建立新型的学生综合考核评价体系。职业技术模块课程实行"以证代考",指的是学生学习完职业技术课程模块相关课程后,以参加行业资格证考试代替学校的课程考试。例如上完"餐厅服务与管理"后,学生本门课程的成绩,以获得劳动部门的"餐厅服务员证书"为及格,否则不及格。二是实施"3+2评价法",建立教师评价指标体系。教师评价指标体系"3+2评价法"指以企业、学校、学生三个与教师工作关系密切的主要群体为教师工作成绩的评价主体,三个评价主体对教师作定量和定性两种类型评价。定量评价是学生、学校、企业对教师工作量、企业经营的数量评价,定性评价是学生、学校、企业对教师工作的性质进行评价。"3+2评价法"的创新之处在于引入了企业对教师的评价,因为本专业教师大量的工作是在企业完成的。定量与定性两种评价结合是为了保证评价的准确性与客观性。

合作社经营管理专业的"课程联动,行业参与"学生评价模式的出现是为了改革目前的学生课程评价模式,更好地让学生融入企业中去,使课程教学更具有实效,让行业专家共同参与学生的课业评价。"课程联动,行业参与"学生评价模式是指整合专业课程,同一学期的相关专业课程统一进行评价。首先,学生以分组的形式(每组3～5人)按照课程教师的要求去深入调查了解一家企业,按规定获取该企业的相关材料;其次,相关课程教师根据课程进度和课程要求下达作业任务,小组按照该企业的现状虚拟运行实体企业;再次,课程结束时,学生整理材料并形成PPT材料,在指定的时间、地点向被邀请的行业企业专家和课程教师进行演示汇报,专家和教师根据学生演示情况进行评价;最后,课程教师对学生进行总评,以专家评价的分数占80%、平时成绩与考核占20%的比例计算各课程总评成绩。

资料链接

合作社经营管理专业"课程联动,行业参与"学生评价模式实施细则

一、目的与意义

为了改革目前的学生课程评价模式,合作社经营管理专业拟实施"课程联动,行业参与"学生评价模式,更好地让学生融入企业中去,使课程教学更具有实效,让行业专家共同参与学生的课业评价。

二、"课程联动,行业参与"学生评价模式内涵

所谓"课程联动,行业参与"学生评价模式是指整合专业课程,同一学期的相关专业课程统一进行评价。首先,学生以分组的形式(每组3～5人)按照课

程教师的要求去深入调查了解一家企业,按规定获取该企业的相关材料;其次,相关课程教师根据课程进度和课程要求下达作业任务,小组按照该企业的现状虚拟运行实体企业;再次,课程结束时,学生整理材料并形成PPT,在指定的时间、地点向被邀请的行业企业专家和课程教师进行演示汇报,专家和教师根据学生演示情况进行评价;最后,课程教师对学生进行总评,以专家评价的分数占80%、平时成绩与考核占20%的比例计算各课程总评成绩。

三、实施试点班级与课程

实施课程:每学期相关课程2~3门。

实施班级:合作社经营管理专业。

四、实施步骤

第一阶段:各班进行分组,3~5人为一组,完成时间为第1周;

第二阶段:各组下企业(合作社)考察并按要求获取相关材料,安排时间为第2周;

第三阶段:课程教师按照课程计划下达相关作业任务,指导学生小组完成;

第四阶段:课程结束后,邀请行业企业专家和课程教师组成评委,对学生的完成情况与质量进行评分,时间为第17周;

第五阶段:课程教师根据小组成绩和学生个人平时成绩做出课程评价。

五、调研要求

1. 选取调查对象。

2. 进行访谈,同时做好记录工作。

3. 根据访谈记录,整理成Word文档。

4. 调查过程中务必注意收集一些能够反映被访者实际情况的影像、文本资料(以访谈照片为主),照片中必须有小组全体成员与访谈企业管理者的合影(应该包含合作社名称)。

六、学生调查企业(合作社)须获取的材料

(一) 本合作社的概况及历史沿革

1. 合作社整体概况、合作社发展历史。

2. 合作社的经营范围和核心产品。

(二) 合作社的管理制度

1. 合作社章程。

2. 合作社人数(如果是企业形式,统计出社员和非社员以及股东人数)。

3. 合作社现有的人才结构状况(包括性别、学历、社会背景、个人技能)。

4. 合作社内部管理(组织结构、工作流程、重点车间或者部门)。

5. 合作社盈利能力(尽可能调查财务状况,包括资产负债、年盈余)。

6. 合作社的分配制度(尽量详尽,尽可能统计出近三年的状况)。

(三) 合作社的未来发展

1. 合作社的特色之处。
2. 合作社所获得的奖项和政府或集体资助。
3. 合作社未来的发展方向(主要请负责人或管理人员谈发展,做好记录)。

七、调研注意事项

1. 带上学生证和校徽,以便证明身份;带上手机,以便外出时互相联系;带上零钱,以便乘公交;为防天气变化,最好带上雨具。

2. 调研中注意人身安全和财产安全。出发前准时集合,出行时紧跟队伍,并听从队长分配(没有手机的同学切忌单独行动),有事时向队长说明情况。

3. 把握使用相机、DV、录音笔的时机,避免造成对方的紧张和戒备。真实记录被调研人的选择,调研内容必须真实。

4. 调研时需先表明身份,说明调研内容和目的(强调调研对被调研人的好处,会有利于调查的开展)。言谈举止大方得体,对话语言生活化,放平心态,真诚交流。

5. 调研时要有礼貌,言语不要过激,不能强迫被访者。针对被调研对象选择合适用语,如多用简单日常用语提问等。

6. 调研时可以先以聊天形式进行,调节好气氛后逐步进入主题。但请勿过度扯淡,注意时间的把握。少说多听,避免先入为主、诱导式提问;注意认真思考、认真倾听,不随意表达个人观点。

附1 "课程联动,行业参与"模式学生汇报评分标准

"课程联动,行业参与"模式学生汇报评分标准表

课程:管理实务、农产品营销、应用文写作　　　　　　　　小组:

评价要点	评　分
1. 主题(15分):主题明确、深刻、完整,观点合理,见解有特色	
2. 材料(25分):材料真实、翔实,辅以数据说明,反映客观事实,具有现实意义。通过结合合作社的实际情况,体现三门考核课程的内容	
3. 结构(10分):结构完整合理、层次分明,符合调查报告格式,配有图标为佳,论点、论据具有逻辑性	
4. PPT设计(30分)	
5. 演讲与语言(20分)	
总分	

附2 "课程联动,行业参与"评价模式活动现场

六、一体化、多模式、仿真性——农商人才实践能力的锻造

实践教学体系是保证和贯彻实践教学内容实施与发展的体系,其将实践教学环节合理配置,以技术应用能力培养为主体,按基本技能、专业技能和综合技术应用能力等层次,循序渐进地安排实践教学内容,将实践教学的目标和任务具体落实到各个实践教学环节中,让学生在实践教学中掌握必备的、完整的、系统

的技能和技术。

（一）基于顶岗实习和双证考核的"一体化、多模式、仿真性"实践教学体系

浙农商院基于顶岗实习和双证考核的"一体化、多模式、仿真性"实践教学体系是在遵循实践教学基本规律的基础上，根据本校专业特点与用人单位对学生技术技能要求所探索出的一条创新型实践道路。这一体系融合了高职教育中可能涉及的多种实习实训路径与平台，最大限度地集成利用学生实习实训的机会，以达到实习实训效果的综合化提升。同时该体系坚持"一个框架，多种模式"的运行方式，在坚持"能力培养与素质提升并重、校内实训与校外实习互补、模块训练与阶段递进融合"的实践教学基本运行框架的同时，允许各专业结合自身特点对实践教学的内容、环节、实施过程、教学形式、平台建设等进行个性化规划，最大程度上发挥实践教学体系的适应性、针对性与灵活性。此外，强调实训教学的仿真性也是这一体系规划与实施的基本原则。仿真性主要包含两个层面的含义：一是利用仿真技术实施实训教学。近几年来，计算机仿真技术不断被引入到工科教学中，可以很好地解决和弥补实训条件的限制、实训过程的危险性以及现场实习的欠缺等。在实践教学中先进行仿真训练再进行实际实验，可以完成实际无法实现的某些实验，既满足教学要求，又减少了实验中的消耗和危险。模拟实习可以让学生不出校门就能了解实际生产装置，并能反复操作，使学生既能对生产实际有很好的认识（不能完全替代生产现场），又能亲自动手来锻炼提高专业应用技能，将所学专业知识与生产紧密结合在一起，有效地提高与社会接轨的实际工作能力。二是营造真实的仿真环境，主要包括基于工作过程的实训环境设计、工作角色扮演、工作结果的真实化评定等，甚至直接将学生带到工作现场，以学徒的身份参与到生产实践过程当中，以高度仿真的情境提升实习实训的效果。在浙农商院，各专业涉及的实训教学体系就是按照这一思路构建、完善和发展起来的，各专业在保持基本思想与核心要素统一的前提下，根据专业特点设计出了特色鲜明、科学实用、操作性强的专业实训教学体系，切实保障本专业学生实训学习的有效性。此外，学院出台《浙江农业商贸学院学生顶岗实习管理办法》，形成了企业、学校、指导教师三方共同管理顶岗实习的管理机制，学院2014届毕业1008人，参加半年以上顶岗实习人数为1008人，占应顶岗实习人数的100%，并且大部分顶岗实习学生在实习期间获得企业给予的金额不等的实习补贴。

学院领导高度重视各专业"双证书"制度的制定与执行工作。各专业针对本专业的培养方案和学生毕业的主要去向，结合用人单位的相关意见和资格证书考核的相关要求，制定了符合专业要求的资格证书获取体系，并将资格证书的获取时间充分融入到了教学计划当中，保证证书的获取率，并照顾学生的知识接

受程度。此外学校加强了校内实训基地的软件和硬件建设,以便达到取证培训、考试的条件要求;重视和充分发挥行业专家在"双证书"中的作用,通过校企合作的方式提升"双证书"教学的质量与效益;通过各种方式强化学生获取职业资格证书的意识,制定和出台了获取相应资格证书的激励政策及文件,尤其是将证书的获得与学生的学分、各项荣誉、奖学金的获得等挂钩,以实现"双证书"教育的真正效果;各专业也重视学生取证考试的及格率,制定符合专业教学特色与实际的鼓励政策,集全校之力积极培养具有职业技能考核资格的教师;在教学上,将职业标准、取证教学内容适当融入"教学计划"之中,以减轻学生课外负担及经济压力,同时避免重复学习,实现了"教学—认证"实施一体化。目前,各专业已经建立起较为完备的职业资格证书获取体系,学校也具备了部分专业的从业资质认证资格,现有国家职业技能鉴定所 1 个、特有工种职业技能鉴定站 1 个、行业职业技能鉴定中心 1 个、院级职业技能鉴定机构 1 个,鉴定工种项目数 18 个。鉴定所组织全院 15 个专业共开展 23 个项目校内、外职业资格证书考试,实现了校园内"学业学习——资格认证"的系统对接与整合。

 资料链接

浙江农业商贸职业学院实践教学管理条例(试行)

实践教学是高职教育教学体系中重要的组成部分,是高等职业教育的主要特色,是培养学生的专业能力、理论联系实际能力、就业能力和创业创新能力的重要环节。为了规范实践教学管理,提高实践教学质量,突出职业能力培养,根据教育部、浙江省教育厅相关规定和文件精神,结合我院实际,制定本条例。

第一条 实践教学涵盖学生参与的所有实践活动,主要有实验(包括上机训练)、实训、专业技能训练、课程综合训练、实习、社会实践、毕业论文(设计)等。

第二条 实践教学管理职责

1. 教务处职责

(1)研究制定院级实践教学管理规章制度。

(2)制定学院校内、外实训基地建设规划。

(3)负责学院年度实践教学经费预算和报销的审核。

(4)对实践教学计划的执行情况和实践教学过程进行检查和监督。

(5)与学院人事部门共同进行实训指导教师的聘任审核。

(6)协调校内实训室的使用和技能竞赛、技能考证及第二课堂实践活动。

(7)汇总系部上报的实验、实训和实习数据,形成学院实践教学报表。

(8) 统一印发实践教学日记本和实验实习报告。
(9) 研究处理实践教学中其他重大问题。

2. 系(部)职责

(1) 制定本系(部)的实践教学管理制度和实施细则;负责制定实训室管理制度、实训室仪器设备管理制度、实训室安全制度、仪器设备操作规程、实训室学生守则、实训室管理员职责、实训室指导教师职责等规章制度。

(2) 制定本系(部)校、内外实训基地建设规划以及年度实施计划。

(3) 负责编制实践教学经费预算;提出实训基地的年度建设计划和实践教学所需设备、材料采购计划,报学院审批。统一管理全系的校内实训基地财产和实物账目。

(4) 根据专业教学特点,组织制订实践教学计划,指导教研室制定实践教学大纲、实训指导书等实践教学文件,并组织对实践教学大纲和实训指导书进行审定。

(5) 负责实训室的日常管理,负责做好本系(部)实践教学各个环节的检查和督查工作。

(6) 做好实验实训指导教师及实训室管理人员的选拔推荐和日常管理工作,做好实践性教学教师的培养和考核工作。

(7) 负责实践教学相关资料、数据的收集、整理和保管工作。

(8) 组织实践性教学经验交流,评估实践性教学工作绩效。

(9) 推行实践教学安全工作责任制,确保实践教学过程中师生的人身安全和学院财产安全。处理实践教学中发生的事故并及时上报学院。

(10) 积极开展实践教学研究,探索建立理实一体、教练融合、工学结合、校企联合的教学模式,推进实践教学形式和方法创新;改革实践教学考核方式,探索建立突出学生职业能力培养的实践教学考评体系,不断提高学生的综合素质。要积极开展实践教学研究活动,研究专业实践课程体系的建设、实践教学项目设置与更新、实践教学方法与手段的改革创新、实训指导书的编写和实训教材的研发等。

3. 教研室(实训部)职责

(1) 负责制定实践教学大纲、实训指导书,编制学生实训报告,编写相应的教材讲义。

(2) 负责落实本教研室校内、外实训基地建设的年度实施计划。

(3) 做好实践性教学的组织和实施。

(4) 做好实训室、实践教学仪器设备的保养维修和改造工作,负责实训室仪器设备和物品的登记、建账及监购工作。

（5）开展实践教学的研究和改革工作，及时解决实践性教学中出现的各种问题。

（6）做好实践教学的安全教育和规范操作教育，负责实训室仪器设备等的财产安全，严格执行各项安全制度，严防不安全事故发生。

（7）负责落实实践性教学指导教师，并报系、教务处和人事处审批备案。

（8）组织落实实践性教学的考核和学生成绩的评定。

第三条 实践教学文件建设

1. 人才培养方案。根据人才培养方案对专业人才培养目标的要求，科学合理地构建实践教学体系和内容，明确实践教学安排的学期、课时比例、教学内容和教学形式等。

2. 实践教学大纲。实践教学大纲是实践教学的纲领性文件，内容包括实践目的和任务、实践内容和要求、实践程序、时间分配和场所、对学生的要求、检查和考核的办法等。实践教学大纲由教研室根据课程性质、特点和内容组织编写，经系部审批后执行。实践教学大纲一经确定不得随意更改，如需更改应按程序报批。

3. 实践教学计划。实践教学计划是进行实践教学的具体方案，主要有实验（包括上机训练）计划、实训计划、专业技能训练计划、课程综合实训计划、实习计划、社会调查计划、毕业论文（设计）计划等。实践教学计划由任课教师拟定，教研室和系部主任审定，教务处审核备案。实践教学计划审批后，如需增减项目、改变学时和内容，须经系部主任审定，报教务处审批备案。

4. 实践教学指导书。实践教学指导书是实践教学项目的操作指南，分为实验指导书、实训指导书、实习指导书等。指导书应与教材统一配套，也可根据需要组织任课教师或实训指导教师编写。

5. 实训教材。实训教材是相关专业实践教材体系的重要组成部分。实训教材的开发要大力推行校企合作，联合企业专家资源，以工作流程为导向，以工作项目为驱动，确保其实用性。

第四条 实践教学组织实施

1. 实践教学指导教师应按照教学大纲和指导书认真备课，写出课时授课计划（教案）。每次上课之前，指导教师和管理人员应认真做好准备工作，包括检查仪器、设备运转是否正常，检查安全设施，备齐实验实训所用材料和工具，熟练掌握实验实训目的、要求、原理、步骤和仪器设备的操作规程。对难度较大或新开的实验实训项目要进行演练，新到岗或首开实验实训的指导教师必须进行试讲、试做。

2. 任课教师应提前一周将实验实训项目通知学生，并布置预习任务。学生在做实验实训前,指导教师要检查学生预习情况,预习不合格者不得参加实验实训。

3. 在实践教学开课之前,指导教师负责宣讲学生实验实训守则和其他有关规章制度,以及实验实训课程的整体安排和考核评价方案,做好学生的分组安排、仪器设备的分管等工作,确保后续实践教学的顺利进行。

4. 每个实验实训项目,指导教师应对有关理论、方法做必要的讲解。实验实训中,指导教师不能包办代替,要让学生独立操作,以培养学生的动手能力和独立分析、解决问题的能力,指导教师应巡回检查,进行规范指导。

5. 实验实训进行时,指导教师或工作人员不得擅自离开实训场所,应严格要求学生遵守纪律、保持肃静,不准动用与实验实训内容无关的仪器设备。要注意人身安全和设备安全,严格遵守安全操作规程。学生准备就绪后,必须经指导教师检查后方可开始实验实训。对不遵守规章制度、违反操作规程或不听指导的学生,指导教师有权停止其实验实训。

6. 实验实训结束后,指导教师应组织学生做好清洁卫生工作,认真检查、整理仪器设备,如有损坏、丢失,立即组织有关人员调查、了解仪器设备丢失、损坏的原因,并根据有关规定提出处理意见,及时报相关部门。

7. 指导教师应认真批改实验实训报告,做好成绩记录,对不合格的要根据具体情况要求重写。

第五条 实践教学管理

1. 各系部应按照人才培养方案的课程要求,以及实践教学大纲和学期教学进程表的要求,落实和安排好学期实践教学工作计划,并报教务处编制课表。

2. 实践教学任务一经确定,任何部门、个人未经批准,不得随意改动。教务处、系部将及时检查计划执行情况并做出质量评价。

3. 实践教学要严格按照教学大纲的规定进行,不得随意变更学时或改变实践教学的项目和内容。

4. 实践教学日志是实施实践教学计划的重要记录,是规范实践教学和教务处、系部对实践教学进行检查的依据之一。实践教学指导教师应认真填写实践教学日志。

5. 各实验实训室管理员应如实、及时逐项填写实践教学记录表,包括实践教学项目名称、对应专业和年级、教学要求、教学时数、每组人数、班级人数与指导教师姓名等。学期结束后,实践教学日志由实验实训室管理员收集整理,送系部存档。

6. 学院鼓励教师自制或改造实验实训设备和装置,使实验实训更接近生产实际。

7. 院、系二级领导都应高度重视实践教学督查工作,经常深入实践教学第一线,通过听课、检查、抽测、广泛听取意见等方法,了解和检查实践教学质量,及时反映和解决实践教学中出现的问题。

第六条 考核评价

1. 实践教学工作作为系部教学工作考核的重要内容,列入年度考核范畴。

2. 由教务处会同系部和有关部门定期对实践教学和管理人员进行考核,奖优惩劣。

3. 学生要严格遵守实践教学纪律,不得无故不参加实践教学。实践课原则上不得请假,遇特殊情况请假须经批准,否则按旷课处理,对缺课的实践环节需补修后再给予成绩评定。

第七条 其他

1. 有关顶岗实习、毕业论文(设计)实践教学管理按相关规定执行。

2. 本条例由教务处负责解释。本条例自发布之日起试行,以前相应的管理规定同时废止。

浙江农业商贸职业学院学生顶岗实习管理暂行办法

为加强学生顶岗实习的管理和对参加顶岗实习学生的指导,强化各部门的管理职责,确保顶岗实习的质量和效果,特制订本办法。

一、顶岗实习工作的总体要求

1. 顶岗实习是专业教学计划的重要组成部分,是校内实训向校外的延伸,是专业教学计划中综合性最强的实践性教学环节,它对于培养学生良好的职业道德、熟练的专业技能、较强的可持续发展能力等具有重要的意义。

2. 加强顶岗实习组织管理,是确保学生顶岗实习质量与效果的重要保障。教务处是顶岗实习业务管理的职能部门;学工部(学生处)是学生思想政治教育的职能部门;系、专业教研室是顶岗实习教学管理的主体,全面负责学生顶岗实习的组织、实施和管理工作;指导教师是学生顶岗实习的第一责任人;班主任配合指导老师做好相关工作;学生在顶岗实习期间是实习单位的准员工,要接受实习单位和学校的共同管理。

3. 各系、专业教研室要加强内涵建设,做好顶岗实习工作。要将顶岗实习纳入工作计划,强化顶岗实习的管理,提高顶岗实习的教育效果。

4. 学生顶岗实习应做到与专业培养目标、就业岗位有较强的关联性。不可过分迁就企业,而轻易放弃专业培养目标,要防止学生被单纯当作廉价劳动力使用。

二、顶岗实习的组织和管理

1. 学校成立由教务处、系部、学生处、招就办等部门组成的顶岗实习领导小组，领导小组在分管教学的副院长领导下开展工作。

2. 各系应成立顶岗实习指导小组，指导小组是各专业顶岗实习的具体管理组织。指导小组成员由系主任、党总支书记、专业教研室主任、实训部主任、辅导员、班主任及实习指导教师等共同组成，系主任为第一责任人。

3. 顶岗实习由学校、企业、学生三方共同参与完成。学校在三方中处于主导地位，是一切活动的组织者，在整个运作过程中起着重要的作用；企业是三方中最关键的一方，要充分调动企业参与顶岗实习教学的积极性。

4. 各专业应选择责任心强、实践教学经验丰富、对实习现场比较熟悉、有一定组织管理能力的教师和企业人员担任指导教师，负责对参加顶岗实习学生的指导和管理工作。指导教师必须由校内指导教师和校外指导教师搭配组建，校内指导教师主要负责顶岗实习的组织管理工作；实习单位指导教师主要负责实习学生的业务指导工作。原则上1名实习单位指导教师指导的学生不超过10人。

5. 顶岗实习的指导方式可以根据专业性质和实习方式的不同，采取"全程式指导"或"巡回式指导"方式。采取"全程式指导"方式的，原则上应安排专职指导教师进行实地指导；采取"巡回式指导"方式的指导教师可采取邮件、QQ、电话联络等与实地探访相结合的方式进行指导，要求邮件、QQ、电话联络每周不少于1次，本省的实地探访每学期不少于1次。无论采取何种方式指导，指导教师应将指导时间、地点、内容、方式、过程及问题等做好书面记录，及时向系领导汇报。其中采取邮件、QQ等联络的，必须以可证实的方式保留记录，作为考核的依据之一；采取实地探访的每次要有与学生及企业领导、实习单位指导教师等人在企业现场的合影，并将每次的指导过程、指导内容等填写在《教师实地检查指导顶岗实习记录单》中，且由企业签章(字)确认。

6. 在实习过程中，各系要组织力量到各实习地点进行检查和监督，向实习单位了解实习情况，听取实习单位对实习工作的意见和建议，并做好检查记录。

三、顶岗实习中各方主要职责

(一)教务处职责

1. 负责全院顶岗实习工作的业务指导。
2. 制定和修订顶岗实习管理制度。
3. 部署顶岗实习工作的总体要求。
4. 负责顶岗实习经费管理。

5. 协调全院顶岗实习各方面的工作。

6. 检查和评价各系顶岗实习管理工作质量。

(二) 系顶岗实习指导小组职责

1. 负责与企业、行业的联系,安排好学生到生产技术先进、管理严格、经营规范、遵纪守法和社会声誉好的企事业单位和其他社会组织实习,并就实习事宜与实习单位签订协议,明确双方的权利、义务以及学生实习期间双方的管理职责。为与预就业相衔接,鼓励学生自主寻找和选择顶岗实习单位和岗位,保证顶岗实习教学工作的正常开展。

2. 与实习单位共同制订好本系各专业顶岗实习计划和实习大纲等教学文件,并根据各专业教学计划组织实施。

3. 与实习单位共同制定顶岗实习管理的各项规章制度,建立顶岗实习质量监督管理机制和质量评价体系,对顶岗实习的全过程进行监督评价。

4. 落实每个学生的校内指导教师、实习单位和实习单位指导教师,并协调各方关系,明确各方职责。

5. 组织召开学生顶岗实习动员大会,让学生深入了解顶岗实习有关管理制度、实习的组织安排及有关注意事项,并对学生进行职业道德教育和安全教育,同时将实习的相关信息与要求及时告知学生家长。

(三) 学工部(学生处)职责

1. 负责顶岗实习学生的思想政治工作,指导系做好学生政治思想、安全纪律、心理素质等教育。

2. 协助系做好党团组织建设。

3. 协助系做好劳动保险、事故、纠纷等的处理。

(四) 实习单位及实习单位指导教师职责

1. 实习单位是学生顶岗实习期间的直接管理者,应积极落实校企双方共同制订的实习计划,与学校共同确定学生的实习岗位、实习内容、考核目标等。

2. 实习单位指导教师具体负责学生顶岗实习期间的考勤、业务考核、技能训练、实习鉴定等工作,落实顶岗实习任务,做好学生的安全教育工作。

(五) 校内指导教师职责

1. 岗前教育

(1) 配合系部做好顶岗实习动员,做好顶岗实习学生的分组工作,要求实习前召开一次实习专题会议,落实好学生顶岗实习前的相关事宜。

(2) 根据被指导学生不同的实习单位、岗位及要求,会同实习单位确定具体实习内容并拟订个人实习计划。

(3) 组织学生学习顶岗实习教学大纲和具体的实习计划,明确实习目的和要求,阐明时间安排和步骤,提出写实习日记、实习报告的要求,介绍实习单位情况和实习应注意的事项,宣布实习纪律等。

(4) 下达实习任务书。

2. 实习期间(指导实习)

(1) 负责收集与学生顶岗实习相关的各种材料,并建立实习生个人档案。

(2) 及时掌握所指导学生在企业实习的状况等信息,做好与学生联系指导的记录,并认真填写《学生顶岗实习检查情况表》。

(3) 指导学生填写实习周记、月小结和实习报告。

(4) 负责学生实习考核和评定实习成绩。

(5) 向学生传达与班级有关的学校及系的各种信息,关心学生的工作和生活,维护学生的利益,及时提醒学生顶岗实习中的注意事项,尤其是提醒学生遵守职业道德,帮助学生解决实习中存在的问题。

(6) 及时向系部汇报学生思想动态,对因违反实习管理规定的学生,配合系部做好召回学生的联系、教育与跟踪测评工作,配合班主任做好本组实习生学期初的交费与注册工作。

(7) 及时做好与实习生家长的联系,要求每学期的期末向实习生家长报告,并寄发实习工作情况表。

(8) 会同系部召开实习地点相对集中、出门交通方便、容易组织的实习学生的座谈会,每学期不少于 1 次(要求做好相关记录)。

(9) 做好指导学生毕业论文(设计)工作。

3. 实习结束阶段

积极配合系部做好实习生毕业返校纪律教育与管理工作,做好本组实习生的实习成绩评定与汇总工作,做好本组优秀毕业生的推荐评选工作,配合班主任做好本组学生的毕业离校工作。

(六) 顶岗实习学生

1. 学生实习前须认真学习顶岗实习的有关规定,了解实习任务,并签订《学生顶岗实习承诺书》。

2. 按规定时间到实习单位进行顶岗实习,无正当理由不得擅自离开实习单位。未经校内指导教师及实习单位同意擅离岗位者,实习考核按不合格处理。

3. 学生到岗三天内必须报告校内指导教师,一周内将实习的作息时间安排等信息告知指导老师,以便指导教师检查指导。顶岗实习期间,每周至少一次通过电话、短信、QQ、E-mail、网上留言等方式,与校内指导教师联系。要及时关注校园网上公布的与毕业生有关的信息。如联系电话和工作地点发生变动,要及时通知指导教师和家长,并保证提供的联系方式正确有效,如因提供的联系方式有误出现问题,一切后果自负。

4. 顶岗实习的学生具有双重身份,既是一名学生,又是实习单位的一名员工,要服从实习单位和学校的双重管理,要尊重实习单位的领导、实习指导教师和其他员工。如果在实习期间,由于违反单位的管理规定或因品德表现等原因被实习单位退回学校,则视为实习成绩不合格。

5. 按照顶岗实习计划、工作任务和岗位特点,安排好自己的学习、工作和生活,发扬艰苦朴素的工作作风和谦虚好学的精神,刻苦锻炼,培养和提高自己的独立工作能力和业务技能。在实习期间,必须强化职业道德意识,爱岗敬业,遵纪守法,做一名诚实守信的实习生和文明礼貌的员工。

6. 收集好有关的图纸、资料等,按要求写好顶岗实习周记和《学生顶岗实习报告》,完成各项实习任务。

7. 自觉遵守国家法律法规,遵守实习单位和学校的规章制度,有事必须向实习单位指导教师和校内实习指导教师请假,不得擅自离岗,不做有损实习单位形象和学校声誉的事情。

8. 要有高度的安全防范意识,遵守安全管理规定和交通规则,避免安全事故发生。对不遵守安全制度造成的事故,实习学生本人要负全责;对工作不负责造成的损失,必须追究相关责任。

四、考核办法

(一)考核原则

学生在顶岗实习期间接受学校和实习单位的双重指导,校企双方要加强对学生实习的过程监控和考核,实行双方考核制度。

(二)成绩评定

1. 毕业顶岗实习考核分二部分:一是实习单位指导教师对学生的考核,占总成绩的55%;二是校内指导教师对学生的实习过程、实习报告、成果进行评价,占总成绩的45%。

2. 非毕业顶岗实习考核分两部分:一是实习单位指导教师对学生的考核,占总成绩的50%;二是校内指导教师对学生的实习过程和实习报告进行评价,占总成绩的50%。

3. 实习单位指导教师应对学生在岗位的表现情况进行考核,考核的重点在于应职应岗的基本素质、应职应岗的通用能力和应职应岗的专业能力,并填写《学生顶岗实习评价表》,该表须经实习单位指导教师签字确认后加盖单位公章。

4. 校内指导教师要对学生在实习单位的表现情况进行考核,考核的重点在于实习任务的完成情况,包括学生的实习周记、实习报告、实习任务书内容完成情况及实习课题成果等,综合评定成绩。

5. 考核方式为等级制,分优秀、良好、中等、及格和不及格五个等级,学生考核合格者获得相应学分。评分标准如下:

优秀(90分以上):实习态度端正,能很好地完成实习任务,达到实习大纲中规定的全部要求,实习报告能对实习内容进行全面、系统总结,能运用学过的理论对某些问题加以分析,并有某些独到见解,实习效果突出。

良好(80~89分):实习态度端正,能较好地完成实习任务,达到实习大纲中规定的全部要求,实习报告能对实习内容进行比较全面、系统的总结,实习效果明显。

中等(70~79分):实习态度端正,能较好地完成实习任务,达到实习大纲中规定的全部要求,实习报告能对实习内容有较好的总结,实习效果较好。

及格(60~69分):实习态度端正,完成了实习的主要任务,达到实习大纲中规定的基本要求,能够完成实习报告,内容基本正确,但不够完整、系统,实习效果较好。

不及格(59分以下):实习态度不端正,未完成实习的主要任务,未达到实习大纲中规定的基本要求,实习效果差。

五、顶岗实习经费

1. 学校按照一定的标准划拨给系部,系部应专款专用,不得移作他用。

2. 校内指导教师的工作量依照学校《教师教学工作量管理办法(试行)》中的规定执行,经考核后发放。差旅费按照学校相关标准从顶岗实习经费中列支。

3. 校外实习单位的指导教师工作报酬,如果与实习单位签订协议由实习单位支出的,则由实习单位按其规定标准给校外指导教师发放津贴;如果由学校直接给校外指导教师支付津贴,系部应上报学院批准后发放,经费从顶岗实习经费中列支。实习单位能接纳10名以上学生的,系部应该与其签订有关协议条款,建立长期合作关系,将该实习单位的校外指导教师纳入我校企业兼职教师管理范围。

六、顶岗实习档案资料存档工作

各系、专业教研室应重视有关顶岗实习教学文件的制定和顶岗实习档案资料积累、存档工作,应存档的顶岗实习教学文件和资料包括:1)顶岗实习工作计划;2)顶岗实习任务书;3)顶岗实习学生信息一览表;4)教师实地检查指导顶岗实习记录单;5)学生顶岗实习检查情况表;6)与顶岗实习相关的信息、邮件、QQ、照片等原始记录材料;7)顶岗实习教学大纲;8)学生顶岗实习手册(手册中的所有资料);9)学生顶岗实习报告;10)学生顶岗实习考核鉴定表;11)顶岗实习工作总结等。以上顶岗实习档案资料的积累、存档工作,按《浙江农业商贸职业学院(筹)教学档案管理办法(试行)》(浙农商院〈筹〉教〔2010〕50号)执行。

七、附则

1. 本办法自发布之日起试行,学校原有顶岗实习规定与本规定不一致的,一律以本规定为准。

2. 本办法由教务处负责解释。

(二)校内外实训基地建设

高职校内实训基地承担了实践教学的大部分任务,是学生在校期间实践能力和职业素质养成的主要场所。因此,校内实训基地建设是提高教学质量的关键。在校内实训基地建设方面,浙农商院现有6个教学系,初步构建了商贸流通、餐饮服务管理、汽车技术、财会金融、艺术设计五大专业实训基地和一个公

图 7-6　浙农商院外婆家商学院成立大会

共实训基地,共包括各类实验实训室、计算机房49个;现有中央财政支持职业教育实训基地(汽车技术服务与营销专业实训基地)1个,浙江省高职院校示范性实训基地(餐饮服务实训基地)1个,绍兴市高职院校示范性实训基地(会展策划与管理实训基地)1个。校内实践场所面积为21 525平方米(见表7-9)。

表7-9　浙农商院校内实训基地建设情况(总计6大校内实训基地)

基地名称	主要面向专业	主要实训项目
商贸流通实训基地	合作社经营管理(620308)、绿色食品生产与经营(510113)、电子商务(620405)、国际贸易实务(620304)、商务经纪与代理(620306)、应用英语(660102)	电子商务、市场营销、商务谈判、农产品经纪代理、合作社经营管理、纺织检测与贸易、纺织综合实践、进出口实务、外贸综合实训等
汽车技术实训基地	汽车整形技术(580406)、汽车技术服务与营销(580405)	汽车营销实务、发动机拆装与测量实训、变速器拆装实训、汽车充电系实训、汽车起动系实训等
餐饮服务管理实训基地	烹饪工艺与营养(640202)、酒店管理(640106)、休闲服务与管理(640161)	中餐烹调工艺、烹饪原料加工、中西式点心制作、西餐烹调工艺、餐厅服务(中、西餐)、中西式铺床、导游实训、形体礼仪实训、茶艺实训等

续表

基地名称	主要面向专业	主要实训项目
财会金融实训基地	会计（620203）、投资与理财（620111）	会计电算化、基础会计实训、企业纳税、财务会计、外贸会计、证券分析与操作实训、财务管理、酒店管理ERP、投资理财、会计成本核算、ERP实训等
艺术设计实训基地	会展策划与管理（640107）、产品造型设计（670102）、计算机应用技术（590101）	设计素描实训、设计色彩实训、模型绘制、CAD平面图绘制、CAD三维练习、产品模具设计、产品pro-e建模、三维灯光效果、三维渲染等
公共实训基地	国际贸易实务（620304）、酒店管理（640106）、会计（620203）、计算机应用技术（590101）、合作社经营管理（620308）、绿色食品生产与经营（510113）、电子商务（620405）等	计算机应用基础、计算机实用技术、数据库实务、电脑速录等

校外实训基地是对学生进行能力训练，培养其职业素质的重要场所，是实现学校培养目标的重要条件之一。学院在加快校内实训基地建设的同时，加强校外实训基地的建设，较好地满足了学生顶岗实习、教师挂职以及专业与课程建设的需要。校外实训基地建设按照统筹规划、互惠互利、合理设置、全面开放和资源共享的原则，尽可能争取和专业有关的企事业单位合作，使学生在实际的职业环境中顶岗实习，努力提高办学的社会效益与经济效益。目前学院已与94家单位签订合作协议建立校外实训基地，并在人才培养、课程建设、教师互聘等方面开展了合作，基地遍布浙江各地，部分实训基地已经延伸至外省（见表7-10）。

在校内外实训基地建设中，学院统筹兼顾，既重视和加强校内实训基地的建设，更重视和加强校外实训基地的建设，并对校内校外实训基地在功能上做了明确界定和划分。校内实训基地的功能主要是通过模拟、仿真和生产性实训对学生进行专业岗位基本技能的实操培训，使学生在具有生产环境氛围的实训中得到锻炼，提高学生的职业技能和素质；校外实训基地的主要功能则是通过学生直接参加生产和实际工作进行现场培训，经过顶岗实习让学生掌握胜任企业具体工作岗位的能力。

为了保证实训基地正常运行，提高校外实习效果，达到实践教学目的，学院制订了校外实习基地管理办法和校外实习（实训）教学管理办法，从制度上规范了实习基地建设和实训教学。同时为保证基地的正常运行，学院同实习基地签订了校外实习基地协议书，明确了学院同基地的权利和义务。在实习过程中，校内配备有实习指导老师,每个实习基地均聘有 3～4 名技术人员作为实习指导老师,保证了基地良好的运行状态。

学生实习成绩评定实行校企共评,并以企业指导教师评定为主。实习基地按协议负责提供实习场地,安排技术人员给学生讲解岗位概况、工作基本性质等知识,安排学生在各个方面参加工作,积极协助校内指导老师顺利有效地实施实习计划。实习中,严格按照双方签订的校外实习协议和规定,明确学校和管理单位的职权范围,做到权责分明,保证按教学计划完成实训任务。

在加强实习基地建设的同时,学校还非常重视实习方面的软件设计,为了加强教师与实习学生的沟通和交流,系里制定了《学生顶岗实习规定》,要求学生填写实习日志、撰写实习报告,教师按时填写《顶岗实习管理手册》,毕业前举行顶岗实习毕业答辩。

表 7-10 浙农商院校外实训基地建设

系部	实训基地名称
农经系	电子商务爱购认知实训基地、电子商务优森认知实训基地、电子商务拉钩校企共建实训基地、绿色食品咸亨实训基地、合作社箬横认知基地、合作社兴农认知实训基地、合作社三门富达认知实训基地、绿色食品生产与检测实训基地、合作社雅惠实习基地、合作社庚泰实习基地、绿色丰岛认知实训基地、合作社裕民认知实训基地、合作社兴农联合实训基地、合作社江山实习基地、合作社乡镇实训基地、外婆家校外实训基地(农经类)、岩倍电商校企共建实训基地、德育实践基地
经贸系	德曼营销实训基地、红绿蓝国贸实训基地、金时纺织贸易实训基地、精酿农产品综合实训基地、名特优农产品实训基地、铭德营销实训基地、轻纺商贸综合实训基地、瑞合营销实训基地、商品检验实训基地、晟宇纺织贸易实训基地、顺鑫商贸实训基地、天鸿国际货代实训基地、雅绅纺织贸易实训基地、悦达服饰贸易实训基地、诸氏方圆商学院创业实训基地
艺术系	绍兴新纪元会展实训基地、上海施创会展实训基地、绍兴亮智会展实训基地、余姚中塑会展实训基地、绍兴轻纺城会展实训基地、绍兴一点通会展实训基地、常州灵通会展实训基地、绍兴露特斯计算机实训基地、绍兴风向标计算机实训基地、宁波东海广告实训基地、温州展览实训基地、绍兴东湖会展实训基地、上虞国际会展实训基地、外婆家联合产品开发基地、诸暨赵家镇环境规划实训基地、绍兴咸亨产品开发实训基地
汽车系	浙江冠松越达汽车销售服务有限公司、越州东南三菱汽车销售有限公司、绍兴宝顺汽车销售服务有限公司、杭州富阳之信汽车有限公司、绍兴韩通汽车有限公司、浙江冠松金柯桥汽车有限公司、绍兴洪丰汽车销售服务有限公司、诸暨宝顺汽车销售服务有限公司、绍兴宏盛凯迪汽车销售服务有限公司、绍兴金昌之宝二手车销售服务有限公司、绍兴福通汽车有限公司、绍兴申浙汽车有限公司、杭州桐庐海昌汽车有限公司、绍兴五云丰田汽车销售服务有限公司、浙江绍兴联奥汽车销售服务有限公司、乐清福荣汽车有限公司

系部	实训基地名称
烹旅系	杭州白鹭湾君澜实训基地、杭州海外海皇冠实训基地、杭州三立开元名都大酒店、杭州世贸君澜大饭店实训基地、南苑环球实训基地、宁波东港喜来登实训基地、宁波开元名都大酒店实训基地、宁波老板娘实训基地、宁波南苑实训基地、绍兴饭店实训基地、绍兴开元实训基地、绍兴康辉实训基地、绍兴王朝大酒店实训基地、绍兴咸亨大酒店实训基地、绍兴咸亨新天地实训基地、绍兴鑫洲海湾实训基地、绍兴益泉实训基地、绍兴园林实训基地
财金系	绍兴供销大厦实训基地、中兴会计师事务所实训基地、绍兴天盛会计实训基地、绍兴唯尔福实训基地、佰度物流实训基地、东方税务师事务所实训基地、交通银行绍兴分行实训基地、袍江新城财务实训基地、绍兴鼎记印染实训基地、广发证券实训基地、绍兴广元实训基地

七、工作过程导向,农商特色彰显——课程体系与教学资源的开发

(一)课程体系开发

1. 工作过程导向的职业教育课程体系开发

高等职业教育作为一种教育类型,有着不同于普通教育的类型特征,又有着不同于技术培训而注重实用的职业特征。一般来说,职业教育的培养对象是针对形象思维强的智力结构群体。职业能力本位的培养目标,既要学会生存,又要学会发展。也就是说,既要满足人的社会需求——求得生存,又要满足人的个性需求——求得发展,以实现人本性的教育需求目标与功能性的社会需求目标的辩证统一。职业教育的任务主要是培养生产、管理和服务第一线的技能型人才。因此,职业教育需要进行课程改革,打破原有的"学科完整"的课程体系,构建"工作过程完整"的课程体系,应以过程性知识为主、陈述性知识为辅,即以实际应用的经验和策略的习得为主、适度够用的概念和原理的理解为辅。按照工作过程来序化知识,即以工作过程为参照系,将陈述性知识与过程性知识、理论知识与实践知识整合,为学生创建一个真实互动的情境性学习环境。

"工作过程导向的课程",或者说"工作过程系统化的课程"的开发过程,实际上是一个伴随学科体系解构而凸显行动体系重构的过程(见图7-7)。所谓工作过程,指的是个体"为完成一件工作任务并获得工作成果而进行的一个完整的工作程序"。它的出现与发展,基于以下的思考:课程开发必须是在有序性、整体性和生成性的原则下,从实际工作的需要和高职教育需要这两个维度上予以整体设计,必须有系统的逻辑路线。高职学生能力的培养必须遵循职业成长和认知学习这两个规律,在从新手到专家、从简单到复杂的学习过程中,使得知识、技能和价值观的学习实现融合,集成于一体,而不是分离。课程体系和课程标准(每门课程)的设计,都涵盖两个要素:一是课程内容的选择,

二是课程内容的排序。课程内容的选择需要标准,这一标准不能只采取诸如"适度够用"这类意象性的表述,而应该以职业资格为基准,有"抓手"。但是,职业资格只是课程开发的最低要求,因为总是先有职业,后有资格标准。职业资格一旦制定出来,就属于"过去时"了。所以,从教育的本质出发,还应以前瞻性眼光来选择课程内容,以避免课程过度滞后于职业的发展。课程内容的排序需要结构,这一结构是知识传递的路径,知识只有在结构化的情况下才能有效传递。但如前所述,高职课程内容的结构化,也就是序化的问题,要突破基于知识存储的学科体系的樊篱,就应采取基于知识应用的参照系。中国高职课程改革在课程结构上的创新,就在于选择工作过程作为参照系,并实现了工作过程系统化课程开发方法以及建立在深厚哲学思想基础上的开发理念。这成为高职课程改革的亮点,浙农商院专业课程改革的亮点也在于此。这种基于工作过程的课程体系建构包括了从开发到序化,再到组合的全过程,涉及到工作领域与学习领域的分析、典型工作任务与职业能力、对应的课程及其组合、核心课程描述等多个步骤。

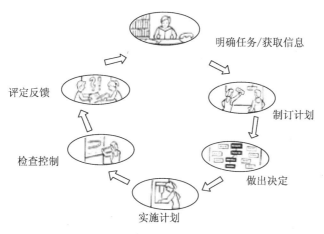

图 7-7　工作过程的结构——完整的行动模式

以合作社经营管理专业为例,基于工作过程的专业课程体系设计遵循"分析专业典型工作任务和职业能力—学习领域课程及其体系"的基本思路。

(1) 课程体系设计思路

为实现合作社经营管理专业的人才培养目标,经专业指导委员会论证,分析该专业典型的工作任务和职业能力,得出了相对应的学习领域课程(见表 7-11)。

表 7-11 合作社经营管理专业工作领域和学习领域分析

序号	职业岗位	工作任务与学习领域		职业能力
1	农民专业合作社经营管理人员	基础理论	合作社经济、农业概论、农村社会学	1. 了解"三农"经济时代大背景下农民专业合作社创办和设计的能力 2. 初步应用现代理论分析与处理合作社实际管理问题 3. 在实际管理过程中,对农产品市场营销、农业生产管理与财务管理有较深的认识,并对农产品贸易有一定认识 4. 能有效激励和调动合作社成员积极性,具备行业要求的个人素质与沟通能力
		业务能力	合作社财务、合作社法务、农产品营销、农产品电子商务、合作社经营、良好农业生产规范、农产品加工技术	
		个人素质	商务谈判与礼仪	
2	农业企业经营管理人员	基础理论	农业概论、农村社会学	1. 了解农业企业的发展状况并进行有效分析的能力 2. 制订计划,分析农业企业组织结构与职权关系,制定组织规范的能力 3. 与他人沟通和协调关系的能力 4. 掌握农业企业的管理流程、生产流程、市场经营流程的能力
		业务能力	农产品营销、农产品电子商务、良好农业规范、农产品加工技术	
		个人素质	商务谈判与礼仪	
3	农村基层事务管理	农村社会学、商务谈判与礼仪		协调农村经济事务的能力
4	农产品经纪人	农产品营销、经纪人实务、商务谈判与礼仪		培养农产品销售与经纪人事务的能力

根据专业目标岗位群的典型工作任务与职业能力,合作社专业开发出专业、素质和能力三大课程模块,每个模块分别按照基础、专业和综合进阶式发展,直至毕业前顶岗实习时进行最后的综合实训,初步形成具有一定系统性的学习领域课程体系(见图 7-8)。

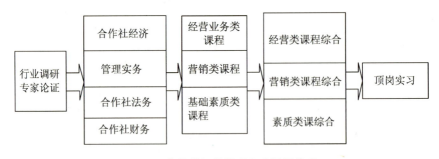

图 7-8 合作社经营管理专业课程体系

在课程体系中,经营、营销两大岗位群的教学内容与农产品经纪人考试、合作社高级管理员考试形成了对应关系,而素质课程与大学英语、计算机考试内容形成了对应关系,基本形成了课程模块与考试大纲的统一体,即课、证一体(见图7-9)。

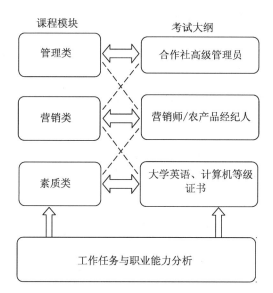

图7-9　合作社经营管理专业课程模块与岗位资格证书对应

(2)职业岗位核心能力分析

A. 了解农业、农村、农民,以及"三农"经济时代大背景下农民专业合作社创办和设计的能力;

B. 初步应用现代理论分析与处理合作社实际管理问题;

C. 在实际管理过程中,对农产品市场营销、生产管理与财务管理有较深的认识,并对农产品国际市场贸易与营销有一定认识;

D. 能有效激励、调动合作社成员积极性,具备行业要求的个人素质与沟通能力;

E. 了解农业企业的时代背景并进行有效分析的能力;

F. 制订计划,分析农业企业组织结构与职权关系,制定组织规范的能力;

G. 与他人沟通和协调关系的能力;

H. 掌握农业企业的管理流程、生产流程、营销流程的能力;

I. 协调农村经济事务的能力;

J. 培养农产品销售与经纪人事务的能力。

(3) 实践教学体系设计

针对合作社经营管理专业学生所面向工作岗位的职业能力要求,将实践教学内容按照课内实训、课程综合实训、毕业实习三个环节依次进行。其中,课堂分散实训依据各门课程的教学大纲或课程标准进行,课外实训结合学生参加第二课堂活动或各类竞赛进行,专业综合实训针对综合课程进行。此外,通过学生考取职业资格证书的形式,强化业务操作能力。最后,学生通过顶岗实习的形式检验所学知识和技能,提升专业实践能力。

(4) 课程设置(见表7-12、表7-13)

表 7-12　课程性质与类别

类别	课程名称	课程性质 (必修/选修)	说明
公共课程	"基础"	必修	思想品德修养和法律基础
	"概论"	必修	毛泽东思想和中国特色社会主义体系概论
	形势与政策	必修	
	职业发展与就业指导	必修	
	心理健康教育	必修	
	体育	必修	
	大学英语	必修	
	大学计算机基础	必修	
	军事教育	必修	学院统一安排
	经济数学	必修	
专业课程	合作社经济	必修	
	合作社财务	必修	
	合作社管理实务	必修	
	合作社法务	必修	
	良好农业生产规范	必修	
	农业概论	必修	
	农产品营销	必修	
	农产品电子商务	必修	
	合作社经营	必修	
	经济社会调查	必修	

续表

类别	课程名称	课程性质（必修/选修）	说明
专业课程	农村社会学	必修	
	商务谈判与礼仪	必修	
	农产品加工技术	必修	
	合作社实用文书	必修	
	合作社财务模拟实训	必修	
	合作社实践调查	必修	
	农产品营销综合实训	必修	
	合作社经营沙盘模拟	必修	
	技能考证专项训练	必修	
	毕业论文（设计）	必修	
	顶岗实习（假期8周）	必修	
	消费者心理学	选修	
	专业讲座（系列）	选修	
	合作社审计学（评估）	选修	专业选修课程，从第二学期开始，每学期任选一门。
	经纪人实务	选修	
	连锁店经营	选修	
	人力资源管理	选修	
	市场调查技术	选修	

表7-13　专业核心课程描述

序号	课程名称	课程目标	课程内容	总学时数	备注
1	合作社经济	全面了解合作社经济	合作社产生及基本经济模式	56	
2	合作社管理实务	掌握合作社基础知识，能胜任合作社管理工作	合作社基本知识，合作社的内部管理、外界联系	88	
3	合作社经营	了解合作社的经营模式及过程	合作社中产品的生产、整合及组建销售	56	
4	合作社财务	会计实务、成本分析	基础会计、农村金融、成本会计	116	
5	农产品营销	了解农产品营销技能	农产品营销模式及技能、项目评估	90	

2. 公共选修课——学生素质提升与专业知识拓展的平台

为了全面推行学分制,拓宽学生知识面,优化学生知识结构,促进学生的个性发展,培养适应21世纪发展需要的基础扎实、知识面宽、能力强、素质高的复合型人才,国内各大高校一般都将课程划分为必修与选修两种类型,特别是设置了公共选修课。在有些高校中,公共选修课程的设置在总教学课时中占有30%的比重,可以说具有举足轻重的地位,高职高专院校也不例外。开设公选课,目的是完善学生的知识结构,扩充他们的知识面,合理优化配置教学资源,给学生提供更大的自由发展空间,使公选课的设置更符合专业人才的知识与技能结构,以促使其真正成为必修课程的补充。

浙农商院在调研学生需求的基础上,根据学校优势特色学科、各专业特点和人才培养的目标与模式,以及师资力量、教学设备等方面的教学条件,同意规划公选课课程体系,确定公选课课程类别及各类别课程的层次,建立起公选课基本课程库(见表7-14),作为人才培养方案的组成部分。同时,加强公选课的精品化课程建设,在教学方法改革上,以提高学生"学习能力、实践能力和创新能力"为重点,以"启发式"教学方法为切入点,以积极探索自主式、讨论式、研究式教学方法为突破口,注重对学生思维方式和科学意识的培养,加强学生专业培养,全面拓宽学生的知识面。在教学手段改革上,通过增加硬件投入、打造技术平台、启动网络课程、鼓励教师研发多媒体课件、举办多媒体教学课件大赛等途径,广泛推广运用现代教学手段。强化公选课的质量监督机制,加强管理和监控,确保公共选修课的教学质量。

表7-14 浙农商院公共选修课一览

选课课号	课程名称	学分	开课部门	考核方式
12	影视动画艺术鉴赏	2	艺术设计系	考查
13	走遍中国	2	烹饪旅游系	考查
15	烘焙工艺	2	烹饪旅游系	考查
19	中外民俗文化	2	心理教育中心	考查
23	商务礼仪	2	国际贸易教研室	考查
28	中国历史名人名家选讲	2	心理教育中心	考查
31	现代办公设备使用与维护	2	汽车技术系	考查
41	世界经典名车赏析	2	汽车技术系	考查
43	美术鉴赏	2	广告与会展教研室	考查

续表

选课课号	课程名称	学分	开课部门	考核方式
45	名酒鉴赏	2	艺术设计系	考查
47	新媒体广告经典评析	2	艺术设计系	考查
49	国学经典与幸福人生	2	基础教学部	考查
59	英语应用能力训练(听力)	2	经济贸易系	考查
61	市场营销的魅力与技巧	2	经济贸易系	考查
73	实用数码照片处理	2	国际贸易教研室	考查
76	旅游心理学	2	旅游教研室	考查
81	马克思主义原著选读	2	基础教学部	考查
83	商务礼仪	2	国际贸易教研室	考查
85	英语听力基础	2	经济贸易系	考查
87	创新与实践	2	思想政治教研室	考查
92	计算机等级考试(一级)辅导	2	计算机教研室	考查
134	影视鉴赏(网络)	2	教务处	考查
138	音乐鉴赏(网络)	2	教务处	考查
146	英语(二)	2	英语教研室	考查
168	商务礼仪	2	国际贸易教研室	考查

(二)教学资源开发

1. 行业特色校本教材的开发

我国对农民合作经济组织研究起步较晚,合作社教育还很落后,制约着我国农民合作社的发展。相对应的合作社教育资源也相对匮乏。浙农商院根据专业发展的需要,在充分论证和研究的基础上,结合学校优秀教师、行业优秀人才与顶尖高校研究人员的意见,集结出版了合作社专业核心教材5本:《合作社经济》《合作社管理基础》《合作社经营实务》《管理理论与实务》和《农村金融实务》,另外2本《合作社案例》《合作社电子商务》也已经和出版社签订了出版合同,在一定程度上填补了合作社专业教材的空白;出版专著《职业技术院校顶岗实习研究》一部。同时根据农民合作社从业人员的需要,编写并出版了2012浙江省重点出版物工程合作社经营管理人员培训教材3本:《合作社经营之道》《合作社农产品品牌与定价》《合作社专项扶持政策读本——走向示范社》。这些教材的出版,对于职业院校探索合作社经济类专业的教材开发与教学有着标杆性的指导作用。

此外,财会金融系针对会计专题和综合计算技术两门课程在难度和综合性上的特点,以学校多年的专业教学经验,结合区域内会计行业对人才规格的特殊要求,面向会计与投资理财两个专业开发了《企业财务会计实务》和《综合计算技术实训》教材,既避免了一般教科书难度偏大的缺点,同时也融入了区域性人才的培养需求,可谓一举两得。

2. 校企合作主导教材的开发

除行业性较强的专业根据教学需求开发的校本教材以外,学院还重视校企合作教材的开发。以校企合作为主导进行实训教材、基础理论教材的开发有利于教学知识与岗位工作的无缝对接,有利于学生知识学习与能力培养的同步,有利于教学效率与实训效率的提升和人才培养质量的提升。例如财会金融系与相关企业合作,针对基础会计实训、会计英语、制单技术、农村金融实务等课程开发了《基础会计实训》《农村金融实务》《会计书写与制单》《纳税申报》《会计信息系统实验教程(用友 ERP-U8.72)》(第 2 版)、《用友 ERP 财务管理系统实验教程(U8.72 版)》等多部校企合作教材。这些教材的应用效果得到了企业和学生的一致认可,学院也通过合编教材这一平台和契机增加了与相关企业合作的广度与深度,开创了高职院校校企合作的新局面。

(三) 精品课程建设

1. 我国高职精品课程建设现状

所谓"精品"是指具有精华意义的高层次、高质量、高品位的物品,因此,"精品课程"不是一般意义上的优秀课程,而是具有示范性和推广辐射作用并且能够带动其他课程建设的一流课程。2003 年教育部颁布的《国家精品课程评审指标体系(征求意见稿)》(以下简称《意见稿》)对精品课程作了界定:精品课程是指具有特色和一流教学水平的示范性课程。精品课程建设要体现现代教育思想,符合科学性、先进性和教育教学的普遍规律,具有鲜明特色,并能恰当运用现代教学技术、方法与手段,教学效果显著,具有示范性和辐射推广作用。同年,《教育部关于启动高等学校教学质量与教学改革工程精品课程建设工作的通知》(教高〔2003〕1 号)、《教育部办公厅关于印发〈国家精品课程建设工作实施办法〉的通知》(教高厅〔2003〕3 号)中已将国家精品课程概括为:具有一流教师队伍、一流教学内容、一流教学方法、一流教材、一流教学管理等特点的示范性课程。由以上两个概念可以看出:精品课程的特点就是既要有特色,又要创一流。

精品课程建设是集观念、师资、内容、技术、方法、制度于一身的整体建设,牵涉到教学与管理的方方面面。教育部文件规定要重点抓好七个方面:规划、队伍、教学内容和课程体系、教学方法和手段、教材、理论与实践教学、激励和评价机制,这些构成了精品课程建设的主要内容。关于高职学院精品课程建设内容的相关探讨也立足于此基础展开,研究者一般认为其应该包括教学内容、师资队伍、教学方法和手段、教材、实践教学、机制等方面。也有研究者指出,课程建设的理念、课程评价和管理、课程的应用、平台支持也是高职精品课程建设的重要内容。

1988年,我国国内首次出现了对课程评估的专题研究。1989年以后出版的课程论专著都将课程评估作为一项重要的内容。目前,我国课程评估研究已形成了比较完整的理论,积累了比较丰富的资料,并发展成为课程论研究的一个重要领域和课程改革实践的必要环节。2003年,我国按照《意见稿》开始建设和评估国家级精品课程,采用学校先行建设,省、自治区、直辖市择优推荐,教育部组织评审,授予荣誉称号后补助建设经费的方式进行。评审包括网上申报、网上评审、会议终审、网上公示四个步骤。在《意见稿》颁布初期,我国高职教育界的主要精力大多集中在对评审体系的解读上,有关精品课程评审指标的研究也多集中在对该评审体系客观性、合理性和科学性的分析上。我国对于高职课程评估,尤其是高职精品课程评估的研究方面还处在起步阶段。

我国高职精品课程建设与评估虽然才经历了不到六年的时间,但已取得显著成效。这些成绩主要体现在九个方面:一是经过五年多的建设与评估,已经评出国家精品课程2468门,覆盖了31个省、自治区和直辖市,并同时带动了一大批省级和校级精品课程的建设。越来越多的国家精品课程优质资源受到高校的关注和利用,受到广大师生的高度欢迎,辐射作用明显。其中,高职精品课程的绝对数量逐年增加,从2003年的24门/年增加到2008年的200门/年。二是精品课程成为课程体系的基础和核心,精品课程建设有效推动了课程教学内容的实质性改革,促进了新的课程体系的形成。精品课程建设提高了高职院校人才培养质量,有效推动了院校的内涵建设。三是更新了教师的教学理念,促进了高职院校办学水平的提高。四是有效推进了高职院校新的教学模式和有特色教学方法的形成。五是突出了高职院校的办学特色。高职院校办学特色的基础是专业特色,专业特色的基础是课程特色。六是全面提升了高职院校的信息化建设。信息化手段的利用,特别是网络技术和多媒体技术的使用一方面提高了教师使用现代信息化技术的能力,另一方面对高职院校网络建设也是一个有效的推进。七是实现了最大范围内的优质资源共享,能够促进教育协调发展。八是培养了一支知识、年龄结构合理,人员稳定,教学水平高、效果好的专兼结合的师资队伍,培养了高职院校教师的团队合作精神。九是全国各高职院校的课程建设与改革,对照国家级精品课程建设的要求,加强与行业企业合作,根据技术领域和职业岗位(群)的任职要求,参照相关的职业资格标准,改革课程体系和教学内容,建立突出职业能力培养的课程标准,改革教学方法和手段,融"教、学、做"为一体,正在不断强化学生职业能力的培养,提高高等职业教育教学质量。

自 2003 年 4 月教育部颁布《关于启动高等学校教学质量与教学工程精品课程建设工作的通知》(教高〔2003〕1 号)以来,截至 2009 年底,浙江省共立项建设 381 门省级高职精品课程,通过这些课程的建设,起到了"以点带面"的作用,带动了全省高职院校进行教学改革和课程建设,有效地促进了全省高职院校整体教学质量的提高。从精品课程分布院校分析,浙江省目前共有独立设置的高职院校 47 所,其中国家示范院校 6 所、省级示范院校(包括重点培育)16 所、其他院校 25 所。381 门省级精品课程覆盖了全部 47 所高职院校,校均拥有 8.1 门,最多 20 门,最少为 1 门。其中 6 所国家示范院校拥有 98 门,占总数的 25.7%,校均 16.3 门;16 所省级示范院校拥有 175 门,占 45.9%,校均 10.9 门;其余 25 所院校拥有 108 门,占 28.3%,校均 4.3 门。可以说浙江省高职精品课程建设在全国处于领先位置,课程布局基本符合区域经济发展要求,课程开发符合高技能人才培养目标,但在课程开发关键环节、课程资源共享上还需进一步突破,同时课程布局在院校分布上还需进一步均衡。

2. 浙农商院各级别精品课程建设及成果一览

浙农商院高度重视精品课程建设工作,制订了相关优秀课程建设办法,提出要以精品课程建设为龙头,加大优质教学资源的整合和建设力度,牢固树立课程建设在教学中的中心地位。学院在一系列的管理文件和管理制度中,进一步明确规定了支持和奖励精品课程建设的多方面政策措施。各系根据专业建设的实际需要,制定精品课程、优秀课程的建设规划,计划用 3~5 年的时间建成一批校级及以上精品课程、优秀课程。

在具体实施上,学校成立了专门的课程建设领导小组,负责全校课程建设工作,加强对课程建设的领导;学校制订了《精品课程评选与奖励办法》,明确了优秀课程建设标准,进一步规范了申报、评选、建设、奖励等程序和办法,有效地促进了全校课程建设进程和质量的提高;学校对列入校级及以上精品课程建设项目的课程,在师资队伍建设、实验室建设等方面给予资金投入上的倾斜。同时,对建设精品课程的主要教师优先派往国内外考察、培训,给予一定的工作量补贴;在师资队伍建设方面,优先和保证引进精品课程建设需要的高职称、高学历教师,并注重"双师型"教师和来自行业企业的兼职教师比例的合理配置;在教学设备、实验设备的购置方面优先满足建设精品课程的需要;在网络环境建设方面,通过建立完善的校内办公学习网络与交互平台,为精品课程的多媒体教学和网络教学提供良好的条件。建立高职4年来,学院已有2门课程被评为省级高职高专精品课程,6门课程被评为市级高职高专精品课程,另有29项院级精品课程建设项目。拥有2个省级新世纪教改项目,6个省高等教育课堂教学改革项目,4个市级教育教学改革项目,14个院级教改项目(见表7-15)。

表7-15 浙农商院近五年精品课程一览

序号	系部	课程名称	课程负责人	类别
1	烹饪旅游系	农家乐经营管理实务	张文莲	2011年省级精品课程建设项目
2	农业经济管理系	管理实务	章志平	
	汽车技术系	汽车销售技术	杜燕	2014年全国供销社系统精品课程
	农业经济管理系	经纪人实务	王强	
	财务会计系	会计	胡苗忠	
	艺术设计系	居住空间设计	屠君	
3	财务会计系	基础会计	胡苗忠	2010年市级精品课程建设项目
4	财务会计系	成本会计实务	何勤	2012年市级精品课程建设项目
5	艺术设计系	会展营销与策划	王玉霞	
6	农业经济管理系	合作社经济	张广花	
7	汽车技术系	汽车市场营销	王彦梅	2013年市级精品课程建设项目
8	烹饪旅游系	中餐烹调工艺	周珠法	
9	基础教学部	思想道德修养与法律基础	丁菁	2012年院级精品课程建设项目
10	经济贸易系	商务英语	章力行	
11	汽车技术系	汽车市场营销	王彦梅	
12	经济贸易系	高职大学英语	徐飞跃	
13	经济贸易系	国际市场营销	柳婷尔	
14	财务会计系	农村金融实务	叶梦琪	

续表

序号	系部	课程名称	课程负责人	类别
15	财务会计系	财务会计	高建普	2012年院级精品课程建设项目
16	财务会计系	企业纳税会计	王立平	
17	农业经济管理系	电子商务概论	沈利华	
18	基础教学部	大学生心理健康教育	孙宁海	
19	艺术设计系	广告摄影	周珠法	
20	烹饪旅游系	中餐烹调工艺	郭民军	
21	基础教学部	大学生职业发展与就业指导	陶礼军	
22	烹饪旅游系	西餐工艺	徐海军	
23	经济贸易系	酒店英语	王群	
24	汽车技术系	汽车销售技术	杜燕	
30	艺术设计系	居住空间设计	屠君	2013年院级精品课程建设项目
31	农业经济管理系	经纪人实务	王强	
32	农业经济管理系	农产品电子商务	童少娟	
33	烹饪旅游系	食品营养与安全	李臣	
34	财务会计系	财务管理	陈鑫子	
35	基础教学部	大学计算机基础	韩红光	
36	基础教学部	毛泽东思想与中国特色社会主义理论体系概论	刘玮	
37	基础教学部	健美操	钱巧鲜	

 资料链接

浙江农业商贸职业学院精品课程建设管理办法(试行)

第一章 总则

第一条 为加快我院的专业建设,全面提高教学质量,根据教育部《关于启动高等学校教学质量与教学改革工程精品课程建设工作的通知》(教高〔2003〕1号)、《国家精品课程建设工作实施办法》和浙江省教育厅《关于开展高等学校精品课程建设工作的通知》(浙教高教〔2003〕130号)等文件精神,决定在我院开展精品课程建设工作。为确保精品课程建设的科学、规范、合理,特制订本办法。

第二条 精品课程是具有一流教师队伍、一流教学内容、一流教学方法、一流教材、一流教学管理等特点的示范性课程。

第三条 精品课程建设要综合专业课程、教师队伍、实训条件、课程体系和教学内容、教学手段、教学方法、教学环节等各方面的建设和改革,协调发展、整体推进。

第四条 精品课程建设采取重点扶植,稳步推进,成熟一门,发展一门的原则,在合格课程的基础上,建设院级精品课程,培育市级、省级、国家级精品资源共享课程。

第二章 建设的内容和要求

第五条 建设的内容和要求:

1. 制定科学的规划。根据学院定位与特色合理规划精品课程建设工作,以精品课程建设带动其他课程建设,通过精品课程建设提高学院整体教学水平。

2. 切实加强教学队伍建设。通过精品课程建设逐步形成专业素质高,知识结构、年龄结构、"双师"结构、专兼结构合理的教师队伍。精品课程的主讲教师应具有丰富教学经验和较高专业技能,并具有中级以上职称。

3. 重视教学内容和课程体系改革。准确定位精品课程在人才培养过程中的地位和作用,正确处理单门课程建设与系列课程改革的关系。精品课程的教学内容要先进,要及时反映与专业对应的职业领域的最新成果,同时,广泛吸收先进的教学经验,积极整合优秀教改成果,体现新时期社会、政治、经济、科技的发展对人才培养提出的新要求。

4. 注重使用先进的教学方法和手段。合理运用现代信息技术等手段,改革传统的教学思想观念、教学方法、教学手段和教学管理。精品课程要使用网络进行教学与管理,相关的教学大纲、教案、习题、实验指导、参考文献目录等要上网并免费开放,鼓励将网络课件、授课录像等上网开放,实现优质教学资源共享,带动其他课程的建设。

5. 重视教材建设。精品课程教材应是系列化的优秀教材。精品课程主讲教师可以自行编写、制作相关教材,也可以选用国家级优秀教材。鼓励建设一体化设计、多种媒体有机结合的立体化教材。

6. 注重理论教学与实践教学并重。高度重视实验、实训、实习,特别重视实训基地建设,通过实践,培养和提高学生的职业能力。精品课程主讲教师要亲自主持和设计实践教学,要大力改革实践教学的形式和内容。

7. 建立切实有效的激励和评价机制。学院鼓励教师、教学管理人员和学生积极参加精品课程建设,鼓励高水平教师积极投身学院的教学工作。通过精品课程建设，建立健全精品课程评价体系，建立学生评教制度，促使精品课程建设不断发展。

第三章 运行管理

第六条 申报建设的条件：

1. 申报建设的课程必须是学院各专业教学计划中设置的并已通过学院评审的合格课程，重点为各专业教学计划中的公共基础课程和各专业主干课程。

2. 申报的课程应有3位及以上较为稳定的教师组成队伍，且结构合理。课程负责人应具有副高级职称，有较高的专业技能，有丰富的教学经验和研究经验，有公开发表的教学研究论文。

3. 课程改革建设整体思路清晰，体现现代职业教育思想和教育理念，体现科技发展和技术进步对人才培养的新要求，促进教学质量提高。

第七条 申报立项程序：

1. 各课程负责人根据申报建设的条件进行自主申报，填写《浙江农业商贸职业学院精品课程建设申报表》及相关的材料，送系部。

2. 各系部根据本系部课程建设规划和立项申报条件，组织课程申报，系部组织初审后向学院推荐，将材料报送教务处。

3. 学院组织教学工作委员会和相关专家对各系部申报的课程进行审查和评价、答辩与评审，评审结果在全校公示7天，无异议后正式立项建设。

4. 批准立项通知由学院发文，项目建设周期为2年。

5. 学院正式立项建设的精品课程，称"浙江农业商贸职业学院院级立项精品课程"。精品课程建设项目的申报、评估与验收原则上每年进行一次。一般在每年的5月份组织申报、检查、评估与验收工作。

第八条 院级精品课程的规划、指导、检查和评估验收由教务处组织进行。教务处负责院级精品课程建设管理，对院级精品课程进行规划、统筹、指导和督察，各系部负责对精品课程进行具体建设和日常管理。

第九条 中期检查。课程负责人根据建设情况写出年度进展报告，根据进展报告及相关材料由教务处组织相关人员进行检查。检查合格，学院继续拨款，项目继续进行；不合格，学院停止拨款，课程负责人写出整改计划并进行整改建设，经检查合格后，学院恢复拨款。

第十条 结题验收。建设期满后，由教务处组织专家参照《浙江农业商贸职业学院精品课程评价指标》进行评估验收，进行为期7天的网上公示，验收合格的授予"浙江农业商贸职业学院院级精品课程"称号。验收不合格，不授予称号，并责令限期整改。整改期为一年，整改期间停止经费下拨。整改仍不合格，取消资格，该课程负责人及所属教研室不得参加下一轮"精品课程建设项目"的申报。

第十一条 无特殊原因不能参加中期检查、结题验收的,学院将取消立项并停拨建设经费。因特殊原因不能参加中期检查、结题验收的,由课程负责人提出申请,系部审核并提出调整意见报学院批准。

第十二条 院级精品课程通过验收后应做好后续建设工作,要根据形势的发展和需要,及时充实、更新、提升课程建设成果,不断提高课程质量。

第十三条 学院组织专家对已授予称号的院级精品课程进行定期抽检,抽检不合格的,要限期完成整改,否则将被取消院级精品课程称号。

第十四条 院级精品课程实行课程负责人负责制。负责人要把握好课程的总体水平和建设进度,统筹课程建设经费,对课程年度检查和验收负全面责任,并按学院要求汇报工作进展情况。

第十五条 在院级精品课程的基础上,学院根据建设的质量推荐市级、省级和国家级精品资源共享课程。

第十六条 院级精品课程须将相关的教师队伍、教学大纲、教学内容、教案、习题、教材及参考书、网络多媒体课件、不少于45分钟的教学现场录像等课程资源按照相关的技术标准通过学院网站"精品课程"栏开放。有关部门和人员要协助承担精品课程教学的教师做好网站的维护和内容更新工作,内容年度更新(或新增)比例不得低于10%。

第十七条 院级精品课程负责人和课程组成员,学院在教学研究和教材建设项目立项、教学成果申报、职称评定等方面予以优先考虑。

第四章 经费使用与管理

第十八条 院级精品课程建设经费6000元/门。该经费必须用于与课程建设项目直接有关的工作。

第十九条 经费的管理、使用及报销等按照《浙江农业商贸职业学院教育教学建设项目经费管理暂行办法》的规定执行。

第二十条 院级精品课程负责人应积极申报市级、省级和国家级精品资源共享课程,学院对获市级、省级和国家级精品资源共享课程立项的课程,将再给予相应资金配套资助,并提供相关教学条件。

第五章 附则

第二十一条 本办法自颁布之日起施行,由教务处负责解释。

2013年9月

浙江农业商贸职业学院精品课程评价指标

一级指标	二级指标	主要观测点	评估标准	分值(M_i)	评价等级(K_i) A 1.0	B 0.8	C 0.6	D 0.4	E 0.2
教学队伍 18分	1-1 课程负责人与主讲教师	学术水平、教学水平与教师风范	课程负责人或主讲教师师德好,学术造诣高,教学能力强,教学经验丰富,教学特色鲜明	7分					
	1-2 教学队伍结构及整体素质	知识结构、年龄结构、人员配置与中青年教师培养	教学团队中的教师责任感强、团结协作精神好;有合理的知识结构和年龄结构,并根据课程需要有合理的"双师"、专兼结构,配备辅导教师;中青年教师的培养计划科学合理,并取得实际效果	4分					
	1-3 教学改革与教学研究	教研活动、教改成果和教学成果	教学思想活跃,教学改革有创意;教研活动推动了教学改革,取得了明显的成效,有较高质量的研究成果;发表了较高质量的教改教研论文	7分					
教学内容 22分	2-1 课程内容	2-1-A 理论课程内容设计	教学内容新颖,信息量大;及时把教改教研成果或学科最新发展成果引入教学;课程内容经典与现代的关系处理得当;本课程与相关课程内容关系处理得当	10分					
		2-1-B 实验课程内容设计	课程内容的技术性、综合性和探索性的关系处理得当,有效地培养学生的创新能力和分析问题、解决问题的能力						
	2-2 教学内容组织与安排	教学内容安排	理论联系实际,融知识传授、能力培养、素质教育于一体;课内课外结合,教书育人效果明显	6分					

续表

一级指标	二级指标	主要观测点	评估标准	分值(M_i)	评价等级(K_i)				
					A	B	C	D	E
					1.0	0.8	0.6	0.4	0.2
教学内容 22分	2-3 实践教学	实践教学内容与方法	根据课程的性质和教学内容设计出的各类实践活动能很好地满足学生培养的要求；实践教学在培养学生发现问题、分析问题和解决问题的能力方面有显著成效	6分					
教学条件 16分	3-1 教材及相关资料	教材建设与选用，教学文件建设	选用优秀教材(含国家优秀教材或高水平的自编教材)；为学生的自主学习和研究性学习开列并提供有效的文献资料；实验教材、指导书配套齐全，满足教学需要；教学大纲、进度计划、教学日志等各类教学文件完整、质量高，并能及时更新	6分					
	3-2 实践教学条件及教学过程	实践教学的先进性与开放性，教学过程的科学性与合理性	恰当地处理理论教学与实践教学的关系，实践教学条件能够满足教学要求；课内外教学相结合，融知识传授、能力培养、素质教育于一体，效果明显；教学过程科学合理，记录完整	5分					
	3-3 网络教学环境	网络资源建设、网络教学硬件环境和软件资源	网络教学资源建设初具规模，并能经常更新；运行机制良好，在教学中确实发挥了作用	5分					
教学方法与手段 18分	4-1 教学方法	教学方法的使用及教学效果	灵活运用多种先进的教学方法；能有效调动学生的学习积极性，促进学生积极思考，发展学生的学习能力	10分					
	4-2 教学手段	现代教育技术的应用	恰当、充分地使用现代教育技术手段，并在激发学生学习兴趣和提高教学效果方面取得实效	8分					

续表

一级指标	二级指标	主要观测点	评估标准	分值(M_i)	评价等级(K_i)				
					A	B	C	D	E
					1.0	0.8	0.6	0.4	0.2
教学效果 26分	5-1 考核方法	考核方法、题库建设、考核结果	结合课程内容采用多种形式科学合理的考核方法；已建成高质量的试题库,有评分标准、标准答案,试题库不断更新；平时成绩有详细记载,实现了教考分离,成绩分布合理,整体水平高。考核结果有统计分析,有改进教学质量的相应措施	6分					
	5-2 同行评价	校内外专家评价和声誉	证明材料真实可信,评价优秀；有良好声誉	6分					
	5-3 学生评教	学生评价意见	学生评价材料真实可靠,结果优良	6分					
	5-4 录像资料评审	课堂实录	讲课有感染力,能吸引学生的注意力；能给学生思考、联想、创新的启迪	8分					
特色及政策支持	专家依据《精品课程申报表》中所报特色打分			80分					
	所在系部支持鼓励精品课程建设的政策措施得力			20分					

精品课程评价指标说明：

1. 本评价指标根据《教育部关于启动高等学校教学质量与教学改革工程精品课程建设工作的通知》（教高〔2003〕1号）文件精神制定而成。

2. 本方案采取定量评价与定性评价相结合的方法,以提高评价结果的可靠性与可比性。评价指标分为综合评价与特色及政策支持两部分,采用百分制记分,其中综合评估占80%,特色及政策支持占20%。

3. 总分计算：$M = \sum K_i M_i$,其中K_i为评分等级系数,A、B、C、D、E的系数分别为1.0、0.8、0.6、0.4、0.2,M_i是各二级指标的分值。

第八章

"社会培训与校企合作"式社会服务功能的拓展

服务社会是现代大学的四大职能之一,即现代大学不可推卸的使命就是服务社会、融入社会、引导和推动社会发展。高职教育作为高等教育发展中有效补充形式,能为社会提供多种多样的服务,它的教育方式是与社会实践联系最紧密的。因此,教育部把示范性院校入选的五大条件之一定为"社会服务领先",这足以说明服务社会这一重要职能对高职院校来说是非常重要的。

高职院校开展社会服务工作主要包括以高职院校为主体的社会服务、培训、咨询等活动,以及以高职教师为个体的与社会(尤其是企业)建立服务关系两种形式。高职院校开展社会服务,具体包括利用学校资源开展社会培训、技术研发与企业应用,与企业合作开展员工培训、设备革新,参与社会职业技能培训体系建设,为地方经济发展贡献各层次人才和前沿技术等。高职教师的社会服务工作是指为企业开展技术服务、为企业的发展提供咨询服务以及开展高技能人才的培训服务等。技术服务主要是解决生产、建设、服务和管理一线的技术难题,参与技术改造、新技术应用、新产品研制、技术创新和研发等。咨询服务主要是参与生产、经营和管理的改进、优化、市场调研和市场推广、企业融资等。高技能人才培训主要是对企业的在职人员进行继续提高教育与培训,使其在原有工作经验能力基础上,在理论和实际操作方面有较大的提升。无论是以高职院校为组织单位进行的社会服务,或者是以教师为个体进行的社会服务项目,其主要服务内容都与人员、技术等要素在运转过程中所产生的问题有着紧密联系。由于高职院校是高等教育体系中与地方经济发展有着最紧密联系的类型,所以高职院校的社会服务更多与实际生产生活相联系,有着很强的社会需求与群众基础。有学者对高职院校社会服务内容进行了类型划分,可分为培训服务型、加工服务型、决策咨询服务型和技术开发服务型。培训服务型即通过组织或承接部分培训项目,对企事业单位的员工进行知识培训或技能培训。加工服务型主要以技能与体力付出为主,依靠校内的实训设备,学院或专业承接企业委托的产品加工任务,企业以计件的方式支付学校服务费用,学校则依靠学生的技能与体力,在经验丰富的老师指导下，由学生完成服务任务。同时也可以是教师个人通过一定的形式，从企事业单位承接业务，签订技术服务合同，然后组织少部分学生参与及完成委托任务，取得一定报酬。决策咨询服务型主要是高职院校教师通过承接企业市场策划、景区规划、机关事业单位发展规划或行业规划等取得项目，签订服务合同书，取得一定的报酬，它也是横向课题的一种形式。技术开发服务型一般是高职院校教师通过与企业的长时间接触，在真正了解企业产品开发、技术创新后与企事业单位达成的一种合作，一般签订技术开发或产品开发合同。此外，高职院校社会服务还因为学校这一属性而将学生群体纳入其中。高职院校拥有诸多与社会服务相关联的学生社团，各系部也有定期组织学生进行社会服务的对口联络单位，尤其是以大学生志愿者群体为主的学生社会服务力量更是在学校建设、社区建设、大型展会赛事、关怀社会弱势群体等方面发挥着不可或缺的作用。

近年来，我国高职院校对社会服务有了更充分和深入的认识，主要推动因素有以下几点：一是高等教育、职业教育与社会经济更加紧密地结合的趋势促使高职院校通过开展社会服务开拓生存和发展空间；二是知识经济使社会经济发展方式发生转变，对高职院校的人才和智力为区域社会经济服务提出了更高的要求。自《国务院大力发展职业教育的决定》颁布和示范性高等职业院校建设计划启动以来，社会服务作为其中一项重要的建设内容，越来越受到高职院校的重视。大部分高职院校开始意识到社会服务是促进学校发展的重要任务，将社会服务纳入学校的总体规划和专业建设规划，并将社会服务能力建设作为学校的一项重要工作来抓。目前，百所国家示范性高职院校和百所国家骨干高职院校都已按照示范性院校建设要求，根据学院实际情况和区域发展特点，有计划、有步骤地进行社会服务能力建设，开展社会服务活动，并发挥示范和辐射作用，带动和促进其他高职院校的社会服务建设。此外社会服务的领域正在拓展，形式多样且内容丰富，层次逐渐提高。比如高职院校转变观念、挖掘潜力、拓宽思路，根据本校的条件和实际，结合本区域社会经济的需要，在现有的条件下，逐步拓展社会服务功能，通过各种渠道，积极开展各种形式的教育、经济、文化、科技、信息等服务，同时为本地区各级政府提供多种形式的决策服务。社会服务的类型、形式、途径、方式日趋多样化，服务层次也不断深入和提高。根据区域社会经济需要调整学科专业结构，创新人才培养模式；面向社会经济开展科学研究，依托研发平台提供决策咨询；利用自身优势与地方政府和企业合作；加强管理，注重社会服务机构和服务队伍建设；组织多种形式和内容的对外交流和学生社会服务等（覃曼丽，2013）。但是我们也应该注意目前高职院校投身社会服务所存在的形式、内容与实施层面的问题。例如高职院校社会服务体制机制不完善；社会服务观念存在偏差;不少高职院校专业设置与地方经济社会人才需求脱节,专业类型少,结构不合理,培养规格单一,不能按照地方支柱产业、优先发展行业、重点企业对专业高技能人才的需求,有针对性地培养人才;社会服务的物质技术基础薄弱。由于历史原因,目前大多数高职院校的办学条件仍较差,实验室、实训和实习基地以及信息网络建设薄弱,制约了社会服务活动的开展;科研总体实力差,成果的转化率低;等等。这与高职院校自身在发展过程中所秉承的片面化的办学理念有关,表现在部分教师社会服务观念存在偏差、高职院校缺乏完善的社会服务体制或机制、在社会服务方面投入不足等,同时也有社会层面如沟通机制不健全、政府部门缺乏有效的激励机制等因素。其根源还是高职院校对社会服务这一基本功能的漠视,进而"逃避"承担相应的社会责任。所以,从理念纠偏入手是实现社会服务功能高效开展的第一步。只有真正认识到作为高职院校所需要承担的社会责任的艰巨性,才能在社会服务的行动中更具建设性和可行性。需要指出的是,从学生角度出发去践行的社会服务工作也应该被纳入到现有的高职院校社会服务体系之中。在目前的大多数研究中,高职院校学生参与的社会志愿服务往往被单一地看成是一般性的学生自发活动,是学生自我管理、自我发展、自我服务的方式与平台。实际上,高等教育发挥其应有的社会服务功能离不开学生所充当的角色。高职学生所从事的既是以学生身份进行的志愿服务,同时也是以未来劳动者的身份建构社会角色的服务过程。学生在提供志愿服务的同时,也将自己所学与社会所见所感充分融合,建构个体经验,进而完成自身社会化过程中最重要的一部分,实现社会角色的转变与定型。这种"知识输出—经验建构—角色定型—反哺社会"之过程也应成为高职院校开展社会服务的重要组成部分。

  关于加强高职院校社会服务的对策,高职院校管理人员、科研工作者、一线教师都从不同角度给出了富有建设性的意见。杜佩莲认为要营造促进高职院校社会服务工作正常进行的外部环境,通过增加经费投入,改善高职院校的办学条件,确立保障高职院校社会服务工作正常进行的法律框架、配套措施,制定评价体系和激励机制等实现外部环境的优化。此外高职院校自身要明确办学指导思想,为地方经济、社会建设提供全方位的服务。如明确办学指导思想,树立全方位为地方经济、社会发展服务的办学理念;构建社会服务的体制和机制;提高教师队伍的整体素质,增强教师的社会服务意识;加强实训基地、校办企业实体的建设,增强社会服务的物质技术基础;加强校企合作、工学结合,培养适应地方经济社会建设需要的各类高技能人才;加强科技研究,特别是应用、开发研究,不断提高为地方支柱产业、基础产业、优先发展行业服务的能力和水平。要提供各类直接的社会服务。一是通过电台、电视台、科技馆、博物馆等渠道,开展市民讲座,传送科学知识。二是介入社区教育,为社区居民提供技术课程、职业培训课程、继续教育课程、文化课程等教育服务,成为社区重要的人才培训中心。三是开展多种形式的信息咨询服务,其中信息服务包括信息搜集、整理、加工、传播、交流、运用等方面的服务;咨询服务既包括为某项产品、某个企业、某个居民的个别咨询服务,也包括对整个地方经济、社会发展的宏观咨询服务。四是向社区提供物质资源服务。如对社区居民开放学校图书馆、实验室、体育馆及各类文化娱乐设施等。五是组织文化活动,开展文化传播,成为社区文化中心。学校组织的文化活动,如音乐会、文艺晚会、各种演出等可向社区开放,要主动与企业、社区联合组织文化活动,组织教师、学生开展送文化进企业、送文化下乡等活动。覃曼丽认为应从四个方面改进高职院校社会服务职能的发挥:一是提升社会服务观念,强化社会服务意识;二是完善运行机制,保障社会服务的可持续开展;三是拓宽思路,拓展社会服务职能范围;四是改善内外环境,增强社会服务能力。耿金岭认为高职院校服务活动范围、种类、方式等都具有自身鲜明的特色,其提升服务能力的方法与路径也有别于其他院校,其对策主要包括明确社会服务职能定位、坚持以专业服务于产业、加强服务人才队伍建设、健全服务能力评价体系。

近年来,浙农商院依托地方和行业力量,凭借多方优势,紧跟社会发展步伐,以服务农村、企业为宗旨,以培养农村、涉农企业急需的实用性专业人才为己任,接轨市场经济,不断开设新的培训项目,开展学历教育、职业技能鉴定,培养造就了一大批农村实用性专业人才,在社会服务的过程中积累了宝贵的经验。

一、社会培训——构筑"三农"服务平台,发挥惠农资源优势

浙农商院坚持以服务为宗旨,以就业为导向,充分发挥学院和政府部门、行业、系统、企业不同的教育资源和教育环境的优势,构筑服务平台。充分发挥学院的人才资源、实训基地资源、图书信息资源等的优势,积极开展职业培训、职业技能鉴定等社会服务工作。

学院自2009年开始筹建以来,加大与政府职能部门的沟通和合作,先后被浙江省经信委授予浙江省企业经营管理人员培训基地,被浙江省商务厅授予服务外包基地,被绍兴市农办授予绍兴市农民培训基地,被绍兴市人力资源和社会保障局授予绍兴市外来务工人员培训基地和职业资格鉴定中心,被绍兴市农办、教育局批准为绍兴市农民高学历双证制培训基地。2012年7月与绍兴市农办共建绍兴市农民学院,2012年12月被授予全国供销合作总社培训基地,2013年4月与绍兴市农业局共建绍兴市现代农业人才培训基地。学院共拓展培训项目60余个(含涉农项目30余个),累计培训学员数达19 000多人(含涉农人员3 200多人)。在职业技能鉴定上,2013—2014学年开展国际贸易业务员、高级国

际商务秘书、单证继续教育、心理咨询师、营业员、统计员资格证、省单证、全国外贸单证、外贸会计等多个项目,共计培训 5 119 人。学历提升项目运作方面,开展自考专本衔接项目,为学院创造了新的经济创收增长点,直接产生经济效益达百万以上,招生人数达 766 人。教育质量、管理水平、学生规模三方面都进入了全省 26 家开展自考专本衔接项目院校的前三甲,受到浙江工商大学等三所高校高度赞赏。另东北农业大学网络教育学院再创佳绩,全年在读学生达 657 人(见表 8-1)。

表 8-1　2013—2014 学年技能鉴定情况一览

项目	开班情况	学员人数	总人数
技能鉴定项目	国际贸易业务员(下)	1	5 119
	高级国际贸易业务员(下)	1	
	高级国际商务秘书(下)	4	
	单证继续教育(下)	10	
	心理咨询师 2013 下	67	
	心理咨询师 2014 上	83	
	营业员 2013 下	28	
	营业员 2014 上	97	
	统计员 2013	1 995	
	统计员 2014	1 500	
	省单证 2013	563	
	省单证 2014 上	527	
	全国单证员 2014 上	66	
	外贸会计 2013 下	12	
	外贸会计 2014 上	165	

另外,学院培训中心还承担 2009 年至 2013 年绍兴市 47 个班的农民工技能培训,涉及的内容包括:农产品经纪人、酒店服务、销售员、包装工、营业员、服装工、家电售后服务等,共培训学员 3 586 名。与绍兴市下属市、县的各类职校、成校联合举办绍兴市农村实用人才培训班,与新昌电大、上虞育人培训学校、绍兴县成校、嵊州中等职业技术学校建立了浙江农业商贸职业学院新昌、嵊州、绍兴县、上虞等培训基地及技能实训基地。在立足地方的同时,2013 年完成了供销社系统的人才培训基地建设,共在 2 个地区 8 个市县建立了系统新农村建设人

才培训基地。共培训系统合作社人员 1 200 人次,受到系统基层单位的好评和欢迎(见表 8-2、表 8-3)。

表 8-2　2013—2014 学年农民培训项目情况一览

项目		开班情况	学员人数	总人数
农民培训	绍兴市现代农业人才培训基地	第一期绍兴市农机管理总站培训	96	696
		第二期绍兴市科技项目培训会议	71	
		第三期南美白对虾生态养殖班培训	200	
		第四期绍兴市乡镇农产品快速检测员培训	109	
		第五期机动渔船船员培训	50	
		第六期无公害农产品内检员培训	170	
	省农办、农民学院	食品(农产品方向)检测师(上虞) (2013 下半年)	65	596
		"两创"实用人才食品(农产品方向) 检测师(2013 下半年)	54	
		合作经济管理员(2013 下半年)	58	
		农产品经纪人(2013 下半年)	39	
		农产品经纪人专项技能等级 鉴定(2013 年 9 月 3 日)	60	
		2013 年丽水市香榧经营管理技术培训 (2013 下半年)	51	
		第八届农民技能大比武(2013 年 11 月)	80	
		合作经济管理师(2013 下半年)	81	
		绍兴市乡村旅游管理经营人员培训班	108	
		现代农业规模化经营管理人才 创业提升班(2014 年上)	45	45
		2014 年上虞区居家养老护理员技能培训	65	65
	越城区农林水利局	绍兴市越城区农业科技示范户 水稻栽培和病虫害预防培训	109	194
		水稻科技示范户水稻高产栽培和 病虫害预防培训班	85	
合　计				1 596

表 8-3 2013—2014 学年学历教育提升情况一览

项目	开班情况		学员人数	总人数
学历教育项目	东北农业大学	东北农业大学 10 秋学员名单	71	267
		东北农业大学 11 春学员名单	192	
		东北农业大学 11 秋学员名单	68	
		东北农业大学 12 春学员名单	79	
		东北农业大学 12 秋学员名单	47	
		东北农业大学 13 春学员名单	56	
		东北农业大学 13 秋学员名单	63	
		东北农业大学 14 春学员名单	81	
	自考专本衔接项目（2013 春）	浙江工商大学 2013 春企业财务管理自考报名汇总表	208	460
		宁波工程学院自考专本衔接汽修 2012 秋学生名单	42	
		浙江工商大学 2013 春销售管理学生报名汇总表	30	
		浙江工商大学 2013 春销售管理专本衔接报名汇总表	49	
		浙江科技学院 2013 春专升本报名信息汇总表	69	
		宁波工程学院 2013 春专本衔接报名汇总表	42	
		宁波工程学院自考专本衔接汽修 2012 春学生名单	20	
	自考专本衔接项目（2013 秋）	2013 秋汽车营销与售后技术服务	54	306
		浙江工商大学 2013 秋销售管理学生报名汇总表	44	
		浙江工商大学 2013 秋企业财务管理自考报名汇总表	112	
		浙江科技学院 2013 秋专升本报名信息汇总表	65	
		2013 秋工商管理	31	
	华师大研究生项目	2012 年（秋季）软件工程硕士（绍兴点）学生名册	34	37
		2013 年（春季）软件工程硕士（绍兴点）学生名册	3	
	学院成教项目		31	31
合　　计			1 491	

学院在几年中,共培训绍兴市市属农民学员7000余名。其中,依托省供销社系统优势,围绕合作经济主线、体现合作经济特色的实用人才的培养,开办了市"农产品(食品)检测实用性人才培训班"、"合作经济管理师实用性人才培训班"、"农产品经纪人实用性人才培训班"、省"农产品(食品)检测实用性人才培训班"等11个项目,取得省级农村"两创"实用人才培训精品项目1项,2次8项被绍兴市农办列入市级农村"两创"实用人才培训精品班,占绍兴市农村"两创"实用人才培训的21.5%,共获得市政府财政补贴300万元。《绍兴日报》《绍兴晚报》、绍兴电视台等相关媒体竞相采访报道,多次受到市属各级政府的肯定和高度评价,先后获得"绍兴市农民培训先进集体"、"绍兴市农民高学历双证制培训先进集体"、"绍兴市远程教育先进集体"、"绍兴市职业技能培训和鉴定先进集体"、"绍兴市教育培训先进集体"、"浙江省企业经营管理人员培训先进基地"等称号。为进一步扩大学院及省供销社在农业流通领域及合作社的影响力,2013年重点完成绍兴市农民学院的"一网、一品、一库、一站"和绍兴市现代农业人才培训基地的建设工作,开拓了跨区的特色农民培训工作。与丽水农民学院联合组织开办丽水市香榧经营管理技术培训班,与绍兴各个市县农业局联合组织完成16个班2000多人次农业专技人员的培训工作,帮助金华农办建立金华农民学院,受到各级主管部门的认同和赞赏,并取得了各级主管部门的经费支持。

 案例介绍

烹饪旅游系

学院烹饪旅游系的"烹饪工艺与营养"专业办学历史悠久,在省内外餐饮行业中享有盛名,荣获了中国烹饪协会授予的"全国餐饮业教育成果奖"、浙江省烹饪与餐饮协会授予的"浙江省餐饮职业教育先进集体"和"浙江省餐饮业教育突出贡献奖"、浙江省教育厅授予的"浙江省高职院校示范性实训基地"等荣誉。专业师资力量强,现有市级专业带头人1名、中国烹饪大师3名、浙江省烹饪大师3名、"全国最佳厨师"1名。建立了咸亨学院、绍兴越地饮食文化研究所等培训和研究基地,被浙江省文化厅、教育厅列为"绍兴菜烹饪技艺"非物质文化遗产教学传承基地。

近年来,烹旅系依托强大的师资力量,在全国烹饪技能大赛中屡创佳绩。2013—2014学年参加了第五届全国烹饪大赛总决赛,师生共获得特金奖5个;在2014年全国职业院校技能大赛中4人获二等奖、4人获三等奖,并获得团体二等奖。举办绍兴市第九届农民工技能比武和绍兴市中等职业学校学生技能竞赛暨全省职业院校大赛选拔赛等赛事,为绍兴市政府部门、行业、企业提供烹饪技能人才的培训与职业技能考评(见下表)。

2013—2014 学年烹饪旅游系为企业提供技能培训项目及技能竞赛组织情况一览

项目	开班情况	人数	总人数
企业培训及相关服务	2014 年中式烹调师(技师、高级技师)培训班	20	258
	2014 年餐厅服务员(技师、高级技师)培训班	23	
	2014 年绍兴市法院系统后勤服务人员专业技能培训	56	
	2013 年面点技师培训班	8	
	2013 年中式烹调师(技师)培训班	28	
	2013 年中式烹调师、面点师(技师、高级技师)培训班	33	
	2013 年餐厅服务员(技师、高级技师)培训班	21	
	2013 年绍兴市法院系统后勤服务人员专业技能培训	56	
	2013 年绍兴市世茂房产公司新老顾客答谢酒会服务工作	13	
技能鉴定	2014 年公共营养师培训班	90	585
	2014 年中式烹调师(中级)	104	
	2014 年中式烹调师(高级)	118	
	2014 年餐厅服务员(中级)	126	
	2014 年餐厅服务员(高级)	147	
技能竞赛组织及相关服务	2014 年第七届全国烹饪技能竞赛(总决赛)	5	652
	2014 年全省高职高专院校技能大赛暨全国职业院校技能大赛选拔赛	8	
	2014 年绍兴市第九届农民工技能比武	132	
	2014 年中等职业学校(烹饪专业、酒店服务业)学生技能竞赛暨全省职业院校大赛选拔赛	62	
	2013 年第七届全国烹饪技能竞赛(浙江赛区)	233	
	2013 年绍兴市第八届农民工技能比武	61	
	2013 年中等职业学校(烹饪专业、酒店服务业)学生技能竞赛暨全省职业院校大赛选拔赛	63	
	2013 年绍兴市工商银行后勤服务人员技能培训及技能比赛	38	
	2013 年绍兴市鑫洲旅业有限公司专业技能竞赛	50	
合 计			1 495

二、校企合作——为企业创造价值,为社会创造财富

校企合作是浙农商院开展社会服务的主要途径。通过校企合作实现社会服务的路径主要包括员工培训、技术升级和研发两类。近年来,学校通过校企合作社会服务平台为企业、行业和社会提供了多种类型的服务项目,创造了良好的经济效益和社会效益(见图8-1、图8-2)。学院现与多家企业开展了紧密型的合作,本着双赢的原则,培训企业员工14 503人。社会服务是高校基本职能之一,学院发挥专业技术优势,积极开展社会服务与技术开发,年创收46.7万元。

具体来看,学院与中华全国供销合作总社茶叶研究院、浙江省茶叶集团股份有限公司、浙江大学茶学系发挥各自优势,共同建立茶叶专业学科共建平台、技术服务平台和研究开发平台,并将共同承办全国性的茶叶生产技术培训班,以多种形式共同承接各类研究开发项目,使之成为浙江省茶叶人才培养的重要基地和茶叶科技开发的创新平台。艺术设计系为绍兴东湖风情节设计项目,彩绘乌篷船;为咸亨集团开展产品包装设计;为诸暨赵家镇开展新农村建设规划设计;为柯桥纺博会、袍江汽车展销会开展志愿者服务和营销服务。合作社经营管理专业与柯桥金来旺电子商务园、杭州拉勾网络科技有限公司合作,建立了农商购平台,为合作社农产品提供网上营销服务等。此外各系开展的校企合作项目在本书其他部分也有详细阐述,本节不再赘述。

图8-1　浙农商院咸亨学院

图8-2 校企合作签约仪式

 案例展示

发挥专业优势 拓展实践教学 服务地方社会
——艺术设计系积极助力绍兴"乌篷船风情节"

2013年9月18日,适值中秋佳节。浙江农业商贸职业学院艺术设计系和东湖风景区共同策划了"乌篷船风情节",受到了国内外众多游客的热捧!艺术设计系8名大二学子(黄佳俊、孙楚楚、张佳萍、王康磊、侯曼莎、林子杰、郭鸣丰、郑慧慧)在11位老师(沈坚、杨志武、斯李光、夏宁宁、王玉霞、谢清、胡明琦、田志武、谭林锋、张冬松、沈飞)的带领下,与景区工作人员通力合作,进行了现场"彩绘创意乌篷船"的作画环节,为风情节现场增添了极浓的艺术气氛(见附图)。

此次活动受到了绍兴电视台、《绍兴日报》等多家媒体关注,也得到了东湖景区管理处的高度评价,管理处领导主动提出要与艺术设计系进一步加强合作,提供场地作为该系的大学生创业园和校外实训基地,以期建立长效合作关系。通过此次活动,艺术设计系一方面以自身专业技能服务了绍兴地方经济文化发展,有效扩大了学院影响力;另一方面深化了校外实践实训机制,开拓了新的平台,达到了提升专业建设内涵的目的。

艺术设计系积极助力绍兴"乌篷船风情节"

经验总结

汽车技术系校企合作工作思路

近几年来,汽车技术系努力创新校企合作工作思路,探索校企合作路径,以提高办学质量为核心,以增强办学特色为重点,以行业企业为依托,以合作办学、合作育人、合作教育、合作发展为主线,切实加强校企合作工作。汽车技术系目前有16家校企合作单位,共同开展了教学科研、社会实践、专业实践、顶岗实习、毕业实习、教师挂职等合作项目。其中与绍兴宝顺汽车销售服务有限公司和浙江物产元通国际汽车广场有限公司两家大型企业合作最为紧密。绍兴宝顺汽车销售服务有限公司是经德国宝马公司全面授权,绍兴地区最早按照宝马(BMW)全球标准建立并且荣获小轿车经营权和国家一类维修企业资质的4S特约经销店,注册资金2 500万元,实际投资超过6 000万元。浙江物产元通国际汽车广场有限公司是以浙江物产元通集团下属的浙江元通机电发展有限公司为母体投资组建的有限责任公司,总投资约3.8亿元。

(一)校企合作深度融合,努力实现资源共享

在绍兴汽车服务业公共科技服务平台的申报、汽车服务业信息化建设以及

乘用车典型故障预警系统关键技术研究等项目中,平台科研人员与该企业专家密切合作,共同研究开发,共同提高。平台项目的申报成功,是浙江农业商贸职业学院汽车技术系与汽车后市场服务企业广泛开展校企合作的成果,也是资源共享与整合的又一体现。在绍兴汽车服务业公共科技服务平台的建设过程中,信息化建设、技术成果转化、汽车性能鉴定和咨询培训等各方面都与汽车服务企业密切相关,需要在人力、设备和场地等方面紧密合作、深入融合。平台的发展需要企业的支持,而平台的建设与运行也终将为企业搭建一个转型升级的良好平台,提升绍兴汽车服务业水平。

(二)深化校企合作文化建设,共同促进社会服务

与合作企业共建汽车营销社团和汽车整形社团,实现了个人兴趣爱好与企业所需的完美结合。以个人意愿为基础,深入开展第二课堂教学,既丰富了学生课余文化生活,又提高了学生的技能水平。

2013年11月,汽车营销社团邀请物产元通集团众多品牌来到校园开办车展活动,引起轰动效应,广受好评。通过车展的举办,不仅为企业提供了一个良好的平台,更为学生提供了一次真实的实习机会。

物产元通集团是汽车技术系第一个志愿者服务基地,双方共同致力于推进社会志愿服务工作。汽车技术系志愿者活跃在企业新车发布、车展、客户互动等活动中,为企业和客户提供了良好的服务,并提升了自身素质。充分利用袍江·中国汽车城优势,逐步形成汽车专业人才培养孵化环境,提高了人才培养质量和企业用人满意度。

三、培养新型职业农民——社会服务的基础、特色与增长点

2007年1月,《中共中央国务院关于积极发展现代农业 扎实推进社会主义新农村建设的若干意见》首次正式提出培养"有文化、懂技术、会经营"的新型农民。2007年10月,新型农民的培养问题写进党的十七大报告。2012年的中央一号文件首次提出"大力培养新型职业农民",引起了社会广泛的关注和热议。职业农民、新型农民等概念的提出是当前新农村建设理论和实践领域的重大创新。新型农民与职业农民的内涵既有区别,也有联系。新型农民是从宏观上提出来的一个概念,强调的是一种身份,而不是一种职业,泛指从事现代农业的农民;而职业农民范围较小,主要是从事农业生产和经营,以获取商业利润为目的的独立群体,是对一种职业的称谓。总的来说,职业农民是新型农民的一个当然范畴。

培训新型职业农民,有利于大力促进和提升高校服务"三农"的能力,有利于发挥高校人才培养、科学研究等优势,补充完善新农村建设科技服务体系,这

是推进政产学研相结合、农科教协同发展的明智之举、大胆创新,是推进高等学校改革发展的有效途径,必将有力地推动高等教育的改革发展,推动农业科技创新和科技进步,培育和造就一代有知识、有文化的新型农民,为新农村建设注入更多的科技元素,为"三农"发展提供更加强劲的引擎。

(一)整合资源,构建政校合作的新型职业农民培训模式

浙农商院自2009年筹建(2011年正式建校)以来,为了进一步深化教育改革,发挥学校自身人才培养、科学研究、社会服务、文化引领的综合能力;创新政产学研协同服务模式,联合政产学研等各方力量,探索"协同服务、利益共享、风险共担"的新型长效服务机制;建立以学院为主导的融合公益性推广服务、社会化创业服务和具有商业性服务色彩为代表的新型农科教相结合的服务模式,推动学院办学模式与体制机制的改革;集聚融合政府、企业、科研院所等各方面资源,发挥学校人才培养、科学研究、社会服务和文化传承创新的综合能力,开展协同服务;加快学院办学模式的转变,组织和引导广大师生深入农村基层开展科技服务,切实解决农村发展的实际问题,更好地发挥学院在绍兴市创新发展和新农村建设中的带动和引领作用,整合学院资源,成立以继续教育部、烹饪旅游系和农业经济管理系为核心的为农培训队伍,确定为农培训基本定位是:依托行业,依靠地方,提升学院服务"三农"的能力,大力培养新型职业农民。3年来,在政府相关部门的大力支持下,开展了大量的多形式的农民培训,培养造就了一大批实用型专业人才。

2012年7月,为了进一步拓展为农培训的空间,在原有基础上与绍兴市农办合作成立绍兴市农民学院,进一步完善了政校合作的新型职业农民培训模式,增强学院主动服务社会意识,大力提升学院服务"三农"能力。

(二)开发多形式多层次的农民培训项目

学院自2009年开始筹建以来,以建成一所服务新农村现代商贸流通业为特色的高职学校为办学定位,一方面依托系统行业优势,立足绍兴、面向浙江、服务"三农",根据新农村建设和发展农产品生产、农产品检测、农产品销售、农产品流通、农村实用人才培养、农机维修、村镇设计规划、农产品展销、农超对接、农产品直销以及农民实训培训等综合需求,推动浙农商院办学模式改革与机制体制创新,建立基于农村基层多种形式的服务基地和跨地区、跨学校的信息化网络服务平台,促进资源共享和政产学研用的紧密结合,形成"多元、开放、综合、高效"的运行机制和服务模式,成为带动和引领绍兴市新农村建设与发展的重要力量。

围绕学院办学定位和发展目标,整合相关资源,进一步拓展涉农培训和涉农工种的职业资格鉴定工作,着重拓展高层次两创实用人才的培训鉴定,围绕农村合作经济,重点巩固和扩大"农产品检测、农产品经纪人和合作经济管理师"的

培训鉴定。

在绍兴市农办实施的浙江省"千万农村劳动力素质培训工程"、浙江省中高级农村"两创"实用人才培训中，先后承担了"绍兴市农民小家电技能培训班"、"绍兴市首批农民高学历双证制教育班"、"绍兴市农民足浴按摩师培训班"、"绍兴市农产品（食品）检测员实用性人才培训班"、"绍兴市农村合作经济管理师实用性人才培训班"、"绍兴市电脑绣花工实用人才培训班"、"绍兴市农家乐经营管理实用性人才培训班"、"绍兴市供销社系统农产品经纪人人才培养规划和培训"等30余个培训项目的实施工作，其中农产品（食品）检测技术鉴定培训和合作经济师培训均为全省首创。3年来，涉农培训学员的总数达到了5 000多人，取得省级农村两创实用人才培训精品项目1项，2次4项被绍兴市农办列入市级农村"两创"实用人才培训精品班，在农民培训方面创出了自己的培训特色，取得了实效，为新农村建设发挥了积极的作用，多次受到市属各级政府的肯定和高度评价，《绍兴日报》等相关媒体竞相采访报道。学院荣获"绍兴市农民培训先进基地"和绍兴市农民高学历双证制培训先进基地等荣誉称号。

学院还组织了绍兴市农家乐特色菜大奖赛，充分发挥烹饪旅游专业品牌优势，为农民出版农家乐经营宝典，其中政府采购5 000册作为"三下乡"用书。另外，学院还承担了绍兴市18个班的外来农民工技能培训，培训内容包括酒店服务、销售员、包装工、营业员、服装工、家电售后服务等，共培训1596名学员。与绍兴市下属市、县的各类职校、成校联合举办绍兴市农村实用人才培训班，与新昌电大、上虞育人培训学校、绍兴县成校、嵊州中等职业技术学校合作建立了浙农商院培训中心（新昌、嵊州、绍兴县、上虞）基地及技能实训基地。在3年中，学院共培训市属农民学员3 000余名。

采取送教上门等方式，开发了多层次的培训服务，包括集体培训、个别辅导和网络教育等多种形式。通过政校合作，培训范围从绍兴地区走向杭州临安、丽水遂昌、舟山嵊泗等地；又从浙江走向新疆阿克苏，作为农产品经纪人讲师团成员赴新疆阿瓦提县开展为期1周的农产品经纪人培训工作，得到了新疆阿克苏地区供销社、阿瓦提县委县政府、绍兴市援疆指挥部领导以及参训学员的高度评价。

（三）开发农民培训教育资源

通过大量调研，根据农家乐从业人员和合作社经营管理人员的实际，开发农民培训教育资源，编写农民培训教材和读物，3年来，共编写《农家乐经营管理》《农家乐菜肴制作》《农家乐服务礼仪》《合作社经营之道》《合作社专项扶持政策——走向示范社》《农产品品牌与定价》等6本培训教材，受到了广大培训学员的好评和政府相关部门的充分肯定。

其中农家乐3本书进入浙江省2010年"服务'三农'重点出版物出版工

程",绍兴市副市长冯建荣亲自作序,被浙江省农办作为"三下乡"礼物赠送给农民,2011年进入政府"农家书屋",政府采购5 000册作为普及读物;后3本书得到了浙江省委副秘书长、省农办主任章文彪的重视并为之作序。与东北农业大学合作建立农民网络教育资源远程平台,开发农民培训网络课程10余门。

(四)围绕学院为农服务的办学定位,开展相关教学研究

围绕"三农"及农民培训热点问题,积极开展相关教学研究,成功申报了一系列研究项目,并发表了相关研究论文(见表8-4)。

表8-4 "三农"主题相关研究成果

成果类型	成果名称	成果时间
教学研究项目	浙江省新世纪教改项目 基于农产品商贸流通环节的高职人才培养模式研究	2010.09
	中华全国供销总社课题 缓解农产品供应链牛鞭效应中的供销社行为研究	2010.05
	浙江省教育厅课题 农产品流通组织模式研究	2010.01
	浙江省教育科学规划课题 基于农产品流通环节的新型农民培养模式研究	2010.01
	省供销社课题4项: 提高农家乐经营管理水平策略的研究 基于农产品流通环节的新型农民培养模式研究 合作社从业人员培训体系的构建研究 农民专业合作社运营模式研究	2010.5—2011.5
	绍兴市高等教育教学改革(重点)课题1项: 浙江省合作社教育的人才培养模式研究	2011.11
	绍兴市农办横向课题 绍兴市农家乐特色菜大奖赛	2011
出版书目	农家乐经营管理 杭州:浙江工商大学出版社	2010.10
	农家乐菜肴制作 杭州:浙江工商大学出版社	2010.10
	农家乐服务礼仪 杭州:浙江工商大学出版社	2010.10
	合作社专项扶持政策——走向示范社 杭州:浙江工商大学出版社	2012.10
	农产品品牌与定价 杭州:浙江工商大学出版社	2012.10
	合作社经营之道 杭州:浙江工商大学出版社	2012.10

续表

成果类型	成果名称	成果时间
发表论文	农产品供应链中的牛鞭效应及其缓解对策《调研世界》	2010
	农产品流通领域的人才培养机制研究《中国物流与采购》	2010
	浙江省农产品营销渠道的发展对策探讨《农业经济》	2010
	农产品营销组织模式创新研究《农业考古》	2010
	农产品流通环节中的供销社经营战略研究《现代营销》	2011

（五）专业教育与农民培训协同发展

围绕新型职业农民教育，学院构建了以合作社经营管理专业为龙头，以农产品电子商务专业、绿色食品生产与经营等相关专业为支撑的专业群。一方面专业群的建设与研究为新型职业农民的培训项目拓展提供了师资和教学理论支撑；另一方面农民培训的开展积累了宝贵的素材与专业改革的相关数据，促进了学院涉农专业群课程建设和队伍建设，达到了专业教育与农民培训协同发展的效果。

第九章

"助力内涵发展,服务'三农'事业"的科研思路与举措

高职院校是否需要科研一直是学界争论的话题。尽管绝大多数学者对此持肯定态度,但是高职院校近年来科研成果数量与质量的参差不齐让更多的科研管理工作者反思高等职业院校需要什么样的科研?高职科研与本科层次的科研有何区别?如何去探索产学研结合的实现路径?高职科研如何实现高效管理?这些问题都有待于在理论层面和实践中不断探索。

一、高等职业院校科研工作综述

在高职科研的必要性方面,大部分学者都认为科研是其作为高等院校必备的功能。更有学者认为现在不是讨论要不要科研,而是思考如何开展科研(于德宏,2011)。不同学者从高等职业院校的性质、办学定位、人才培养、国家政策等方面论述了高职科研的必要性。当然,也有学者对高职科研存在异议。这一异议产生的主要根源同样在于高等职业院校的性质,即高等职业院校的核心在于"职",是要培养为社会经济发展,尤其是区域经济发展服务的应用型人才。高职院校应将办学重点放在如何培养人才之上,而不是如何搞好科研。科研是研究型大学的专利(王旭明,2009)。

办学实践证明,科研是高职院校提升办学影响力和办学质量的"助推剂"。科研与高职院校的办学定位与目标并不冲突,两者实际上是相辅相成之关系。关键在于高职院校的科研如何体现职业之特色,如何让科研更好地为高职服务区域、服务产业、服务学生服务。高职需要基础理论科研以探讨高职办学的规律,同样需要应用型科研探讨高职办学实践的一系列举措,尤其是在新形势下高等职业院校加强内涵建设的过程当中,更需要科研力量的注入和推动。科研主体也应该多元化和基层化,鼓励一线教师提炼教学经验,总结教学成果,提升教学质量,参与科研建设,形成科研服务教育教学、引领学科发展、推动办学水平的

重要力量。

在高职科研定位问题上,有研究者从高等职业技术教育中的"技术"角度出发,将科研仅定位于应用技术研究,认为高职科研内容不同于普通本科院校,应有自己的特色,前沿高尖端的科研不适合高职院校实际,围绕企业一线生产"技术管理"操作能力方面的应用型技术研发对职业院校而言更有优势。对此观点,大部分研究者都持赞同意见,并认为高职院校不应从事基础理论研究,其科研重点应是应用技术研究及开发,而应用技术研究则主要包括应用技术开发、科技成果的推广和转化、企业生产技术的服务、科学技术的咨询等。中国科学院院士贺贤士认为高职科研就是大量的具体技术革新和技术改造,应当侧重于解决当地经济社会发展中的技术问题,为区域经济服务。这样的定位虽然有一定的合理性,但因忽略了高等职业技术教育中的"教育"职能而有所欠缺。也有少数研究者认为高职科研应以教学为中心,以教研为主,仅将高职科研定位于教学研究,这种观点在看到高职人才培养功能的同时,却忽略了高职的社会服务功能,并将大学三个基本功能的关系割裂开来,也有一定的片面性。

以上关于高职科研定位的争论,其实质是对高等职业院校基本职能和核心构件的争论。围绕"高等"、"职业",抑或是"教育"而展开的讨论并不能很好地把握高职院校现有的发展路径和特点,反而会陷入对概念的无休止分解与对高职认识的片面化。解水清认为,根据科学与实践的联系程度,科研可以被划分为理论科学研究、技术科学研究和应用科学研究。这是针对科研在不同环节和情境下表现出的不同特点做出的划分,也反映了科研具有的理论建构与实际运用之双重功能,为我们正确理解高职科研的特点与功能、正确定位高职科研提供了较好的思路。此外也有学者强调了高职科研应坚持服务地方经济建设,即强调科研的区域型特征。教育部鲁昕副部长指出,高等职业院校要系统培养各层次各类型技术技能人才,服务产业升级、经济转型、创新驱动,提升产业国际竞争力;服务国家技术技能积累,与行业企业联动,打造服务企业产品升级的研发中心、应用技术解决方案的提供中心、企业运行和售后服务的保障中心,以及市场推广的交付中心、实践教学的示范中心,努力成为促进国家技术技能积累与创新的重要载体;重视应用科研能力建设,重点服务企业的技术研发和产品升级,将企业的业务发展与高职院校提升社会服务的附加值相结合;服务企业人才发展战略,赢在适应企业技术进步、生产方式变革,赢在提供最好的社会公共服务,赢在给企业带来价值。可见,高职院校的科研方向应该重点指向一线企业,尤其是企业的技术研发与产品升级,将科研力量投入到实现经济效益和人才发展领域,微观上为企业的经济效益提升提供智力保障,宏观上助力国家产业升级与经济转型发展。

在高职科研开展方式上，大部分研究者都主张，为使科研更好地反哺教学，实现技术服务之职能，关键是要形成一套有利于调动教师科研积极性并行之有效的科研运行机制，如科研经费保障机制、科研队伍建设机制、科研激励机制，要在制度层面上为高职院校科研工作提供保障。在科研方法上，高职院校应从实际出发，依托行业协会和相关企业，以产学研为切入点，开展校企合作科技攻关工作，这既可培养有高职院校特色的教师，又能为企业解决技术难题。可以说，"产学研"已经成为高职院校提升内涵式发展进程的重要平台。产学研结合通常是指高等院校、生产单位和科研机构有机结合、协调发展的过程，其根本意义在于高等学校的发展要面向市场、面向经济建设和社会进步的主战场，是实现高等学校人才培养、科学研究和社会服务三大职能的内在要求。产学研结合的办学模式通常是通过产学互动、校企合作的形式，把教育与科研、行业生产等活动有效联系起来，把课堂教学与学生参加实际实践活动和教师参与企业问题研究等有机结合，有助于高等学校在推动区域产业发展、为企业提供高质量的人力资源和智力支持中发挥积极作用。产学研结合对于促进区域经济社会发展和提升高等学校自身的办学实力都具有重要意义，但是当前我国高职教育办学过程中普遍存在教育与产业、学校与企业结合不紧密，办学目标定位不清，专业设置与职业岗位不匹配，学校开放办学运行机制不顺等问题，这些已经成为我国高职教育发展中的瓶颈。在大力发展我国职业教育，建立现代职业教育体系的新起点上，针对我国高职教育办学的现实困境，高职院校如何体现类型和层次特征，积极推进产学研结合的办学模式改革，已经成为教育学界普遍关注的问题。

对于高职科研现状，已有研究者总结出目前存在的两大主要问题：一是宏观层面上的科研工作整体处于落后阶段。无论是科研观念、科研氛围，还是科研条件或是科研成果的转化等都存在着差别和不平衡状况（崔昌玺，2010）。二是微观层面，教师科研意识与科研素质亟待提升，高职科研与实际工作的开展情况严重不符，科研的落脚点放在了论文的写作和发表之上，课题以经验性主题为主，研究过程与工作过程相混淆，在理论建构层面上缺乏成果和人才。以上问题是对高职科研现状的真实刻画，也是高职在发展过程中需要面对和解决的问题。

2012年度浙江高职高专院校科研师资情况汇总表共统计全省45所高职高专院校的资料，其中高专3所、高职42所。汇总表从科研经费、科研课题、技术服务、科研成果、学术交流、校企合作培训等方面进行了统计。整体概况为：2012年，全省高职高专院校科研经费约1.86亿元。全年共获批自然科学纵向课题615项，其中国家级9项，省部级119项；社会科学纵向课题1 739项，其中省部级141项；横向课题与技术服务1 095项，到款金额0.62亿元。2012年，全省高职高专院校共出版专著36部；专利授权数1 744项，其中发明专利77项；公开发表学术论文9 993篇,其中国家一级365篇。全年成果获奖共737项,其中国家级1项、省部级48项;成果转让协议数33项,当年实际收入220.6万元。全年共进行国际学术交流314人次,国内学术交流4 282人次,主办86次;校企合作培训60.6万人次。与全国高职科研水平相比,浙江省高职高专院校科研水平明显处于优势地位,这与浙江省经济发展水平和思想开放程度有着密不可分的联系。浙江高职院校应充分利用现有资源大力发展科研,进而提升学校科研办学和服务社会之能力。

二、"助力内涵发展,服务'三农'事业"——浙农商院科研工作的开展

浙农商院升格为高职院校的时间不长,但十分重视科研工作的安排部署,尤其是将科研事业与服务"三农"紧密结合,围绕农业发展、农村建设、农民增收三大领域开展相关科研工作。学校成立专门的科研督导处,负责全院科学技术研究、学术交流、学术团体及教学督导工作。浙农商院依托优势学科,以系部为单位,以学校为后方建立多个科研院所。此外,学校注重产学研结合,与多家企业建立产学研合作机制进行相关技术与产品研发工作。部门还通过制定切实有效的科研管理制度,提升学校科研工作的整体水平。同时,科研部门还配合学校各级教育教学部门、学生工作部门开展技能大赛相关工作,组织优秀学生参赛并尝试承办部分全国或省级赛事,取得了良好的社会效益与经济效益。

 资料链接

浙农商院科研督导处职能概况

科研督导处负责全院科学技术研究、学术交流、学术团体及教学督导工作。

1. 根据国家科研方针、政策,结合学院实际组织编制学院科研发展规划、年度计划及各项管理制度。组织检查各系部(部门)科研计划的实施。

2. 根据学院实际,组织实施技术开发、转让、咨询、服务等工作,积极向政府部门、企业争取科研项目;利用各种渠道发布科研成果,促进科研成果的转化;协同系部进行产学研一体化的组织与实施,积极营造学院科研学术氛围。

3. 做好各级各类科研项目的申报、管理、结项工作;做好各项专利、论文、教材、获奖的申报、统计、管理工作。

4. 负责科研经费的管理,做好科研基金的管理发放工作,做好科研开发的服务工作,按有关规定分配各项收益。负责科研工作的对外联系、交流和接待事宜。

5. 负责院学术委员会的日常管理工作。

6. 负责学院督导工作的总体设计与规划。根据学院建设发展的总体目标，按照现代高等教育的先进理念，做好督导工作的设计，不断健全并完善学院督导工作的有关制度，切实发挥督导工作在学院内涵建设和人才培养工作中的重要作用。

7. 组织开展常规性督导，主要包括课堂教学、实验教学和专业建设、教学条件、学风建设等各种检查，及时沟通、公布存在的问题，认真宣传、推广各部门好的工作方法和经验。

8. 积极开展专项性督导，主要包括对学院、部门落实或执行学院教育教学类制度政策情况的督查，对市级以上各类教育教学评估后整改情况的督查，对各学院阶段性教育教学发展目标实现情况的督查。

9. 以"发现问题，反映情况，提出建议，督促整改"为方针，深化教学改革，推进素质教育。

10. 完成学院党政交办的其他工作。

(一) 科研院所建设情况

浙农商院坚持为地方服务和产学研相结合的办学宗旨，与地方企业合作成立了多家科研院所，助力地方企业的发展、绍兴文化的理论提炼以及区域竞争力的提升。

1. 绍兴地方饮食文化研究所

该所于2013年7月3日在浙农商院正式成立，是继黄酒、绍剧、大禹等绍兴地方非物质文化遗产纷纷在高校设立文化研究所之后，又一对绍兴地方菜进行理论、技法、历史及文化研究的专门机构。研究所所属的烹饪旅游系拥有省内顶尖烹饪专业，是绍兴市名厨协会秘书长单位、浙江省级非物质文化遗产（烹饪技艺）传承培训基地。研究所以联合专业人才，收集、挖掘、整理和传承地方饮食文化，建立研究工作平台，以成为联系饮食文化研究工作者的桥梁和纽带为宗旨。首批课题包括陆游与绍兴饮食文化，绍兴传统食品发掘整理、市场化运作，其中将研究陆游饮食思想、饮食养生观和陆游食谱，还包括对6~10品绍兴传统点心进行市场化运营，将研究成果与市场接轨。而在第二批项目中有望建成绍兴菜传统技艺（省市级非物质文化遗产）传承教育基地。绍兴地方饮食文化研究所的成立，为烹饪专业的教学研究和发展搭建了一个全新的平台，也是响应浙江省人民政府"振兴浙菜"的指示、传承地方特色饮食文化、打造越菜文化之城的重大举措。

2. 绍兴市农民学院

由中共绍兴市委、绍兴市人民政府农业和农村工作办公室和浙农商院联合建设的绍兴市农民学院成立于2012年7月26日，其依托浙农商院提供的有关师资力量、设施设备、科研开发、教学管理、就业指导等教育教学资源开展管理工作，并由各培训机构共同参与。学院根据全国和全省农民培训发展战略和规划，研究分析制定绍兴市农民培训实施规划，引导各培训机构建立科学、规范的办学制度。科学编制培训特色教材，开创特色化、品牌化和高质量的农民培训精品项目，搭建"园区+企业+学校"实训基地平台，建设一个产业对接、产学研一体化的引领农民培训发展的平台。

近年来，绍兴市农民培训工作取得较大进展，受训农民不断增加。去年，绍兴全市共培训各类农民9万人。同时，农民培训也从原来以转移就业技能培训为主转向以农村实用人才技能培训为主的新阶段，农民教育培训工作面临转型升级。绍兴市农民学院也正是在这样的背景下产生并逐步得到市场的认可。

3. 合作社教育研究中心

2012年，学校成立合作社教育研究中心。该中心能独立开展合作经济管理师、农产品经纪人、评茶员、茶艺师、茶叶加工工、果品类加工工、蔬菜加工工等工种的培训与考评，为地方经济发展贡献行业精英人才。现有各级考评员4人，各类高级技师、技师13人。该中心特聘研究员包括：合作社学院院长、国际合作经济发展研究中心主任李中华博士，中国合作经济学会常务顾问缪建平，浙江省农经学会会长顾益康，浙江大学中国农村发展研究院教授徐旭初，江苏省职业技术教育科学研究中心主任庄西真。

4. 绍兴市"三农"问题研究中心

绍兴市"三农"问题研究中心于2013年7月成为绍兴市哲学社会科学研究基地。基地建立近半年时间，在建立研究机构、研究团队，完善办公条件，落实研究经费的基础上，开展了针对"三农"问题的课题研究。联合学院合作社教育研究中心，充分发挥基地团队的优势，开展城乡并举、农商结合、服务地方等项目课题的研究。"农产品流通专业市场的电子商务发展研究"、"职业农民专业化培养的实证研究"、"打造服务'三农'教育资源平台"等已获市厅级和学院项目的立项，出版了多本面向"三农"的培训教材。依托基地研究团队积极为地方开展"三农"服务，与绍兴市农办、绍兴市供销社共建绍兴市现代农业人才培训基地；基地研究团队负责人赴新疆阿克苏，为由绍兴市援疆指挥部、绍兴市供销总社、阿克苏地区供销社和阿瓦提县供销社联合实施的2013年新疆阿克苏地区中级农产品经纪人进行培训。

5. 绍兴汽车服务业信息化公共科技平台

2013年10月28日，绍兴市科学技术局批准学校绍兴汽车服务业信息化公共科技平台项目立项建设，项目一期获绍兴市财政支持资金60万元，学校给予配套资金150万元。平台以浙农商院为牵头单位,浙江大学动力机械及车辆工程研究所、中国计量学院机电工程学院、江苏大学汽车工程研究院、盐城工学院汽车工程学院和绍兴市汽车维修行业协会为共建单位,依托绍兴汽车服务业产业环境,针对目前绍兴市汽车服务业存在的消费者信息服务多元化需求、具体服务项目的品质化需求,以及企业专业型人才匮乏等问题,进行汽车服务业信息化、技术改造与成果转化、汽车性能鉴定、培训咨询服务等方面的建设。

该平台通过整合省内外科技、服务人才等资源,搭建和提升具有公益性、基础性、战略性的汽车服务业公共科技服务平台,为全市汽车服务产业提供高效服务和有力支持,带动了相关第三产业的发展,加强了区域内汽车服务业配套服务、设施、机构的建设,促进了区域创新能力提高、推动了区域经济和社会发展。

(二) 课题申报与科研成果的发表

课题申报与科研成果的发表是检验一所学校科研实力的重要指标,也是促进本校科研事业不断发展、科研队伍不断壮大的优质平台。浙农商院高度重视与专业教学与发展领域相关的课题申报与成果的发表,并制定相关奖惩制度激励教师与科研人员投身于创造价值含量高、应用范围广、影响力度大的科研成果,服务于专业建设、领域创新和科研工作。

1. 课题申报与项目立项

目前高职院校科研项目的来源渠道主要包括三种:纵向课题、横向课题和自立课题。经过几年的运行,面向高职院校的项目申报渠道已较宽,来自于国家、省市科研主管部门、科研机构、基金会和学术团体的研究项目基本上畅通无阻;受企事业单位委托或与企事业单位合作共同开展的横向类课题也已涉足,并日渐增多;学校自立课题则旨在培养有潜力的学术骨干,支持有特色的研究领域,为进一步申报较高级别的课题打基础。浙农商院近年来立项的各类课题数量逐年增加,类型逐年增多,主题逐年丰富,层次逐年提升,涉及部门也逐年扩展,充分体现了学院近年来对科研工作的重视与大力扶持。仅2014年学院就完成了25类纵向科研项目和1项横向科研项目的申报工作,有109位教师申报了227个项目,申报教师人数和申报项目总数分别比2013年增加21%和27%;课题立项105项(其中浙江省教科院3项、省教育厅8项、全国供销社6项、省供销社10项、市科技局2项、绍兴市哲社规划8项、市教科规办6项、各学会研究会6项、院级课题55项、横向课题1项),上级纵向课题和横向课题合计50项,比2013年增加3项,增长率6.4%。纵向立项课题中省部级课题6项、市厅局级课题37项(见表9-1)。

需要强调的是,自学院组织教师申报课题以来,涉农课题数量占据了学校课题申报的半壁江山乃至更多。这些课题涵盖了"三农"意识的培养、农业技术的开发与应用、农业课程的开发、农商人才培养体系的研究、合作社相关问题研究等。从农业技术到人才培养，从课程开发到理念熏陶，课题研究的开展强调"接地气"与"重实效"。

表 9-1　近 3 年浙农商院部分科研项目一览

序号	项目名称	项目负责人	立项时间	涉农与否
01	高职烹饪专业人才培养模式改革与研究	徐海军	2011 年 5 月	是
02	农产品品牌集群效应研究——基于绍兴的实证分析	柳婷尔	2011 年 6 月	是
03	汽车技术服务与营销专业"五七"工学结合人才培养模式研究	李佳民	2011 年 10 月	否
04	思想政治教育中服务"三农"意识培养体系的构建	刘　玮	2011 年 10 月	是
05	中高职课程衔接实证研究——以烹饪工艺营养专业为例	朱能军	2011 年 12 月	是
06	基于区域环境下的涉农类高职院校发展路径研究	陶　军	2012 年 3 月	是
07	农民专业合作社运营模式研究	王　强	2012 年 3 月	是
08	合作社从业人员培训体系的构建研究	张广花	2012 年 3 月	是
09	职业教育集团平台下的校企合作模式研究	陶礼军	2012 年 5 月	否
10	非物质文化遗产的传承与创新——浙江嵊州竹编的造型研究	童铧彬	2012 年 5 月	否
11	方言电视节目文化功能提升研究——以绍兴《师爷说新闻》《有噶种事》节目为例	王友华	2012 年 6 月	否
12	基于浙江嵊州竹编工艺的农产品包装设计研究	童铧彬	2012 年 7 月	是
13	职业院校德育教育创新研究——烹饪专业"饮食与道德"教育研究	周珠法	2012 年 8 月	是
14	高职会计专业校内生产性实训基地建设研究	胡苗忠	2012 年 9 月	否
15	加强高职院校实验室固定资产管理的研究	何　勤	2012 年 10 月	否
16	高职院校教师工作压力、社会支持与职业倦怠的关系研究	金　莱	2012 年 10 月	否
17	职教集团平台下的高职创新创业人才培养模式研究	陶礼军	2012 年 10 月	否
18	五种新型绿色环保植物纤维的鉴别和性能研究	袁利华	2012 年 10 月	是
19	职业农民专业化培养的实证研究	张广花	2012 年 12 月	是

续表

序号	项目名称	项目负责人	立项时间	涉农与否
20	运用集团化模式推进校企深度合作的理论和实践研究	许黎英	2012年7月	否
21	正念理念下高职学生心理干预模式研究与实践	许黎英	2012年12月	否
22	绍兴市高职院校社会服务的现状、问题和模式研究	许黎英	2012年5月	否
23	金融合作社的运营模式研究	秦 峰	2013年4月	是
24	农民专业合作社互助融资研究——以浙江省为例	邵佳佳	2013年4月	是
25	基于职业锚理论的大学生择业观分析与对策研究——以绍兴市为例	陶礼军	2013年5月	否
26	高职院校学生职业道德教育——基于校园文化建设的视角	郑 锋	2013年1月	否
27	涉农高职院校大学生创业园建设路径探索	韩祖奇	2013年4月	是
28	绍兴旅游形象研究	张文莲	2013年5月	
29	依托省级实训基地培养农家乐休闲产业高技能人才的实践与研究	张文莲	2013年6月	是
30	基于"老字号"资源的城市休闲旅游开发模式研究——以绍兴市为例	柴 林	2013年6月	是
31	农村汽车市场售后服务体系构建与策略研究	李佳民	2013年4月	是
32	以创意农业理念推动浙江省农业会展发展研究	王玉霞	2013年4月	是
33	新文化背景下的绍兴农博会品牌视觉设计研究	夏宁宁	2013年4月	是
34	"四地一体"实践教学模式的构建研究——以高职院校汽车类专业为例	王 伟	2013年1月	否
35	农产品流通专业市场的电子商务发展研究	鲍立江	2013年4月	是
36	高职涉农专业职业英语项目化设计与实践研究	徐飞跃	2013年4月	是
37	基于财税与金融体系改革的小微企业发展研究	胡苗忠	2013年7月	否
38	基于MAS的智能教学系统的关键技术研究	沈利华	2013年7月	否
39	新能源背景下汽车技术服务人才培养研究	葛国华	2013年7月	否
40	中高职汽车技术服务与营销专业课程体系衔接研究	王彦梅	2013年7月	否

续表

序号	项目名称	项目负责人	立项时间	涉农与否
41	基于绍兴纺织业的应用英语专业实训教学模式研究	程煜	2013年7月	否
42	农业企业技术入股经营模式研究	高建普	2013年7月	是
43	产业集群下商业银行发展中小企业融资业务研究——以绍兴为例	叶梦琪	2013年7月	否
44	五年一贯制课程体系构建研究——以烹饪工艺与营养专业为例	徐海军	2013年7月	是
45	浙江省高职院校教师职业倦怠成因与对策研究	王伟杰	2013年7月	否
46	供销系统职教集团背景下高职创新型人才培养模式的研究	胡巍	2013年10月	是
47	美丽乡村建设背景下的村镇景观规划设计研究——以浙江省诸暨市为例	沈坚	2013年10月	是
48	基于专业群的校企合作联盟机制研究——以合作社经营管理专业为例	朱能军	2013年10月	是
49	终身教育理念引领下供销合作社职业教育"立交桥"体系构建研究	王彦梅	2013年10月	是
50	基于人才需求调研的高职学生"五商"教育评价体系研究	何勤	2013年10月	否
51	农民合作社引入职业经理人的影响因素研究	王强	2013年10月	是
52	后危机时代绍兴纺织品外贸岗位职业能力和素质研究	王群	2013年12月	否
53	电子加速器处理对茶叶品质的影响	童少娟	2013年12月	是
54	第三次工业革命背景下的高职大学英语教学模式改革	曾如刚	2013年12月	否
55	高职涉农专业学生服务"三农"意识培养研究	石骏	2013年12月	是
56	中法工业设计专业人才培养之比较分析	夏孟娜	2013年12月	否
57	转型背景下专业实践教学路径选择与策略研究——基于价值链的视角	高建普	2013年12月	否
58	城乡统筹与绍兴乡村旅游转型升级研究	张文莲	2014年4月	是
59	绍兴水上旅游开发及运营模式研究	杨志武	2014年4月	否
60	以社会实践为载体的大学生社会主义核心价值观培育模式研究	田红星	2014年4月	否

续表

序号	项目名称	项目负责人	立项时间	涉农与否
61	高校基层党组织服务体系构建研究——基于党的群众路线教育实践活动的视角	袁伟妃	2014年4月	否
62	绍兴市业余羽毛球俱乐部发展现状及可持续发展对策研究	安维强	2014年4月	否
63	高校教师绩效工资设计研究	楼 勤	2014年4月	否
64	基于统筹城乡信息平台的农产品电子商务模式研究	鲍立江	2014年4月	是

2. 论文发表

论文发表的层次与数量是检验基层科研力量的关键指标。科研论文反映了一线教师在教学和科研过程中的所想所得,反映了一线研究人员在科研工作中的最新成果,反映了一所学校科研氛围的浓厚与否与科研习惯的养成与否。浙农商院高度重视科研工作的"普及化",从科研项目评价、指导工作入手,规范科研成果发表的路径、平台和质量,确保科研成果的有效性和代表性。学校结合自身的办学定位,结合教师的实际水平,本着"人人参与,发挥优势;分类指导,分层推进;服务优先,协调发展;合理定位,重点突出"的思想,鼓励全体教师增强科研意识,发挥优势和长处,主动开展科研工作;根据科研的基础性、应用性分类指导,根据任务的轻重缓急和人员水平高低分层推进;树立科研服务意识,减少无谓的争论,避免顾此失彼,力争教学、科研协调发展。近年来,学校教师在国际索引期刊、CSSCI索引期刊、北大中文核心期刊等具有重要影响力期刊上发表的文章多达267篇(见表9-2),涉及学校办学理念与思想的阐述、学校各专业建设与教学工作、学校研究所的最新科研成果等。这些科研成果的发表不仅进一步拓展了学院在相应领域的科研影响力,也为学校自身专业建设、办学理念的反思与更新以及教学过程的不断完善提供了不竭动力。

表9-2 近年来浙农商院教师与科研人员发表文章数量一览

年份	期刊等级			总计
	国际索引	核心期刊	省级期刊	
2011	2	7	55	64
2012	3	15	79	97
2013	5	22	79	106
总计	10	44	213	267

(三) 产学研结合建设

高等职业院校科研工作的开展离不开与教学,尤其是生产相结合。浙农商院自办学以来就尤为重视产学研结合建设,在各个系部下达产学研合作指标,并利用学校各系部优势学科积极与本地优秀企业合作开展产品研发、包装设计、企业管理、销售经营等工作,取得了很好的经济效益和社会效益。

1. 外婆家学院

外婆家学院是外婆家食品股份有限公司与浙农商院联合成立的集产学研于一体的,涉及产品研发、包装、销售管理、电子商务等领域的校企合作平台。外婆家食品股份有限公司是一家淡水鱼、竹笋等农特产品深加工企业,目前,每年在天猫商城的销售额为两三百万元,且未来几年在全国将开设 1 000 家连锁店,企业亟须电子商务、管理、创意和营销人才,在线上线下扩宽销量。浙农商院将帮助该企业开展'千店店长'培养计划,并与之在绿色产品研发、产品包装设计、专卖店和会展活动等方面开展合作。外婆家学院主要面向学校农业经济管理系和艺术设计系的学生开放,学校和企业共同进行课程开发,优化专业设置。教师在授课的同时指导学生做项目,学生们在实战中上课,开创全新高校课程模式和人才培养模式。

2. 诸氏方圆"资源·平台"式产学研结合

学校与浙江诸氏方圆服饰有限公司开展校企产学合作,首创由学院和企业共同出资管理的"浙农商院·诸氏方圆经贸人才发展基金",使校内专任教师与企业专家共享资源。企业不仅选派专家到学校担任"电子商务、商务礼仪"等课程教学工作,同时校企双方合作共建"终端经理人"和"电商创业班"冠名班,其培养目标由校企双方共同设定,教学计划根据培养目标和业务流程由校企双方共同制订,教学师资由校企双方共同派遣。冠名班首期 83 名学员中,涌现出一批表现优异的团队和个人,得到了校企双方的嘉奖。校企合作办学为学生搭建了坚实的技能实操平台。目前,校企共建振兴技能之潮正焕发出勃勃生机,"资源·平台"式产学研合作已见成效。

3. 咸亨学院

为进一步推广和发扬绍菜文化,加深对绍兴菜品的理论提炼与文化内涵挖掘,提升学校与地方企业开展校企合作的水平,2013 年 1 月 26 日,浙农商院和绍兴市咸亨酒店有限公司签订全面合作框架协议,并联合成立浙农商院咸亨学院。新成立的咸亨学院将致力于打造绍兴餐饮培训教育领域标杆,引领绍兴地方饮食文化。浙农商院下属的烹饪旅游系具有 30 多年的办学历史,而绍兴市咸亨酒店有限公司以鲁迅文化为主题,连续 8 年获得省服务业百强企业称号。咸亨学院将充分利用合作双方的资源优势,重点培养餐饮业人才,实现绍兴地方饮食文化研究方面深层次的产学研合作。咸亨学院特聘浙江省餐饮行业协会会长章凤仙为名誉院长,浙农商院陈德泉和绍兴咸亨集团董事长宋金才为院长,绍兴市咸亨酒店有限公司总经理缪海良和浙农商院烹饪旅游系主任柴林为执行院长。咸亨学院将在咸亨酒店建立教学实习基地,联合开办以培养领班、主管为目标的"咸亨成长班",打破专业限制,吸引学院大二、大三学生到酒店参加毕业前实习等活动,毕业后择优安排到咸亨酒店集团各酒店工作。学校与咸亨酒店的强强联合预示着双方合作进入了一个新的领域和新的高度。咸亨学院将从实际、实用、实效出发,探索多元化的合作形式,共同建立长期、稳定、紧密的战略合作关系,实现深层次的产学共赢。

(四)学术论坛与会议的举办

学校高度重视各类学术论坛的筹备组织与参与工作。学校根据学科建设特点、学校资源优势,结合主管部门、企业和行业的相关建议和支持,举办了多场具有国际性、学术性、竞技性、选拔性和合作性的学术论坛。如"中国绍兴·亚洲食学国际论坛"、"浙江会展经济论坛"等。

"中国绍兴·亚洲食学国际论坛"是浙农商院近年来举办的规模最大、最有影响的国际学术论坛。为积极响应浙江省人民政府关于振兴浙菜,加快发展餐饮业的意见,全面整合绍兴地方餐饮文化与饮食非物质文化遗产,系统加强高职院校科研、教学和国际合作领域的管理能力,浙江工商大学、浙江农业商贸职业学院特联合主办2013"中国绍兴·亚洲食学国际论坛"。

绍兴是历史上著名的美食之乡,也是整个浙菜的源头,无论《吴越春秋》还是《越绝书》都有关于饭稻羹鱼、酿酒制酱的实实在在的记录,到了17世纪,这里的美食文化更是被称为"西方中国地理学研究之父"的卫匡国介绍到欧洲各国,引起了整个世界的瞩目和惊叹。今天,浙农商院在传统优势专业的基础上,又专门成立了"越地饮食文化研究所",试图在越菜的遗产传承与品位创新方面形成自己的学科特色和专业品牌,以更好地推进绍兴乃至浙江餐饮业和服务业的振兴与发展。亚洲食学国际论坛是由亚洲食学三大家之一、中国食学研究的开拓者、国务院特殊津贴享有者、浙江工商大学中国饮食文化研究所所长赵荣光教授召集的高水平饮食文化遗产国际论坛。该论坛实行年会制度,目前已成功举办两届,首届在中国杭州举办,第二届在泰国曼谷举办。亚洲食学论坛在各方的帮助和支持下,影响力不断扩大。

第三届亚洲食学国际论坛在浙江绍兴举行,浙农商院作为主办单位全程策划并组织了各项活动。该活动在提升学院社会知名度、推动人才培养模式改革、推进学院优势学科建设等方面起到了标杆指引作用。首先,该活动极大地提振了学院的社会知名度和美誉度。活动期间,原省人大常委会副主任孔祥有、叶荣宝,原省政协副主席盛昌黎、徐鸿道等省老领导,省供销社主任马柏伟、副主任瞿建,省教育工委副书记、省教育厅副厅长蒋胜祥,浙江工商大学校长张仁寿,浙江经贸职业技术学院党委书记童学敏以及绍兴市人大常委会副主任施淑汝、副市长丁晓燕、政协副主席陈伯怀等领导均亲临活动现场。同时,来自美国、法国、日本、韩国等10余个国家(地区)的论坛代表120余人,中央直属机关、在绍高校、相关企业及餐饮界嘉宾320余人参加了相关活动,可谓是"群贤毕至、少长咸集"。新华网、中国新闻网、凤凰网、中国烹饪协会网站、《浙江日报》、《浙江教育报》、浙江在线、绍兴新闻联播、绍兴网等近20家新闻媒体对活动进行了全程播报,网页、报纸、视频、广播等共计20余次,对绍兴、对学校都做了较为广泛的宣传报道。活动得到了上级主管部门、合作单位、参赛选手、论坛代表及其余嘉宾的高度评价,进一步加强了与省内兄弟院校及相关行业企业的交流与合作。其次,活动极大地推动了2014年学校人才培养工作评估建设。人才培养工作评估是对学院办学实力、办学水平与人才培养质量的一次全面检查,是近年来学校各项工作的当务之急、重中之重。学校是中专底子,摘去筹建的时间短,办学基础差,资金短缺,投入不足,与评估中的许多指标,如办学特色、专业课程建设、师资队伍建设、教学能力建设、科研水平、实验实训设施、校企深度合作等要求都存在差距。此次活动的成功举办,首先填补了学校的两项空白,即填补了没有举办过省级以上规模赛事和国际性学术论坛的空白,摸着石头过河,边做边学,在实践中积累了经验。其次是锻炼了一支队伍。工作组全体成员在学校的统一调度下,上下一股劲,各司其职,默默奉献,展现了强大的战斗力,进一步提高了学校各职能部门、专业系部的管理水平。再次是取得了丰硕成果。参加烹饪技能竞赛的16名参赛选手在餐厅服务、冷拼雕饰、中餐面点及中餐热菜全部四个项目中都有金牌入账,成绩分布较均衡,共摘得金奖10枚、银奖5枚、铜奖2枚;同时,印刷出版了《亚洲食学国际论坛论文集》,学校教师共发表论文4篇。另外,收集整理了一批比赛、论坛及相关媒体报道的资料。最后是进一步加强了与政府、行业、企业的合作。活动期间,袍江管委会、马山镇政府、中国电信绍兴分公司、中国银行绍兴分行、绍兴饭店、益泉大酒店、合肥百年五星饮食设备有限公司等都给予了大力支持和赞助,进一步丰富了校政、校企合作内涵。同时,该活动极大地推动了学校做强传统优势专业的工作。举办这次大型活动,是学院积极响应《浙江省人民政府关于振兴浙菜加快发展餐饮业的意见》(浙政发〔2012〕84号),认真落实《浙江省人民政府办公厅关于印发振兴浙菜加快发展餐饮业重点任务分解方案的通知》,进一步加强专业内涵建设、实验实训基地建设和师资队伍建设的重要举措。为筹备此次活动,学院对烹饪专业建设规划做了进一步的明确,对烹饪实训基地进行了全面升级改造,使之呈现出更多的烹饪文化,充分展现出烹饪旅游系的师资水平和办学成果。同时,烹饪旅游系全体教职工和部分师生全程参与本次活动,在实践中增强了办赛和参赛经验,增长了见识,拓宽了视野,学到了新的比赛规则,为今后的教学和比赛夯实了基础;3名教师和13名学生参加竞赛获得10金5银2铜的好成绩,成绩居各参赛单位之首;3名教师和3名越地饮食文化研究所特邀研究员出席论坛参与研讨活动。这些对于提升教师的专业素养和人才培养质量都将起到积极的推动作用。

（五）科研制度建设

浙农商院注重"科研兴校",将科研的地位摆在了学校长远发展的战略位置,并以健全的制度促进学校科研工作的跨越式发展。自科研工作起步以来,通过各个层面的调研、讨论,并与兄弟院校进行经验交流,最后形成了若干个具有农商院特色的、科学高效的科研系列制度,包括《浙江农业商贸职业学院科研成果奖励办法（试行）》《科研工作管理条例（含横向科研工作管理办法、纵向科研项目管理办法）》《科研经费管理办法》《纵向科研项目基本工作程序》（以上科研工作管理制度见附录）等涉及科研工作启动、执行、项目使用、开题、结题等各个环节和重要节点的规范制度。既从宏观上对科研工作进行了整体描述,对工作的流程与架构进行了科学的设计,同时也从微观层面,尤其是科研工作中容易出现纰漏、违规的环节进行了专门的制度规范,对科研工作的管理做到了细致入微。例如针对学校专业分布情况及学院科研实际情况,对相关期刊进行了标准分类,根据期刊的种类进行奖励标准的划分,并通过设立特殊奖励项目鼓励教师与科研人员发表更多有价值的、得到高级别权威机构认定的优秀学术成果。

（六）学术科研能力提升与科研道德建设

学院注重教师科研能力的提升以及学术科研道德建设。在科研能力与道德修养提升的途径上,学校以"袍江人文大讲堂"为主平台,通过邀请政界、学术界、相关行业的权威人士,对当前国家大政方针政策、国家行业发展现状、科学研究基本规范等进行解读、分析和评价,通过学术讲座、实地考察等方式提升全体教师与科研人员的科研素养,调动广大教师的科研积极性。

"农商院·袍江人文大讲堂"是浙农商院"校园文化建设年"活动重点打造的项目,力邀国内知名学者专家,就经济、社会、文化、科技、国际形势等重大主题作演讲和报告,进一步繁荣学术研究,塑造人文精神,打造农商院文化特色,努力使其成为绍兴文化名市建设的亮丽风景,成为袍江经济技术开发区的文化亮点,成为学院校园文化建设的特色和品牌。讲堂遵循学术性、人文性、开放性的指导思想,坚持经营品牌战略,为全院广大师生提供自然科学、人文社会科学等领域的优质学术文化资源,极大地拓展了学院师生的学术视野,营造了浓厚的学术文化氛围,扩大了学院的社会影响。该讲堂还得到了上级领导的鼎力支持。绍兴市委常委、宣传部部长尹永杰在十分繁忙的工作中专门抽出时间做"农商院·袍江人文大讲堂"的开堂第一讲;袍江开发区管委会专门给予大讲堂每年 10 万元资金支持,在绍兴乃至全省开创了高校人文讲堂运营的新模式(见表 9-3)。

表 9-3 "浙农商院·袍江人文大讲堂"部分讲座信息

时间	主讲人	主讲人介绍	讲座主题
2012 年 4 月 13 日	尹永杰	浙江省省委党校硕士,现任中共绍兴市委常委、市委宣传部部长	感受绍兴文化魅力
2012 年 5 月 9 日	陈泽炎	中国会展经济研究会常务副会长,教授级高级工程师	我国会展经济的新发展
2012 年 5 月 25 日	周和平	文化部原副部长,现任国家图书馆馆长。第十一届全国政协委员,全国政协社会和法制委员会委员	加强非物质文化遗产保护,建设中华民族共有精神家园
2012 年 6 月 1 日	王 易	中国人民大学马克思主义学院教授,哲学博士,思想政治教育专业博士生导师,中央马克思主义理论研究和建设工程专家,长期从事伦理学、思想政治教育、大学生德育的教学与研究工作	中国传统美德与人生修养
2012 年 8 月 20 日	陈丽能	职业技术教育学硕士研究生导师。主要从事机械系统工程、技术教育和高等职业技术教育研究,时任浙江经济职业技术学院院长兼党委副书记、国家教育部高职高专人才培养水平评估专家、浙江省高等教育学会常务理事、浙江师范大学兼职教授、绍兴书画院名誉院长	高等职业教育发展态势与浙江农业商贸职业学院的发展思考
2012 年 9 月 27 日	胡 坚	中共中央党校法学硕士。时任中共浙江省委宣传部常务副部长,省委党校客座教授,长期从事组织工作、理论工作和宣传文化工作	文化强省建设与大学生人文素养提升
2012 年 10 月 18 日	孙来祥	著名经济学家,英国社会科学院院士,伦敦大学亚非学院金融管理系主任兼首届教授,美国马里兰大学兼职教授。2005 年 6 月获中国科学院授予的"海外杰出华人学者"荣誉称号	2030 年的中国农业对贸易、社会和环境的影响
2012 年 11 月 28 日	占志刚	法律哲学博士,中共绍兴市委党校教务处长,副教授	学习宣传贯彻党的十八大精神
2012 年 12 月 29 日	朱文斌	博士、教授。时任绍兴文理学院世界华文文学研究所所长,入选浙江省 151 人才第三层次、浙江省之江青年社科学者	莫言与鲁迅

续表

时间	主讲人	主讲人介绍	讲座主题
2012年12月16日	刘志宏	中国心理学会注册心理师,厦门大学医学院、齐齐哈尔医学院客座教授。时任学术兼职:国家心理咨询师职业培训师、中华心理咨询师国际协会常务理事、中国优生优育协会儿童脑潜能开发专业委员会副主任、浙江省心理咨询师职业鉴定组专家、浙江省心理咨询与治疗专业委员会委员、《国际中华应用心理学杂志》等杂志编委	成长与心态
2013年3月27日	顾益康	浙江省人民政府咨询委员会委员、"三农"发展部部长、浙江大学中国农村发展研究院教授	新阶段农业发展的新政策与新路径——对中国特色农业现代化的新思考
2013年5月8日	王岳飞	浙江大学茶学系副主任、茶学博士	茶健康、科学饮茶与中国茶产业的未来
2013年11月13日	周建松	浙江金融职业学院党委书记、中国高职教育研究会副理事长、学术委员会主任	新建高职院校如何实现快速健康发展
2014年3月13日	徐旭初	中国农村发展研究院(CARD)兼职教授、浙江大学管理学院博士后、浙江大学中国农民合作组织研究中心(CCFC)执行主任	现代农业专题报告
2014年3月19日	李满长	中国外交部机关党校教务长、前驻黑山大使	多党制与南斯拉夫的解体
2014年4月22日	郭牧	中国商务部特聘会展业专家、亚太会展研究院院长、浙江省国际会议展览业协会会长	2014年中国会展业变形记
2014年6月11日	俞小莉	浙江大学动力机械及车辆工程研究所所长	浅论新能源汽车的发展

此外,学校还会组织人员分别到各大高校(如浙江工业大学、浙江经贸职业技术学院、绍兴文理学院、温州科技职业学院)进行学习交流,并组织相关教师参加浙江省教育厅、浙江省哲学社会科学研究院等单位举办的各类主题学术会议,以促进校内外科研、教学、管理信息的沟通与更新,提升学校科研影响力。

第三篇

继往开来

第十章

从规模到内涵
——如何更好地巩固成果,发挥成效

浙农商院自建立以来,办学规模逐年扩大,无论是招生数量,还是硬件设施,都有了量的突破乃至质的飞跃,这一切都为今后的发展奠定了扎实的基础。在高职院校内涵式发展转向的浪潮中,浙农商院如何更好地实现从规模向内涵式发展转变?如何将科学有效的规划与设想落实到发展的每一个节点之上?如何巩固已有的成果,并在此基础上实现更好更快的发展?这是浙农商院在"十三五"乃至更长时期内需要思考的战略性问题。

一、部门协作,协同创新

党的十八届三中全会通过的《中共中央关于全面深化改革若干重大问题的决定》提出全面深化改革的总目标是"完善和发展中国特色社会主义制度,推进国家治理体系与治理能力现代化"。而在教育上也提出了深化教育领域综合改革的路线图,这就意味着要通过综合改革在教育内部形成一个制度化的治理架构。《国务院关于加快发展现代职业教育的决定》中明确指出要"完善现代职业学校制度","职业学校要依法制定体现职业教育特色的章程和制度,完善治理结构,提升治理能力"。《现代职业教育体系建设规划(2014—2020年)》中也指出需"深化高等职业学校治理结构、专业体系、培养模式、招生入学制度等关键领域改革"。高等职业院校作为实施高等职业教育的主要机构,在面对中国经济转型发展对职业教育的新要求中如何通过顶层设计与优化组织架构促进职业院校的内涵式发展,助力现代职业教育体系建设,成了新形势下高等职业院校发展面临的新课题。简而言之,高职院校实现战略目标的科学制定与高效执行,需要一套行之有效且与时俱进的管理制度作为体制保障以实现组织机构的高效运转。

从权变理论的视角审视包括浙农商院在内的我国高职院校组织结构的演变

历程,可以看出高职院校的内部治理体系主要受到五大权变因素的影响:战略、工作与技术、环境、规模与生命周期、成员素质。从技工学校,到中等职业学校,再到高等职业院校,这一路的发展历程见证了学校在这五大权变因素影响下所经历的翻天覆地的变化。而"中国制造"的转型升级、农业现代化的不断推进、现代职业教育体系的规划与建设等不断出现的新形势、新变化更是为浙农商院的未来发展提供了新的素材、机遇和挑战。在"十三五"开局之年,如何通过完善学院内部治理体系,塑造高效科学的内部管理组织架构,是适应形势变化、实现可持续发展的重要议题。

高职院校如何实现组织结构的优化?什么样的内部治理体系符合适应新环境、实现高效率的要求?这些问题可谓"仁者见仁,智者见智"。从微观角度出发,减少部门管理层级、避免多头管理、落实院系(校院)二级管理体制、提升管理人员素质等都可以为浙农商院内部治理体系的完善提供参考与借鉴。但无论如何完善,从宏观或中观层面应秉持这样一个理念,即注重部门的协同合作和创新效应。"协同创新"是指创新资源和要素有效汇聚,通过突破创新主体间的壁垒,充分释放彼此间"人才、资本、信息、技术"等创新要素活力而实现深度合作。从高职院校的角度出发,这里的协同创新包含"内部协同"与"外部协同"两个部分:内部协同即学院内部各部门间实现对项目,尤其是跨组织、跨区域项目的要素高效整合和资源高效利用,以实现对事务的高效处理与创新实践。最为典型的是从中央到地方、从事业单位到企业的大部制改革。外部协同强调学院与外部单位间在资源配置与利用、事务协调与处理等方面构建的高效运转机制。比较典型的是高职院校的校企合作、校政合作等。注重部门协同合作与创新,意在适应高职院校面对瞬息万变的产业环境、信息化洪流、中小企业生存与发展等现实因素,提高高职院校信息收集、分析与决策的速度和质量,为高职院校服务地方经济发展、服务学生个人发展提供强有力的组织保障。

从浙农商院的发展现状来看,适应高职院校运转的内部治理格局已基本建成,人员配备与班子建设也成效显著。以校企合作、产教融合、校社(供销社系统)合作为代表的校内外协作项目也已经初具规模。这些都为学院内部治理体系与内外部协作圈的优化乃至重构提供了现实基础。为了更好地适应产业环境、区域经济发展以及现代职业教育体系建设的步伐,浙农商院应从治理体系的优化入手,完善内部治理体系与外部协同创新圈的建设,提升部门运转效率,降低行政运行成本,聚焦学院优势资源,在吸收事业单位直线式管理优势的基础上,形成"行政—教学"单位管理上的扁平化、项目化运作,尤其要注重行政部门之间、行政部门与教学部门、企业与学校相关部门、政府与学校相关部门的对接,以此形成以任务/项目/工程等为驱动的新型高职院校管理模式,发挥不同部门在同一项目/任务/工程中的合力,并在工作过程中实现对原有工作成果和思维的创新。

实际上,学院在加强部门协作方面也已经有所作为。在内部治理体系建设上,针对目前存在的部门职能有所重叠、部门数量偏多、部门管理人员素质有待加强等问题,学院大力推行"大部制、专业化"的组织结构优化与人员素质提升工程。所谓"大部制",即在学校部门设置中,将那些职能相近的部门、业务范围趋同的事项相对集中,由一个部门统一管理,最大限度地避免部门职能交叉、政出多门、多头管理,从而提高行政效率,降低行政成本。所谓"专业化",即通过干部培训、"以老带新"、工作考核等一揽子计划提升干部队伍管理素质,尤其是专业性较强的教务部门、科研部门等,以此提高学院行政管理效率,提升学院整体管理水平。目前该计划已在部分部门试点,并取得较大成效,尤其是在工作能力提升上成效显著。在外部协作圈建设上,学校成立校企合作理事会,为校企合作抱团发展搭建了新的平台。校企合作理事会是学院与行业、企业联系的桥梁与纽带,是探索有特色的校企合作、产学研结合办学模式,构建满足行业企业对高素质的技术技能人才需求的平台。校企合作理事会的成立将对学院深化教育教学改革,推动产学研发展,乃至推进供销社综合改革产生积极的影响。在校企合作理事会的指导下,学院将进一步加强与各理事会成员单位的合作,依托系统优势,整合系统资源,自觉履行理事会章程规定的各项义务,充分发挥校企合作理事会作为联系校企双方合作的桥梁和纽带作用,努力在促进学校办学水平、办学质量全面提升的同时,为各理事会成员单位提供更多、更好、更优质的人力资源支撑和科研与智力支持,实现互利共赢,共同为服务地方经济社会发展做出新的更大的贡献。可以说,校企合作理事会是浙农商院办学体制的创新之举。校企双方在这一框架内充分发挥校企合作理事会的作用,全面提升合作层次,推动校企合作由松散型向紧密型、浅层次向深层次、单向合作向双向合作、短暂型合作向长远型合作转变;着力拓展合作空间,主动适应新形势新任务,努力做到共建实训基地、共培师资队伍、共管培养过程、共构教学课堂等"四个共";不断增强合作实效,坚持经济效益与社会效益并重、产业发展与人才培养并举的方针,努力实现校企双赢。以上举措已经打开了学院走协同创新发展之路的新局面,在此基础上,学院应继续深入调研,将治理体系与治理能力提升作为一项长期工作狠抓落实。

二、总结完善,落地生根

升格以来,浙农商院在人才培养模式改革、专业体系建设、课程体系建设、教学模式改革、教学资源开发等方面均取得了丰硕成果,突出体现在学院对人才培养经验的总结和提炼上。这些提炼出的精华源于实践,且高于实践,如何让这些精华真正地反哺实践上的"再升级",实现教学理论的螺旋式完善与创新,以及在实践上产生扎实丰富的成果是学院内涵式建设向纵深推进的重点和难点。

在对学校办学定位、办学宗旨、办学理念等根本性、方向性的观念认知与提炼上,学院针对自身办学历史、办学条件、办学背景,结合区域产业发展现状和趋势进行了充分的讨论和研究,形成了"以农为本、以商为重,省内知名、系统领先、特色鲜明"的办学定位、"服务'三农'、服务行业、服务地方"的办学宗旨、"树人成德、行知达材"的校训以及"四业贯通、四方满意"的办学理念等根本性认识,确立了"以育人为本,以专业建设为龙头,以人才队伍建设为关键,以课程建设为抓手,以深化教育教学改革和校内管理体制改革为支撑,以党建和校园文化建设为保障,积极探索校企合作、工学结合和国际化办学新路子"的办学思路,并基于此做好学院发展的顶层设计。从专业体系建设与发展来看,着力构建以服务"三农"为基础,以现代商贸类专业为主体,旅游、艺术、汽车等专业协调发展的专业体系,在注重培育"以农为本"的涉农专业的基础上,发挥传统专业办学优势,"以商为重"加大服务"三农"的现代商贸流通主体专业建设。同时,主动适应区域经济、行业发展和市场需求,不断调整和优化专业结构,拓展旅游、艺术、汽车等专业,协调发展,构建以"农"为本,以"商"为重的高技术应用型人才培养高地。在人才培养方面,明确了"讲诚信、善合作、会融通"的人才培养目标,心中有"三农"、肩上有责任、手头有功夫的人才培养理念,通过课程、讲座、活动培养学生关注农业、关心农村、关爱农民的"三农"情怀培养载体。在教育教学领域,各专业乃至各门课程从自身特点出发,开发出一系列特色教学方法、教学模式等,如投资与理财专业的"以岗位为依据的任务化教学模式"、基础部思政教育"基于职业活动的项目整合式实践教学模式"、合作社经营管理专业"课程联动,行业参与"学生评价模式等。这些总结和提炼从专业实践出发,凝结了全体教师和学生的不懈努力与孜孜探索,实现了"理论源于实践"的第一次飞跃,为课堂教学、专业规划等提供了清晰的发展思路与经验参考。随着学校发展内外环境的变化,这些精华需要不断地在实践中落地、生根、发芽,并在生长的过程中产生出新的元素,以指导学校应对各项事务所遇到的新环境、新挑战。

要做到进一步完善经验性总结,使精华在实践中更好地落地生根,从而更好地指导实践,关键在基层教师。教师要有奋发向上、奉献岗位的精神,有探索未知、创新实践的勇气,有发现问题、解决问题的能力。只有广大的一线教师主动从工作岗位中探索、实践、总结、提炼,再探索、再实践,形成基于教师发展的学习型组织,才能让学院各项事业的发展时刻拥有新鲜血液和不竭动力。现有的一批经验型提炼成果要在实践当中充分运用,并建立成果跟踪服务机制,如建立相关成果的专家咨询制度、学生评议制度、同行评议制度、企业评价制度等,通过实践、感受、评价、完善等环节探索成果的转移和推广,发现成果的改进之处,提升成果的内涵品质,最终形成一批"有实践、有特色、有效果、有影响"的各领域成果集。

三、制度保障,人才护航

正所谓"不以规矩,不能成方圆",高职院校各项工作必须依靠制度的规范开展。通过建立各领域工作制度,并在此基础上形成工作制度体系,可实现岗位的标准化管理、制度化运行与灵活性变通的结合。浙农商院升格前后,各行政部门与教学单位根据工作性质、特点,制定了相应的工作制度与规范,部分制度已经形成了体系框架,涵盖了工作过程的每一个环节,并逐渐互相融合,起到了监督、奖惩、规范的效果。随着形势与工作的日益复杂,以及学院成员结构的不断变化和完善,如何在现有制度群的基础上完善制度框架,补充制度缺陷,形成制度体系,是制度建设乃至推进各项事业发展的另一个重大议题。

人才始终是高等院校可持续发展的最重要资源和支撑。浙农商院自建立以来,始终按照高等职业院校教师队伍、科研队伍建设的总体目标实施队伍建设工程,通过内部培养、外部引进相结合的方式,留住了一批教学、科研、实训等各领域,企业、研究机构、高校等各场所的优秀人才。这些人才通过提供咨询、技术保障、经验交流等方式,或直接成为学校专兼职员工参与到学校各项事业的发展进程当中,为学校的跨越式发展提供强劲动力。人才作为稀缺资源,其本身也具有较强的流动性和可塑性,如何使学校在未来的发展进程中能够源源不断地获取高质量人才是决定学校发展层次与水平的关键要素。

制度和人才是两种不同形式的保障,制度是虚拟化的保障,强调无形的约束和督促;人才是实质化的保障,强调有形的动力与支持,两者是浙农商院发展道路上不可或缺的两大"翅膀"。通过制度建立超越时空的"空中灯塔",通过人才提供可持续发展的不竭动力。学院必须在制度建设和人才队伍建设上做好文章,才能在未来职业教育激烈的竞争中立于不败之地。从制度建设与人才队伍建设的现状来看,学院在教学、科研、校企合作、教师发展等领域已经建立了一套行之有效的制度群,如涉及教学督导的《院教学督导员联系系督导工作组实施办法》《日常教学巡查制度》《院系二级督导工作联动运行机制实施办法》《学生教学信息员制度》《系督导工作组年度考核实施细则》《督导委员会听课制度》《督导工作信息收集和反馈制度》等,涉及科研领域的《浙江农业商贸职业学院科研成果奖励办法(试行)》《科研工作管理条例(含横向科研工作管理办法、纵向科研项目管理办法)》《科研经费管理办法》《纵向科研项目基本工作程序》等。

从实际效果来看,一部分制度执行上存在困难,或制度设计不够严密,制度间有精神和条文冲突的现象;从制度体系建设的角度来看,一定领域完整的制度生态体系还没有完全建立,这些都将阻碍学院各领域工作的开展进度和质量。人才队伍建设上,副教授以上职称以及具有硕士以上学位的教师群体数量相较于升格初期已经有了较大突破,但是高层次人才队伍结构仍存缺陷,数量上也不足以支撑浙农商院内涵式发展的质变性深化。同时,部分领域人才队伍年轻化趋势不明显,人才资源浪费和紧缺现象并存,这些都是浙农商院在人才队伍建设进程中需要不断反思和解决的问题。

制度建设要以"执行力、系统性、可持续"为参照。在今后的时间里,学院各工作领域要形成思想统一、信息完备、覆盖面广的制度建设基础,维护制度权威,发挥制度实效。要避免"补丁"式的制度制定方式,强调制度的系统化建设以及制度的原则性约束,不让制度成为束缚教师和学生发展的"绊脚石"。教学、科研、社会服务等相关制度要实现内部相通,即发力一致、思想一致。针对学院在产教融合、教师发展等相对薄弱的制度环节要加强制度建设力度,补充制度缺口,完善制度建设的顶层设计,突出"为农服务"的、与行业相对接的跨部门、跨单位制度建设。人才队伍建设要坚持"引进来,走出去"的基本原则,一方面提升人才引进的奖励力度,制定稳定发展的人才引进激励措施,为优秀人才的引进提供优良的科研环境、教学环境、生活环境,尤其是个人发展空间;另一方面通过教学督导、技能竞赛等平台挖掘一批校内骨干教师,并集中力量和资源进行重点培养,制订教师个人发展计划,完善教师个人发展空间,调动教师在岗位上实现能力突破的积极性,以此带动学院人才队伍结构的整体优化。此外,学院要加强对毕业生的追踪和随访工作,适当吸收优秀毕业生回校任教、任职,鼓励毕业生与专业、系部、学院保持紧密互动,甚至开展多种形式的合作。

第十一章

从同质到特色
——如何更好地贴近行业，服务地方

浙农商院作为典型的行业性高职院校，理应始终不渝地做好服务行业和服务地方这两篇文章。随着供销行业的日新月异，农业现代化发展的大踏步前进，浙江"两富"、"两美"宏伟蓝图的徐徐展开，作为以"农商人才"培养为主轴的高职院校如何更好地服务行业、服务地方，是浙农商院可持续发展道路上需要面对的两大挑战。

一、千方百计做好服务"三农"这篇文章

供销合作社是为农服务的合作经济组织，是党和政府做好"三农"工作的重要载体。作为供销系统高职院校，"服务'三农'"始终是浙农商院永不磨灭的基因和永恒的发展动力。

浙江素有"鱼米之乡，丝绸之府，文物之邦，旅游之地"之称，农业产业特色鲜明、农业经营机制灵活、农业外向依存度高、农业科技支撑有力、加工流通基础良好、农业集体经济实力强。今后一段时间，浙江农业工作将全面贯彻落实"八八战略"和"两创"总战略，深入推进农业农村改革，以农业现代化三年行动计划（简称8810行动）为总抓手，围绕提升产业发展、经营效益、质量安全、物质装备、科技支撑、生态环境、政策投入、专业服务水平等8个方面目标，组织产业集聚化、产品优质化、生产设施化、经营组织化、技术集成化、手段信息化、环境生态化等8个专项行动，实施农田质量提升、农业标准化促进、农业机械化促进、现代种业发展、新型经营主体培育、生态循环农业创建、农业服务提升、智慧农业建设、村级集体经济壮大、农业文化创意等10项重点工程，着力打造高效生态农业强省、特色精品农业大省，加快推动产业转型升级，为率先基本实现农业现代化奠定扎实基础。而在绍兴，虽贵为鱼米之乡，农业资源却十分紧缺：人均耕地不及全国平均水平的一半，且多为丘陵山地，后备土地资源极为有限；境内虽河多

湖多，但水资源仍然缺乏。资源的禁锢，倒逼着绍兴农业往集约化、高效化、生态化发展。另一方面，绍兴工业化起步较早，下辖的六个县市区，个个经济实力雄厚，皆入选全国百强县市。相对而言，农业生产比较效益低下，因此，绍兴农民纷纷"弃农从工"。如何提高农业经济效益，缩小城乡差距，成了横亘在绍兴"三农"面前的严峻命题。

立足本地，服务"三农"，就是要通过人才培养和技术支持等方式解决绍兴和浙江在"三农"事业发展进程中遇到的各类问题，例如外向型农业经济发展所需要的农产品商贸流通人才的培养和培训等。自学院创办以来，"服务'三农'"一直是学校各项工作的主基调。从专业设置到校企合作、从"'三农'情怀"教育到新兴职业农民培训，"三农"基因始终存在于学校发展的每一个节点之上。农商人才的培养是学校发展的特色和优势，近年来，学校大批毕业生进入供销行业，成为服务供销事业的一分子，一部分员工还成长为单位骨干，正带领一批人拼搏在浙江农业现代化发展的浪潮之中。学校还通过与各层级供销系统、农业行政部门合作开展新兴职业农民培训工作，已累计培训市属农民学员3 000余名。同时学校部分专业也与村镇开展横向合作，进行村镇规划、开展农家乐旅游评估等产学研对接项目。学校更是将"三农"情怀融入全体学生的教育进程之中，培养"学生关注农业发展，关心社会主义新农村建设，关爱农民兄弟"的"三农"情怀。可以说，"服务'三农'"是学校发展的灵魂和责任，不仅过去坚守"服务'三农'"，今后要继续"服务'三农'"，而且要围绕"服务'三农'"做大文章。

农产品商贸流通是农业现代化进程中至关重要的一环，也是决定浙江农业现代化目标实现与农民增收的关键环节。《中共中央国务院关于深化供销合作社综合改革的决定》中突出强调要"加强供销合作社农产品流通网络建设，创新流通方式，推进多种形式的产销对接。将供销合作社农产品市场建设纳入全国农产品市场发展规划，在集散地建设大型农产品批发市场和现代物流中心，在产地建设农产品收集市场和仓储设施，在城市社区建设生鲜超市等零售终端，形成布局合理、联结产地到消费终端的农产品市场网络。积极参与公益性农产品批发市场建设试点，有条件的地区，政府控股的农产品批发市场可交由供销合作社建设、运营、管护。继续实施新农村现代流通服务网络工程建设，健全农资、农副产品、日用消费品、再生资源回收等网络，加快形成连锁化、规模化、品牌化经营服务新格局。顺应商业模式和消费方式深刻变革的新趋势，加快发展供销合作社电子商务，形成网上交易、仓储物流、终端配送一体化经营，实现线上线下融合发展"。浙农商院作为区域农商人才培养的主阵地，要抓住省农业现代化三年行动计划和供销合作社综合改革的历史发展机遇，实地调研，精准了解区域农商人才需求情况,做到人才培养与人员培训相结合、技术支持与项目运作相结合。探索社会服务多元化路径,开发基于产业集聚化、经营组织化、手段信息化等的新兴"三农"服务项目,重点倾向新型经营主体培育、智慧农业建设、农业文化创意等与学院优势专业紧密相关的工程,并探索送教下乡、教育设点、社区教育等服务形式,瞄准农业现代化的宏伟目标,以教育为切入点,提升学院服务"三农"的品质和内容。

二、继往开来创新产教融合这份事业

产教融合是职业教育的本质特色,也是职业教育与其他教育的最大区别。产教深度融合集教育教学、生产劳动、素质养成、技能历练、科技研发、经营管理和社会服务于一体,不仅能促进高素质劳动和技术技能型人才培养,还能将职业院校和企业的研发成果转化为现实生产力,推动企业技术进步和产业升级转型,更好地服务地方经济发展。因此,深化产教融合,对于加快职业教育改革发展具有战略性意义。党的十八大提出,要"加快发展现代职业教育";十八届三中全会强调,要"加快现代职业教育体系建设,深化产教融合、校企合作,培养高素质劳动者和技能型人才"。习近平总书记指出,要牢牢把握服务发展、促进就业的办学方向,深化体制机制改革,创新各层次各类型职业教育模式,坚持产教融合、校企合作,坚持工学结合、知行合一,引导社会各界特别是行业企业积极支持职业教育,努力建设中国特色职业教育体系。李克强总理在2014年2月26日主持召开的国务院常务会议上也指出,要"充分调动社会力量,吸引更多资源向职业教育汇聚,加快发展与技术进步和生产方式变革以及社会公共服务相适应、产教深度融合的现代职业教育"。2014年颁布的《国务院关于加快发展现代职业教育的决定》要求,"同步规划职业教育与经济社会发展,协调推进人力资源开发与技术进步,推动教育教学改革与产业转型升级衔接配套。突出职业院校办学特色,强化校企协同育人",并将深化产教融合作为职业教育发展的基本原则。产教深度融合有利于将职业院校和企业研发的成果转化为生产力,推动企业技术进步和产业升级转型,更好地服务产业发展,有利于促进民众就业,服务扶贫富民。因此,必须把推进产教深度融合作为现代职业教育发展的重要方向。

随着学院办学层次的提升,浙农商院产教融合事业的推进正不断加快,已初步形成产教融合多层次、多形式的特征。作为一所年轻的高职院校,产教融合既是促进学校发展的动力,又是学院实现办学突破的难点。产教融合事业的发展不仅仅是简单的合同式的合作,更多的是思维的创新与机制的建立,在时间的沉淀下形成学校、企业和行业命运共同体。在时间维度上,浙农商院与成立较早的高职院校相比并不占优势,要想实现跨越式发展就要从创新的维度出发,探索新形势下区域性产教融合的新理念、新形式、新做法。

平台是基础。浙农商院将加大平台建设力度,以学校为圆点,将合适的行业代表、企业代表、高校代表纳入到产教融合平台当中,扩充融合资源,扩大融合覆盖面,通过召开年会、举办集团内部招聘会、开展校企合作活动月等形式不断加强校企之间的沟通与交流。"校企合作理事会"的成立就是一个好的开端,学院将细化理事会的功能,在理事会下成立多个与系部、专业对接的分会,实现校企合作、产教融合的落地生根。机制是保障。平台的搭建需要机制来保障运行。浙农商院应利用理事会等校企合作的平台,通过成立日常工作机构、建立校企合作管理和资源共享制度、改革院系管理体制等措施,构建校企双赢合作模式的动力机制、利益机制、激励机制、保障机制、调节机制等,以保证校企合作的互利共赢,实现产教融合的可持续发展。服务是关键。产教融合实现的是双向服务:学校为企业提供产品咨询、技术支持、员工培训、设备使用等服务,企业为学校提供实训场地、设备使用、员工教学、课程开发等服务。学校作为发起方,会更加主动提供服务项目,保障服务质量,以此带动平台内部利益分配与资源整合的积极性和有效性。文化是亮点。学院将把企业文化与学院文化进行整合,实现学院供销文化与企业经营文化相得益彰、互相影响、互相受益的局面,以缩小校企之间的文化差距,获得企业的普遍认同,减少学生进入岗位后的学习成本。形式是催化。产教融合平台内部可以通过不同的形式开展具体的融合工作,小到学生实训,大到成立混合所有制企业,基于学校办学实际与企业经营实际的创新形式都会在未来得到尝试和探索。总之,产教融合这篇文章是浙农商院发展中的战略环节,要长期重视和研究。

三、励精图治扎根长三角这片热土

地方高职院校承载着为区域经济发展服务的重大历史使命,选择正确的高职与区域经济同步发展之路径,既是区域经济发展对高职院校有效履行其社会服务职能的客观要求,也是高职院校不断提高其社会服务质量与水平的必然选择。

学院所在地——绍兴,被称为"一座没有围墙的历史博物馆",深厚的历史积淀带给了这座城市无穷的魅力。2500年的历史演进形成了浓郁的城市发展特色和发展优势,如具有优越的经济地理位置、便捷的交通、独一无二的历史文化和旅游资源、典型的江南水乡环境和产业支撑与集群优势等。经济发展方面,绍兴已进入工业化加速阶段向成熟发展阶段,以第二产业为主,其次是第三产业和第一产业,并开始从第二产业占主导地位向第二、第三产业并举的格局转变。三产比重分别为4.6∶51.9∶43.6。优势产业主要分布在纺织业、有色金属冶炼和压延加工业、化学纤维制造业、化学原料和化学制品制造业、通用设备制造业等,初步建成了现代纺织、机械电子、节能环保、医药化工、新能源、新材料等6个千亿级特色产业集群具有和绍兴特色的现代产业体系。目前绍兴正大力实施"四换三名"工程,加大腾笼换鸟、机器换人、电商换市、空间换地力度,积极培育名企、名品、名家;完善战略性新兴产业扶持政策,培育发展高端装备制造、生命健康、文化旅游等产业;加快传统产业技术改造步伐,推进印染等"三高一低"产业转型升级,推进现代服务业"310工程"、"百项百亿"计划和农业现代化进程。学院主要辐射区域——长江三角洲地区,最早受益于国家优惠政策的区域,地处黄金海岸,具备得天独厚的地理优势,资金吞吐量大,一直以来是我国经济的重点支柱。而泛化后的长江三角洲经济区域以上海为核心,沿沪宁、沪杭甬线发散型发展,呈现出多层次的经济格局和变化。广阔的发展市场、得天独厚的区位条件、较为优越的经济发展环境与产业结构优化升级,使浙农商院在发挥传统专业优势,创新发展模式中拥有人、财、物等的"天时地利"。具体来说,扎根绍兴、扎根长三角,应从以下三个方面扎实推进。

一是坚持专业设置与服务区域经济结构相匹配。高职专业设置与建设是适应经济社会发展需要的过程,是地方高职服务区域经济的基本途径。地方高职必须紧扣经济社会发展脉搏,紧跟产业结构调整步伐,按照区域经济中产业发展和人才规格的需求,围绕区域的支柱产业、新兴产业的发展,设置与区域经济社会发展相适应的特色专业,以此为龙头形成与区域工业化、信息化、城镇化、农业现代化建设等密切相关的专业群。浙农商院将在现有专业群建设的基础上不断优化和调整专业群内部结构,重点关注优势专业建设与区域产业结构升级间的互动,通过微观层面的课程调整,到中观层面的方向调整,再到宏观层面的专业调整,实现专业与经济结构匹配的动态调整机制。

二是坚持课程开发融入区域特色岗位需求。课程建设与改革是提高高职教育人才培养质量的核心,地方高职的课程建设与改革要突出与区域经济的结合,加大本土特色课程、特色教材的开发。高职的职业性特征决定了地方高职课程的建设与改革必须走校企合作之路;课程的确定应立足于区域经济发展所需,以开发实践类课程为主,体现教学做一体化;课程体系必须打破学科的限制,以职业行为能力的培养为导向进行重构系,反映新知识、新技术、新工艺和新方法的应用,及时把生产一线中使用的先进经验、先进方法、先进技能挖掘出来;课程的考核评价,应以职业能力标准作为测试学生最终成绩水平的基准,实现课程标准与行业标准对接,使人才培养质量更加贴近行业企业的实际需要。浙农商院将加大课程建设,尤其是精品课程建设力度,进一步关注校本教材的开发与推广,尤其是教材开发与职业技能标准间的磨合,以及合作社经营管理等特色专业课程资源的开发,将区域优质企业纳入到校本课程的开发主体当中,及时更新课程内容,优化课程体系,通过课程开发拓展和深化校企合作的内涵。

三是坚持人才培养模式适应区域经济发展模式。基于区域经济发展创新人才培养模式,是时代的要求。浙农商院将继续坚持和发扬"政校行企合作,产学研创结合"的人才培养模式,进一步深化"订单培养"、"工学交替"、"淡入旺出"、"对证教学"等适应专业性质的多样化人才培养模式改革,根据企业生产运行和用人需求特点试行"多学期"、"分段式"的教学组织模式;创新校企合作模式,创设校中厂、校中店、校中所、校中站、校中社等,建设一批具有开放性、生产性、共享型的生产性实训基地;学院将扩大吸纳行业企业参与人才培养评价的范围,将就业质量、企业满意度作为衡量人才培养质量的核心指标,建立健全以学校为核心,政府主导、社会参与的教学质量保障体系。

第十二章

从现在到未来
——如何更好地发展职教,造福学子

职业教育归根到底是教育的基本类型,无论它与经济社会发展联系如何紧密,也不能磨灭它培养人、教育人、服务人、发展人的基本思想和本真功能。从现在到未来,浙农商院将继续秉承服务职教、服务学子的理念,坚持将人的发展置于各项工作的首要位置。

一、贯彻"以人为本"的教育理念

以人为本的思想强调人的尊严、人的权利和人的发展,强调人力资源的全面开发。"全面开发"的意义是面向所有的人和人力资源的所有方面。以人为本的教育,把社会物质产品的生产和分配同人的多种潜能的全面开发放在一起来认识和对待,如同联合国教科文组织出版的《教育——财富蕴藏其中》一书所指出的:"教育不仅仅是为了给经济界提供人才:它不是把人作为经济工具而是作为发展的目的加以对待的。"教育的使命是要"使每个人的潜在的才干和能力得到充分发展"。

人们很早就认识到"职业技术教育的规模和水平影响着产品质量、经济效益和发展速度",我国法律中明文规定"职业教育是国家教育事业的重要组成部分,是促进经济、社会发展和劳动就业的重要途径"。这标示着社会对职教事业的高度认同,反映了教育观念和教育制度的重大变革和飞跃。但这不应该是职业教育价值观的全部,职业教育的价值不仅表现在促进社会发展方面,更表现在促进人的发展方面,只有全面认识职业教育作用于人的发展和社会发展这两方面的价值,并始终以人为本,才能正确评价职业教育的意义和作用,才能正确对待职业教育的改革和发展。

陶行知先生概括教育的宗旨是"千教万教,教人求真;千学万学,学做真人"。促使人的心灵觉醒,使学习者具有自尊、自信、自立、自强和自觉融入社会的意识,是一切教育的核心目标,其他目标都应该首先保证核心目标的实现并围绕核心目标展开。大量事实证明,职业教育把一部分在基础教育阶段遭遇所谓"学业失败"的青少年导向"学业成功",使他们找回自尊和自信。我们千万不可小视"学业失败"可能酿成的社会危害。《教育——财富蕴藏其中》说:"学业失败可产生排斥,因此它在许多情况下是某种形式的暴力或个人失控行为的根源。"由此可知,职业教育的存在和发展对于人的发展和社会的和谐具有何等重要的价值。在以人为本思想指导下考察和对待职业教育的价值,能够使我们更深入地认识职业教育,更客观地评价职业教育,更有效地办好职业教育。

浙农商院一直将"以人为本"的理念贯彻到工作的每一个细节之中。因为我们深知,教育对人的影响是深刻而又永恒的,学生将最宝贵的三年青春寄托于学院,所有管理者和教师就有责任和义务为他们营造一个自由发展的空间与氛围。我们关注学生专业学习以外的综合素质提升,为学生提供了丰富的专业选修课和公共选修课资源库,并根据学生选课的需求及时调整、更新和开发资源库的内容;我们时刻关注学生学习进程中遇到的每一个问题,建立学生督导队伍,让学生成为教学评价与问题反馈的主体;我们注重学生心理健康与优秀品质的培养,尤其是职业素质的提升,丰富多彩的文化活动以及与企业文化相契合的一系列走访、游学、见习活动等,为学生建构更为成熟的职业观念和更为积极的内心世界提供机会;我们关注学生生活中遇到的困难,通过设置班主任辅导员联系学生制度和各级别奖助政策、勤助岗位、爱心基金等,从人员关怀到物质补助,立体式地构建学生生活服务体系;我们关注学生终身发展理念的建构与现实发展的需求,针对每一位毕业生建立毕业生追踪档案,对所有毕业生的流向和今后发展情况做跟踪调查,并及时为毕业生提供母校力所能及的专业协助和服务……所有的一切,都是"以人为本"理念的体现。在今后的发展历程中,这一理念将继续深入到学院工作开展的各个领域、各个环节、各个细节,以相信人人有才和承认个性差异为认识基础,以实施因材施教和引导扬长避短(或补短)为主要方法,以帮助人人成人和人人成才为基本目标,同时更加注重工作形式的创新与工作实效的落地,更加注重"以人为本"在学生专业成长、能力锻炼、素质提升上的体现,将"以人为本"的战线拉长、幅度放宽,努力支持学生实现自己的人生理想,让每位学生都有人生出彩的机会。

二、彰显"质量为先"的办学精神

企业以质量求生存,产品质量是企业可持续健康发展的保证;学校同样需要依靠质量立足,人才培养质量决定学校的发展潜力与价值。一所高职院校的质量观往往体现在课堂教学质量、学生就业质量、人才培养质量等若干个维度。但不论是何种质量,高职院校都应将质量提升作为办学精神加以贯彻和弘扬。因为只有质量有了保证,职业院校办学才能具有合理性和合法性。

职业教育质量观在不同的时期有不同的主要观点,它属于一个动态发展的概念:一是以政治为主要导向的职业教育质量观。职业教育作为促进我国发展的主要力量之一,在促进教育公平、保障民生方面起着十分重要的作用。以政治为主要导向下的职业教育质量观,其主要目标是促进学生的充分就业,为我国经济的发展提供大量的职业技术人才,满足我国经济转型、产业结构转型以及人才结构调整的需要,促进我国和谐社会更好更快地向前发展。二是以产品为导向的职业教育质量观。很多经济学家把职业学校看作是工厂,把学生当作工厂的产品,评价工厂的效率主要参考的是学生的质量。用经济学的观点去看待职业教育,把职业学校的教育教学单纯看作办企业,一定程度上符合市场经济运行的规律,在实践领域有一定的认可度。但是以产品为导向的职业教育一定程度上忽视了人的主观能动性,忽视了教育对于促进学生主动性发展的终极目的。三是个体导向的职业教育质量观。它在教育理念上以学生为本,注重对学生内在需求的满足,在教授学生职业技能的同时,注重学生综合素质的全面提高以及学生的全面发展。它在追求学生职业发展的同时,更注重让学生在职业生涯发展的过程中获得生活上的幸福。当今社会,我们理应更新职业教育质量观,追求学生个体的成长与发展;同时,我们也不能忽略在特殊时期、特殊境遇下的特殊质量观,吸收前两种质量观的优势,形成以学生发展为主导,且能在最大限度上满足经济社会发展需求的办学质量观。

三、秉持"创新为源"的生存观念

创新是一个民族进步的灵魂,是国家兴旺发达的不竭动力。同样,创新也是高职院校发展的动力源泉,唯有在人才培养、教育教学、技术研发、社会服务等各领域不断推陈出新,才会跟上乃至引领事业的进步。

"创新为源"的生存观念是"质量生存观"的发展。"以质量求生存"是企业的黄金法则,但如果企业缺乏创新动力,则会使质量跟不上社会需求的脚步,从而在竞争中落后甚至被淘汰。学校同样如此,如果职业院校不注重制度、模式、方法、内容上的创新,故步自封,则会使学校失去学生、市场和政府的支持。职业院校的优胜劣汰将在市场竞争中一览无遗。近年来,"协同创新"已然成为一个热词。在高等教育领域,协同创新不只是科技创新的新范式,不只关乎科研。协同创新是高校与高校,高校与科研院所、行业企业、地方政府以及国际创新力量深度合作,建立协同机制,共享优质资源,实现人才培养、科技研究、社会服务和文化传承的同步提升,推动教育与科技、经济、文化有效互动的一种高等教育治理范式。大学在社会系统内从合作的"物理反应"向协同的"化学反应"转变,"协同度"成为高等教育质量的重要指标。尤其是在人才培养上,高职院校若要实现培养发展型、复合型、创新型技术技能人才的目标,就要成为技术技能的人才源,同时也要成为技术应用源和技术创新源。高职院校势必要高举起技术教育大旗,以协同创新为引领,构建协同创新的体制机制,营造有利于协同创新的氛围,将协同思想贯穿人才培养、技术研发、社会服务的全过程,转变高职教育发展方式,提高人才培养质量。

高职院校的创新生存观主要体现在内容创新和形式创新两个层面。内容创新即在内涵层面作数量和质量上的扩充与完善,形成具有价值和新元素的应用成果。这是普遍意义上的创新,具体来说包括新技术研发、新工具研发、新教学资源开发等。形式创新是从框架和方式上做创新,从而间接影响和促进内容上的创新。例如人才培养模式的创新、校企合作方式的创新、教学方法的创新、创新人才培养等。两者对于高职院校实现创新办学、创新发展的目标来说都至关重要。浙农商院未来的创新发展蓝图也将从这两个方面着手,以形式创新带动内容创新,以内容创新反哺和支持形式创新,尤其注重在校企合作、校政合作、产教融合的创新机制上,在具有岗位职业能力与创新要素的人才培养模式创新上的创新元素迸发和创新成果培育。以创新人才培养、创新基地建设、创新思想大讨论等为工具,通过人才队伍建设、制度体系建设、思想氛围营造,形成全员创新、协同创新的发展格局。

四、坚守"强国为梦"的发展理想

"中国职业教育梦是'中国梦'的重要组成部分,是技术技能强国的梦,是全面发展的梦,是人人成才的梦,是尽展其才的梦。职业教育作为与经济社会联系最密切的教育类型,在推进实现'中国梦'的进程中,发挥着不可替代的重要作用。"2013年4月2日,教育部职教系统"中国梦"教育活动座谈会上,教育部副部长鲁昕充满深情的这段话让所有听者为之动容并热血沸腾。中国梦既是中华复兴、家业昌盛的大梦想,同样也是千千万万职校学生最真切的成才求知的心愿。

自古以来,人有一技之长,就不会贫穷;当今世界,有高水平的技能人才国家才会强盛。职业教育不仅能够使无业者有业,使有业者乐业,而且能为我国产业结构调整培养大批合格人才。众所周知,以色列是一个建立在沙漠上的小国家,但这个国家却是世界上最发达的国家之一,它掌握着世界上最先进的水利技术、灌溉技术、沙漠农业技术、海水淡化技术等,其蔬菜除了自给以外,每年出口到欧洲的蔬菜市值达到10多亿美元。他们靠什么获得了如此骄人的成绩呢?关键就是教育,特别是职业教育。以色列的所有农民中,有一半以上都接受过大专以上的职业技能教育。

职业教育是教育与现代化建设的结合点,它的任务是培养应用型、技能型、复合型的劳动者。因而职业教育的水平是我国生产力水平的重要标志,也是各行各业产品、管理和服务质量的决定因素。同时,职业教育能使有劳动能力的人掌握劳动技能,增强就业的能力,这也是在经济体制转轨过程中,防止和减少劳动者分化的重要条件。

制造业大国离不开职业教育。"转型升级"是当前中国经济发展的迫切需要。改革开放以来,我国工业发展迅速,制造业份额已占到全球的近20%,但是多以劳动密集型产业为主,产品附加值不高。随着内外部环境的变化,我国的劳动力成本优势逐渐消失,要想继续保持竞争优势,从"制造业大国"迈向"制造业强国",实现产业升级调整,既要不断寻求科技创新和技术进步,也要有强大的、训练有素的高技能人才队伍,尤其对于我国这种后发国家来说,拥有高素质的技工队伍对于技术创新、先进技术的消化与改良、技术转化为生产力等具有重要意义。

在"职教强国梦"的背景下,浙农商院应把握历史机遇,将"职教强国梦"与"农商育才梦"紧密结合,始终不渝地将人才培养放在各项工作的核心位置,树立学院发展的远大抱负,围绕"服务'三农'"做好专业建设、课程改革、教学改革和发展模式的转型升级,依托系统,实现立足绍兴、面向全省、接轨长三角的发展格局,以实际行动开启"创新强校、智慧强城、人才强国"的征程!

主要参考文献

一、专著

[1] 许良英、赵中立:《爱因斯坦文集》(第3卷),张宣三编译,北京:商务印书馆,1994年。

[2] 陈劲:《国家技术发展系统初探》,北京:科学出版社,2000年。

[3] 顾明远:《教育大辞典》第3卷,上海:上海教育出版社,1991年。

[4] 李斯杰:《高职院校建设与管理研究》,厦门:厦门大学出版社,2006年。

[5] 罗志:《高职院校办学特色形成机制研究》,长沙:湖南大学出版社,2012年。

[6] 冯旭芳:《高职院校发展战略规划》,杭州:浙江大学出版社,2014年。

[7] 蒋卫国:《"两型社会"背景下高职教育研究》第2版,广州:世界图书出版广东有限公司,2013年。

二、期刊文献

[1] 沈曙虹:《办学理念的内涵与结构新解》,《江苏教育》,2013年第39期。

[2] 董云:《办学理念是学校文化的灵魂和核心》,《湖北教育(时政新闻)》,2008年第6期。

[3] 祝玉芳、张飞:《构建和谐校园文化系列调查之四——构建高校和谐校园物质文化》,《教育与职业》,2007年第16期。

[4] 孟昭上:《关于创新高职教育管理体制的思考》,《中国高教研究》,2007年第12期。

[5] 李艳:《高等职业教育专业设置的研究综述》,《职教论坛》,2008年第22期。

[6] 林博:《高职院校校园物质文化的构建》,《三门峡职业技术学院学报》,2008年第4期。

[7] 柴福洪:《论职业、专业与高职专业设置》,《职业技术教育》,2008年第22期。

[8] 杨林生:《教育行动研究与高职教师专业化发展》,《教育评论》,2008年

第 2 期。

[9] 于剑、韩雁:《教学模式的改革探索》,《高等工程教育研究》,2008 年第 4 期。

[10] 肖兆飞:《高职院校校园物质文化创新性建设的思考》,《消费导刊》,2009 年第 1 期。

[11] 蒋宗珍:《高职院校文化素质教育改革与实践》,《教育探索》,2009 年第 1 期。

[12] 杜佩莲:《我国高职院校社会服务的不足及对策》,《中国电力教育》,2009 年第 3 期。

[13] 刘献君、吴洪富:《人才培养模式改革的内涵、制约与出路》,《中国高等教育》,2009 年第 12 期。

[14] 马洪坤:《思想道德素质生成的内在机制探究》,《衡水学院学报》,2009 年第 5 期。

[15] 李志平、李晓:《本科大学教学督导的理论基础和实证研究》,《黑龙江高教研究》,2008 年第 5 期。

[16] 王义遒:《高等教育培养中的"博通"与"专通"》,《北京大学学报(哲学社会科学版)》,2008 年第 3 期。

[17] 赵岩铁:《对高职院校实训教学环境建设的探讨》,《黑龙江农业工程职业学院学报》,2008 年第 3 期。

[18] 蔡友:《努力加强数字化校园办公自动化(OA)系统的建设》,《湖南大众传媒职业技术学院学报》,2010 年第 1 期。

[19] 卢红学:《高等职业教育教学方法发展与创新》,《职业技术教育》,2010 年第 13 期。

[20] 崔清源、颜韵:《高职院校人才结构理论探讨》,《教育与职业》,2010 年第 24 期。

[21] 李贤政:《浙江省高职精品课程建设实证分析》,《职业技术教育》,2010 年第 29 期。

[22] 陈东:《论提高高职教师社会服务能力》,《中国职业技术教育》,2010 年第 31 期。

[23] 闵建杰、孔新舟:《高职院校教学管理制度建设研究》,《孝感职业技术学院学报》,2002 年第 4 期。

[24] 谢萍:《国内高职科研研究述评》,《继续教育研究》,2013 年第 6 期。

[25] 罗厚成:《高职院校形象识别系统的构建探析》,《中外企业家》,2013 年第 9 期。

[26] 周敏娟、王玲、李立增:《新形势下高职院校招生困境及其对策研究》,《职业技术教育》,2013 年第 22 期。

[27] 王玲:《高技能人才与技术技能型人才的区别及培养定位》,《职业技术教育》,2013 年第 28 期。

[28] 付云:《高职技术技能人才的培养目标之辩》,《职业技术教育》,2013 年第 28 期。

[29] 倪成伟:《我国高职教育人才培养规格探讨》,《职业技术教育》,2011 年第 4 期。

[30] 刘智运:《创新人才的培养目标、培养模式和实施要点》,《中国大学教学》,2011 年第 1 期。

[31] 马祥武:《职业教育技能型创新人才培养的思考》,《教育发展研究》,2011 年第 11 期。

[32] 马廷奇、史加翠:《创新人才培养与大学人才培养模式改革》,《现代教育科学》,2011 年第 9 期。

[33] 耿金岭:《对提升高职院校社会服务能力的思考》,《中国职业技术教育》,2011 年第 36 期。

[34] 俞步松:《关于高职文化素质教育的理性思考及其实践》,《职教论坛》,2011 年第 17 期。

[35] 章文君:《运用系统集成提升高职院校社会服务能力》,《教育发展研究》,2012 年第 3 期。

[36] 苏志勇:《地方性高职院校管理体制存在的问题及其改革创新》,《改革与开放》,2012 年第 12 期。

[37] 赵绥生、赵居礼:《高职院校专业设置评估体系的构建》,《职业技术教育》,2012 年第 11 期。

[38] 刘楚佳、庄丽丽:《目标、体系与策略:高职院校推进文化素质教育的思考》,《黑龙江高教研究》,2012 年第 9 期。

[39] 张冰雨:《高职学生身心健康现状及其建议》,《教育与职业》,2006 年第 26 期。

[40] 陈建孝、潘洪军:《教学计划构建的理论框架和评价体系》,《现代教育科学》,2006 年第 9 期。

[41] 廖小平、宋笑月:《高职学生企业文化素质培养刍议》,《中国高教研究》,2006 年第 11 期。

[42] 李居参、李晓东、王素娟:《制订高职专业教学计划中有关问题的思考》,《辽宁高职学报》,2006 年第 6 期。

［43］王天行、傅松涛、张景雷、张山起:《高职专业设置影响因素探析》,《职业技术教育》,2006 年第 4 期。

［44］杨君伟:《建构高职体育教育课程知识体系 提升高职学生的综合素质》,《黑龙江教育学院学报》,2014 年第 2 期。

［45］郭俊朝、陈晗:《高职人才培养目标的演进与重构》,《职教通讯》,2014 年第 7 期。

［46］裴云:《对高职教育本质的解析》,《扬州大学学报(高教研究版)》,2003 年第 1 期。

三、学位论文

［1］洪笑:《高职院校校园景观的育人价值研究》,浙江大学,2012 年。

［2］覃曼丽:《高职院校增强社会服务职能研究》,广西大学,2013 年。

［3］陈云霞:《高等职业教育人才培养模式研究》,兰州大学,2010 年。

［4］刘泽军:《高等职业院校教学督导体系研究》,河北师范大学,2010 年。

［5］吴宗保:《高等职业教育精品课程评估若干问题研究》,天津大学,2009 年。

［6］刘诣:《高职教育的实训教学模式探究》,天津大学,2009 年。

［7］刘洁:《高职院校"双师型"教师队伍建设研究》,华南理工大学,2010 年。

［8］陈哲亮:《高职精品课程建设项目管理问题研究》,南昌大学,2010 年。

［9］马胜龙:《高职院校 OA 办公系统的设计与实现》,南京理工大学,2011 年。

四、联机资料

［1］教育部门户网站:《职业教育信息化效果显著》。http://www.moe.edu.cn/publicfiles/business/htmlfiles/moe/s6592/201209/141393.html

［2］中国职业技术教育网。http://www.chinazy.org/models/adefault/news_detail.aspx?artid=58583&cateid=1539

［3］新浪教育:《国家推进高职院校应用科研能力建设》。http://edu.sina.com.cn/zgks/2014-07-14/1454427194.shtml

［4］浙江省教育厅。http://www.zjedu.gov.cn/gb/articles/2013-08-08/news20130808160558.html

［5］学信网:《地方高职引领区域职教发展》。http://gaokao.chsi.com.cn/gkxx/gzzk/rdxw/201407/20140729/1151952867.html

五、报纸文章

黄达人:《我们向高职院校学什么》,《中国青年报》,2013年1月21日。

六、辞典

《辞海》,北京:中华书局,1999年。

七、其他

［1］教育部:《中国短期职业大学和电视大学发展项目报告》,1982年。

［2］国家教育委员会、中国人民解放军总后勤部:《关于试办邢台高等职业技术学校的通知》,教计〔1991〕10号。

［3］国务院:《关于大力发展职业技术教育的决定》,国发〔1991〕55号。

［4］朱开轩:《在全国职业教育工作会议上的讲话》,1996年。

［5］教育部:《关于加强高职高专教育人才培养工作的意见》,教高〔2000〕2号。

［6］教育部:《普通高等学校高职高专教育专业设置管理办法(试行)》,教高〔2004〕4号。